KB232725

연변조선족 기업의 형성사

저자

**임채완** 전남대학교 정치외교학과 교수, 전남대학교 세계한상문화연구단 단장, 정치사회학 박사

**이장섭** 전남대학교 세계한상문화연구단 전임연구원, 경영학 박사

**이승우** 전남대학교 법학전문대학원 교수, 법학 박사

**김은영** 재단법인 광주비엔날레 전시부장, 문학 박사

**박은정** 조선대학교 강사, 문학 박사

전남대학교 세계한상문화연구 4차 총서 5

## 연변조선족 기업의 형성사

2012년 6월 25일 초판 인쇄
2012년 6월 30일 초판 발행

지은이 | 임채완 이장섭 이승우 김은영 박은정
펴낸이 | 이찬규
펴낸곳 | 북코리아
등록번호 | 제03-01240호
주소 | 462-807 경기도 성남시 중원구 상대원동 146-8
　　　 우림2차 A동 1007호
전화 | 02) 704-7840
팩스 | 02) 704-7848
이메일 | sunhaksa@korea.com
홈페이지 | www.bookorea.co.kr
ISBN | 978-89-6324-100-5 (94320)
　　　 978-89-6324-095-4 (전9권)

값 17,000원

전남대학교 세계한상문화연구 4차 총서 **5**

# 연변조선족 기업의 형성사

## History of the Formation Chinese-Korean Enterprises in Yanbian

임채완 이장섭 이승우 김은영 박은정 지음

북코리아

이 총서는 전남대학교 세계한상문화연구단이 2007년 8월부터 2010년 7월까지 수행한 한국연구재단 기초연구과제 "근현대 한인디아스포라 지식자원 발굴과 DB 구축" 사업의 연구 결과를 담은 것이다. 이 연구의 목적은 재외한인이 생산한 문헌정보자원(도서, 신문 등)의 발굴, 수집, 그리고 체계적인 정리와 데이터베이스(DB)화를 통해 자료의 영구보존과 학술적 활용체계를 갖추는 데 있다.

근대 한민족 역사에서 발생한 정치 · 사회적 급변은 우리 민족이 생산한 수많은 지적 · 문화적 유산들을 망실하게 하였다. 또한 재외한인이 집단적으로 거주한 지역에서도 이들이 생산한 많은 자료들 역시 관리 소홀과 체계적 정리의 미흡으로 망실되었다. 이러한 현실 인식을 바탕으로 우리 연구단은 해외 한민족 이주 100년사를 정리하는 중요한 학문적 접근의 하나로 그동안 생성된 해외 한민족의 지식자원을 발굴하고 이를 학문적으로 활용할 수 있도록 체계적 정리작업을 수행하였다.

현재 연구결과는 이미 DB화되어 있으며, 그 가운데 중요한 내용은 이 분야에 관심 있는 연구자와 후학들을 위하여 총서로 출판하게 되었다. 총 9권으로 구성된 이번 4차 총서의 내용은 다음과 같다. 즉『재일코리안 디아스포라 문화콘텐츠』,『근현대 중국 조선족 문헌집』,『중국 조선족 교육자료 해제』,『연해주 고려인의 법과 생활 그리고 교육(1920~30년대)』,『연변조선족 기업의 형성사』,『중앙아시아 고려인 지식자원 해제』,『재일코리안 디아스포라 문학』,『이미지로 보는 한인디아스포라와 한반도』,『흑룡강성 조선족 기업의 성장과 기업가정신』 등이다.

연구의 내용은 구체적으로 러시아, 중앙아시아, 중국 지역에 한인디아스포라가 이주한 이후 1990년대까지 100년 동안 생산된 문헌정보자원의 핵심원문정보를 수집·정리하여 메타데이터를 작성하고 데이터베이스를 구축하는 것이다.

연구단은 사업기간 3년 동안 5개 국가, 50여 곳의 기록보관소와 도서관 및 언론사 등을 대상으로 자료조사를 수행하였다. 방문조사 지역은 러시아의 모스크바, 페테르부르크, 연해주, 사할린 지역의 국립도서관, 역사문서보관소, 대학도서관, 그리고 한인언론사 등이다. 또한 중앙아시아 지역은 우즈베키스탄, 카자흐스탄, 그리고 키르기즈스탄의 국립도서관, 국립중앙기록보존소, 대학도서관 등이다. 특히 카자흐스탄에서는 고려신문 등 한인언론사도 방문하였다. 중국 지역 조사대상은 길림성, 흑룡강성, 요령성, 그리고 북경 지역의 민족도서관, 대학도서관, 민족출판사, 연변일보 등 한인언론사 등이다. 재외한인 관련 자료 가운데 희귀한 것들은 개인이 소장하고 있는 경우가 많기 때문에, 시간이 촉박함에도 불구하고 일일이 개별방문을 통하여 개인 소장 자료들을 수집하였다.

지난 3년간 수집한 자료는 다음과 같다. 중국 지역에서 단행본 3,686건, 저널 3,449건, 신문 5,426건, 러시아 지역에서 단행본 2,327건, 논문 506건, 신문 1,964건, 그리고 중앙아시아 지역에서 단행본 1,167건, 논문 249건, 저널 494건, 신문 394건을 수집하였다. 제3차년도 한 해 동안 수집한 일본 지역 자료는 단행본 1,210건, 저널 226건, 신문 465건 등이다.

이러한 사업의 성과는 학술적으로 학문후속세대에게 귀중한 토대자료를 제공하고, 재외한인이 남긴 지적 유산을 영구 보존함과 동시에 교육적 활용 체계를 구축하는 데 그 의의가 있다. 또 구체적인 조사결과는 재외한인이 거주하는 국가의 초기 이주사를 비롯하여 재외한인들의 생활상, 사회상, 그리고 문화활동 등을 담고 있으므로 재외한인 연구의 귀중한 자료로 활용될 수 있을 것이다. 특히 거주국 재외한인과 관련하여 어떠한 자료가 어디에 어느 정도 있는지 소상히 밝혀 줌으로써 재외한인 관련 문헌자료에 대한 정보를 제공하는 데 큰 의의를 갖는다. 수집된 자료 중에는 거주국과 모국과의 관계를 엿볼 수 있는 자료도 포함되어 있어 지구화시대 국제경쟁력을 제고하는 데 기여할 수 있을 것이다.

9권으로 구성된 이번 총서는 전남대학교 세계한상문화연구단이 그동안 출판한 33권의 총서에 이어서 발간되는 네 번째 시리즈이다. 이번 4차 총서 역시 재외동포 연구자들에게 귀중한 자료로 활용되어 한국연구재단이 추구하는 사업성과의 사회적 확산이라는 사업목적에 부응할 수 있었으면 한다. 특히 재외동포학 또는 디아스포라학의 심화를 위하여 열심히 연구하고 있는 학문후속세대에게도 재외한인 사회와 문화연구에 큰 도움이 되기를 바란다.

총서 발간을 위하여 성원과 협조를 아끼지 않은 모든 분들께 이 기회를 빌려 깊은 감사의 마음을 전한다. 지난 3년간 현지 조사과정에서 많은 도움을 주신 관련 단체, 연구자, 현지 조력자들의 노고에 감사드린다. 그리고 이번 연구가 원활하게 수행될 수 있도록 배려해 주신 한국연구재단, 전남대학교 산학연구처에 진심으로 감사드린다. 특히 현지에서 연구조사를 수행한 연구원은 누구도 가지 않은 전인미답의 길을 개척하는 심정으로 현지조사에 최선을 다하여 임하였다. 또한 자료 복사의 시설과 조건이 너무도 열악하였으며, 자료의 열람 자체가 험난한 과정의 연속이었기 때문에 조사기간 동안 열성을 다하여 유종의 미를 거둔 연구원들의 노고에 진심으로 감사드린다. 끝으로 총서 출간을 위하여 애쓰신 북코리아 이찬규 사장님께도 심심한 사의를 표한다.

2012년 6월

전남대학교 세계한상문화연구단장  임채완

1960년대 후반부터 한국인의 미국 및 서구 국가로의 대량 이민과 1990년대 초기부터 한국 정부가 중국 및 독립국가연합(CIS)과 국교를 정상화함에 따라 재외동포는 한국과 점점 밀접한 관계를 유지하게 되었다. 이러한 과정에서 한국 내에서 재외동포에 관한 연구가 점차 활성화되었다. 1980년대 미국에서는 재외동포를 연구하는 한국계 학자들이 많았으며 일본에서도 재일동포를 연구하는 한국계 및 일본계 학자들이 상당히 있었다. 하지만 사회과학이 별로 발달하지 못했던 중국과 독립국가연합에서의 재외동포 연구는 한국 소재 대학과 학자들의 몫이었다. 한국에서는 그동안 재외동포를 연구하는 학자의 수가 급격히 증가했으며 전문연구소도 여러 개 설립되었다.

한국의 재외동포 연구소 중 지금까지 제일 큰 규모의 연구진을 구성하여 가장 큰 연구업적을 이룬 기관은 단연 전남대학교 세계한상문화연구단과 연구자 양성기관인 디아스포라학과이다. 세계한상문화연구단은 2002년 설립 이후 세계한상과 글로벌 디아스포라 연구를 통해 700만 한인디아스포라를 민족 자산으로 활용할 수 있는 대안과 구체적인 실천 방법을 모색하기 위해 노력해 왔다. 그동안 세계한상문화연구단은 어떠한 다른 연구소보다 월등히 많은 연구비를 한국연구재단으로부터 지원받아 세계 여러 나라에 흩어져 있는 재외동포와 그곳 동포사회의 구조에 대해서 다방면으로 연구해 왔다. 그 결과 33권이나 되는 거대한 분량의 책을 발간하기도 했다.

전남대학교 세계한상문화연구단이 이번에는 "근현대 한인디아스포라 지식자원 발굴과 DB 구축"의 연구 성과를 집약해서 총서로 발간하게 되었다. 재외동포를 연구하는 학자로서 임채완 교수와 연구단의 다른 관련 교수 및 연구원들에게 이 책의 출판에 대해서 심심한 축하를 보낸다. 총 9권으로 구성된 연구총서는 지난 2007년 8월부터 3년간 한국연구재단의 지원을 받아 수행된 결과이다. 이 책의 내용은 19세기 후반부터 1990년대까지 100년간 중국, 러시아, 중앙아시아 국가와 일본 등지로 이주한 한인디아스포라들에 의해 생산된 도서와 신문들 중 학술적 가치, 활용도가 높은 문화자원을 중심으로 발굴·수집하여 이들의 해제 및 소개에 중점을 두고 있다. 9권의 책 내용을 훑어보니 모두 중요해 보이는데, 특히『근현대 중국조선족 문헌집』,『재일코리안 디아스포라 문화콘텐츠』및『중앙아시아 고려인 지식자원 해제』는 현지 동포를 연구하는 학자들에게 매우 중요한 자료가 될 수 있다.

한국 내 재외동포를 연구하는 학자들이 지금까지는 현지에서 동포와의 개인 인터뷰나 역사자료를 수집하여 분석함으로써 저서와 논문을 쓰는 데 바빴다. 하지만 이 총서는 재외동포가 크게 집중되어 있는 세 지역의 동포에 대한 중요한 문화·역사·지식자료를 정리하고 해설하였기 때문에, 다른 학자들이 재외동포를 연구하는 데 많은 도움을 줄 수 있게 만들었다는 점에서 재외동포 연구의 수준을 한 단계 높였다고 생각한다. 특히 독립국가연합과 중국지역에서 한인디아스포라 주요 문화자원에 대한 접근이 현지 사정상 갈수록 어려워지고, 또한 현지 한글사용세대의 고령화와 3~4세대의 무관심으로 개인소유 문화자원이 폐기와 훼손의 위기에 처해 있는 시점에서 이 총서의 발간은 매우 시의적절한 것이다.

2012년 6월

뉴욕시립대학교 퀸즈칼리지 재외한인연구소장  민병갑

2012년 8월 24일은 한중 수교 20주년이 되는 날이다. 한국과 중국은 그 동안 교역, 투자, 산업, 대외정책, 정치외교, 사회문화 등의 분야에서 비약적인 발전을 거듭했다. 중국은 우리나라의 최대 교역국으로 부상했고, 우리 기업들은 현지에서 2만 개가 넘는 법인을 운영하고 있다. 따라서 한·중 양국은 '전략적 협력 동반자 관계'를 구축했고 중국 내 한국인 장기 체류자는 100만 명 시대를 앞두고 있다.

하지만 양국은 아직도 많은 면에서 새로운 관계설정이 요구되기도 한다. 또한 중국 내수시장 공략 면에서도 아직 미흡한 측면이 많다. 즉 1990년대 초반은 탐색기로 소비재를 중심으로 소규모 상품수출이 주를 이루었으나 이후 중국의 잠재성, 특히 낮은 인건비를 활용한 제품경쟁력의 가능성이 확인되면서 1990년대 후반기에 중국 현지에 공장 짓기 열풍이 있었으며 이를 통하여 초창기에는 가공무역이 꽃을 피우는 계기가 되었다. 그러나 가공무역의 급증은 세계 최고시장으로 부상한 중국을 제대로 활용하지 못하는 결과를 낳았다. 따라서 시간이 갈수록 한·중 간의 기술격차는 줄어들고 있으며 일부 업종의 경우 우리를 앞서는 기술도 있다. 따라서 중국 13억을 대상으로 한 내수시장 확장 전략은 우리에겐 결코 호락호락한 시장이 아님이 시간이 갈수록 부각되고 있다. 그러한 때 중국 시장의 교두보 역할을 할 수 있는 200여만 명의 조선족이 중국에 있다는 것은 우리에게는 구원투수나 다름이 없다. 특히 중국 대도시에서 비약적인 성장을 거듭하고 있는 1만 7,500여 개의 조선족 기업들은 우리가 중국 내수시장을 확장하는 데 첨병 역할을 할 수 있으며 상호 원원 할 수 있는 중요한 존재이다.

이러한 때 중국조선족 기업 연구를 통하여 이들과 상생전략을 구사할 수 있는 대안을 제시할 수 있다는 데 안도감을 느끼며 따라서 미래 희망의 증거가 될 것으로 기대된다. 이 연구는 지난 2007년부터 3년간 중국의 연변과 하얼빈, 심양 등 동북3성에 분포되어 있는 조선족자치주 도서관이나 성 도서관 또는 대학 도서관, 당안관, 조선족 문화예술관 등을 방문하여 1890년부터 1990년 사이 100년간 조선족들이 발간한 단행본, 신문, 잡지, 논문 등 귀중한 자료를 수집하는 과정에서 얻은 결과물을 통하여 연구되었다.

지난 10년간 조선족 기업을 연구하면서 가장 궁금했던 사항들은 중국에 조선족들이 정착하여 중화인민공화국의 일원으로서 살아가는 과정에서 생계를 유지하는 도구가 무엇이었을까, 하는 것이었다.

거슬러 올라가 보면 중국이 해방되고 연변조선족자치주가 성립되면서 주된 업종은 농업이었겠지만 농업 이외에 생계의 수단으로서 식당 등 서비스업이나 상점 등 상업에 종사했을 것이라는 생각이 발단이 되어서 2007년도 1월부터 중국 연변의 연변대학 도서관과 연변자치주 도서관에서 조선족 관련 단행본 등의 자료를 수집하는 과정에서 조선족 기업 관련 자료를 발굴해 냈다.

그에 대한 자료를 살펴보면 첫 번째로, 이러한 자료들은 주로 개혁개방 직후 시장경제 체제하에서 기업을 경영하는 조선족 기업을 대상으로 현지의 조선족 신문사들이 기업을 방문하여 취재한 취재기사를 책으로 낸 자료들이 대부분이었다. 예를 들면 1990년도에 연변일보사 문예편집부 기자들이 취재를 통하여 실화문학총서로서 펴낸 『우리의 기업가들: 연변조선족 기업가편』이 당시 연변 조선족 기업가의 정황을 알 수 있는 유일한 자료였다. 이러한 자료들의 특징은 주로 대화체 형식으로 쓰여 있다는 것이다. 따라서 이러한 자료를 통하여 당시 시대상과 기업환경 및 기업경영자들의 경영 마인드를 추정할 수 있는 귀중한 자료들이었다.

두 번째로, 또 다른 부류의 저서들로서 당시의 연변 경제를 파악할 수 있는 자료로 1994년도에 연변조선족자치주 정협문사자료위원회에서 발간한 연변문사자료 제7집인 『해방 전 연변 경제』라는 저서를 들 수 있겠다. 이 저서를 개관해보면 크게 공업과 상업, 교통운수, 대외무역, 금융업, 인물전기 등 6개 분야로 구분하여 각 분야마다 당시 상황을 가장 잘 아는 전문가에게 찾아가서 취재를 하여 녹취·구술을 바탕으로 작성한 책이다. 이 책의 주요 내용은 주로 연변조선족자치주가 성립된 직후인 초창기 연변의 경제상황을 나타내었다는 데 의미를 가질 수 있을 것이다. 따라서 이러한 자료들은 근대시기, 즉 연변조선족자치주의 성립시기부터 개혁개방과 한·중수교 직전까지의 연변자치주의 공업, 상업, 금융업 등 산업전반을 통섭할 수 있는 중요한 자료였다.

세 번째로, 1995년도에 민족출판사에서 발간한 중국조선민족발자취총서 8권은 총서 형식의 시리즈물로 여기서는 각 권마다 개척, 불씨, 봉화, 결전, 승리, 창업, 풍광, 개혁 등의 저서 이름이 붙어있는 귀중한 자료이다. 이 총서를 보면 발간연도는 1995년으로서 비록 최근에 발간된 자료이나 내용 면에서 보면 연변이나 길림성, 흑룡강성, 요녕성 등 동북3성에 살고 있는 조선족들의 산 역사를 기억과 구술을 바탕으로 쓰인 생생한 역사구술서이다. 따라서 필자는 이 총서 8권 속에서 비록 작은 분량이긴 하지만 당시 조선족 기업이나 자영업자들이 어떻게 기업을 경영하였는지를 가늠해볼 수 있는 귀중한 자료들을 얻었다.

네 번째로, 2천 년대 초부터 청도조선족 기업협회를 선두로 하여 심양,

하얼빈, 연변, 북경, 상해, 심천, 광저우 등 지역의 조선족 기업협회에서 조선족 기업인을 대상으로 발간해낸 책자들이 있으며 또한 중국조선족 기업가경제교류회에서 발간한 자료 등을 통하여 중국조선족 기업가들을 연구할 수 있는 귀중한 자료들을 구할 수 있었다. 따라서 본 저자는 이렇듯 중국 현지 도서관 등에서 직접 수집한 조선족 기업 관련 자료들을 활용하여 근대 연변조선족 기업의 성장과정과 경영활동을 연구하였으며 이어서 현대에 들어서는 전남대학교 세계한상문화연구단에서 3년간 연구 조사한 과정에서 얻은 결과물들로 면담과 설문조사자료를 수집, 분석하여 현대의 연변조선족 기업에 관한 연구를 하였으며, 그리고 비교적 최근의 자료인 연변조선족 기업가협회와 연변전통음식협회의 자료는 인터넷과 한상대회에서 수집해온 자료를 참고하여 구성하였다.

이 책을 쓰면서 자료를 수집하는 과정에서 많은 도움을 주었던 연변과 하얼빈 그리고 심양 등 중국조선족 기업가들과 도서관 관계자들에게 감사를 드린다. 그리고 책을 쓰는 과정에서 필자 옆에서 워드 작업과 편집 및 스캔 등으로 많은 도움을 주었던 연구단의 조교들과 마지막까지 편집에 심혈을 기울여 주어서 좋은 책이 나오도록 도움을 준 여러 제자들에게 감사함을 표한다. 또한 민족과 국가의 발전을 위해서 좋은 책을 출판해주신 북코리아 출판사 이찬규 사장님께 거듭 감사를 드리며 미래에 더 큰 발전이 있기를 기원한다.

2012년 6월

공동저자 일동

# Ⅲ  연변조선족 기업의 성장과정



# Ⅳ  연변조선족 기업의 경영활동과 네트워크 사례

# V 연변조선족 기업의  경영활동과 네트워크 실태



# VI 연변조선족 기업가 단체 활동

## 표 차례

## 그림 차례

# I

머리말

## 1. 연구의 목적 및 필요성

세계경제가 침체되고 있는 가운데 대외수출 의존도가 높은 한국은 새로운 출로를 찾지 않으면 안 된다. 특히 대중국 의존도가 높은 우리로서는 중국과의 네트워크 구축은 선택이 아닌 필수이다. 다행히 재외동포 700만 중에서 200만 조선족이 중국에 살고 있으며 이들 중 30~40대의 젊은 조선족들은 중국 대도시에서 기업경영을 통해서 나날이 성장하고 있다. 이들은 우리가 지금까지 발견하지 못한 블루오션이며 이들과의 네트워크 구축을 통한 원원전략만이 위기를 기회로 전환하기 위한 대안이 될 것이다.

한국인들에게 조선족의 이미지는 아직까지도 건설현장의 노동자나 식당 주방보조 아줌마를 연상하는 사람들이 많을 것이다. 조선족이 가난하고 못 사는 중국 국적의 해외동포라는 이미지 때문인지 조선족들은 재미교포나 재일동포보다 한국 사회에서 대접을 받지 못하고 있는 것이 현실이다.

필자는 지난 2003년도부터 10여 년간 동북3성을 비롯한 북경, 청도, 상해 등 중국 대도시에서 기업을 경영하는 30~40대의 젊은 조선족 기업인들을 대상으로 연구조사활동을 진행해왔다. 조사결과에 의하면 중국의 조선족 기업들은 중국 진출 한국 기업이나 한국에 있는 기업과 강한 연대의 네트워크를 구축하고 있었다. 이는 역시 민족의 피는 물보다 진하다는 것을 느낄 수 있었다. 그러나 이러한 강한 연대의 네트워크 구축을 통하여 서로 상생하고 있음에도 불구하고 때로는 서로 속고 속이는 애증의 관계로 발전하여 화합하지 못함을 볼 때 안타까운 마음을 금할 수 없었다. 이를 단적으로 표현한 박광석 OKTA 청도 지회장의 말을 인용하자면 "물과 기름처럼 붙어 있는 것 같지만 붙어 있지 않고, 남인 것 같지만 남도 아닌 것이 바로 한국인과 중국조선족이다"라는 인식이 한국인과 조선족 사이에 늘 잠재해 있다.

1978년 중국의 개혁개방, 1992년 한중 수교로 인해서 한국의 중소기업들이 중국에 물밀듯이 밀려갔다. 중국 흑룡강신문사 자체통계에 의하면 중국 진출 한국 기업은 5만여 개이며 중국조선족 기업이 1만 7,500여 개라고 한다. 그동안 중국 진출 한국 기업들의 한중 수교 20년간의 성적표는 초라하기 그지없다. 중국에 진출한 몇몇 대기업을 제외한 많은 수의 중소기업들은 중국정부의 강화된 기업규제에 견디지 못하고 야반도주하거나 제3국으로 공장을 이전하는 사례가 비일비재하였다. 반면에 그동안 중국 진출 한국 기업에 취업하여 4~5년 정도 경영기법을 닦은 젊은 조선족들이 중국 대도시에서 창업하여 비약적으로 성장하였다. 따라서 오늘날 중국에서의 조선족 기업과 중국 진출 한국 기업의 경영성적표를 보면 조선족 기업이 우위에 섰다는 것을 중국 진출 한국 기업들이 인정하고 있다.

따라서 앞으로 10년이나 20년 후에 중국 시장에서 한국 기업과 조선족 기업의 위상은 갈수록 격차가 벌어질 것이며 나중에는 조선족 기업의 경영성적이 훨씬 앞설 것임이 분명하다. 그 이유는 조선족 기업인들은 한국어와 중국어에 능통하며 또한 중국 문화에 익숙하고 '꽌시(인맥)'가 잘되어 있으며, 대부분의 조선족 기업인들은 30~40대의 젊은이들이고 세계로 뻗어나갈 수 있는 글로벌 마인드를 가지고 있기 때문이다. 이를 증명이나 하듯이 지난번 중국 산동성의 청도대학에서 CEO 과정을 개설했는데 32명의 CEO 가운데 20여 명이 조선족 기업의 CEO였다는 기사가 보도되기도 했다.

이제 중국 진출 한국 기업들은 중대한 결정을 내려야 할 기로에 서 있다. 중국에서의 사업 유지 아니면 제3국으로의 이전 혹은 한국으로의 회귀에 대한 결정이다. 또한 한국 정부는 중국 수출의존도가 높은 상황에서 어떻게 하면 지속적으로 중국에 대한 수출목표를 달성하고 중국 내수시장에 대한 시장점유율을 넓혀갈 것인가를 고민해야 할 것이다. 이를 위해 조선족 기업과의 네트워크를 통하여 중국 내수시장을 확장하고 또한 대 중국 수출을 증가시켜 한국과 조선족 기업의 상생 분위기가 조성될 때 중국의 조선족 기업이 진흙 속의 진주로서의 가치를 발휘할 수 있을 것이다.

따라서 이 연구는 근현대 연변조선족 기업의 성장과 경영활동에 초점을 두고 연구를 진행하였다. 즉 개혁개방 이전인 근대의 연변 경제발전 과정과 이러한 환경에서 연변의 조선족 기업들이 어떻게 성장해왔는가를 추적하였으며, 이를 통하여 연변조선족 기업의 성장현황과 사례를 제시하였다. 또한 개혁개방과 한중 수교 이후인 현대에 들어서 연변조선족 기업의 경영활동과 네트워크 사례를 분석하였으며, 이어서 이들을 대상으로 한 설문조사 결과를 분석하여 경영활동과 네트워크 실태를 제시하였다. 그리고 최근 들어 창립된 연변조선족 기업가들의 구심점이 되고 있는 연변조선족 기업가협회의 정황제시 및 중국에서 전통한식의 현지화에 앞장서고 있는 연변조선족전통음식협회의 연혁과 주요사업 및 비전 그리고 회원사들의 활동상황을 제시하였다.

결과적으로 이 연구는 근현대 연변조선족 기업의 성장 및 발전과정과 경영활동에 대한 최초의 연구로서 이 연구를 통하여 연변조선족 기업에 대한 이해의 폭을 넓히며 또한 중국에 진출한 한국 기업이나 또는 한국에 있는 기업 그리고 세계 곳곳에 퍼져 있는 재외한상기업들과의 글로벌 한상 네트워크를 구축하는 데 초석이 될 수 있을 것이다.


## 2. 연구대상과 범위

이 연구의 대상은 연변조선족 기업에 한정하였다. 즉 연변조선족 기업을 근대와 현대로 나누어 연구하였다. 근대의 연변조선족 기업은 해방 후 연변의 초기 공·상업을 기점으로 개혁개방 이전까지, 즉 계획경제체제에서의 연변조선족 기업의 업종별 성장과정을 오래전에 쓰인 연변조선족 기업에 관련된 고문서를 통하여 연구를 진행하였다. 그리고 개혁개방과 한중 수교 이후 현대의 연변조선족 기업에 대해서는 필자가 전남대 세계한상문화연구단 연구를 활용하였는데, 즉 현지에서 설문조사와 면담을 시행하여 수집한 자료를 분석 제시하였다. 그리고 최근의 자료로서는 연변조선족 기업가협회와 연변조선족전통음식협회 등 연변조선족 기업가 단체활동에 대한 정황은 현지에서 수집한 자료와 흑룡강신문, 길림신문 등의 신문기사 및 인터넷 자료를 활용하여 연구를 진행하였다.

결과적으로 이 연구는 근대의 연변 경제환경에서 싹트기 시작한 연변조선족 기업의 정황부터 시작하여 최근의 연변조선족 기업가 단체활동까지 전반적인 연변조선족 기업의 근현대사를 제시하였다.


## 3. 연구내용과 구성


이 연구는 큰 틀에서 근현대 연변조선족 기업의 성장과 경영활동을 고찰하였다. 즉 연변조선족자치주가 성립된 이후부터 현대까지 연변의 경제환경과 연변조선족 기업의 성장과정 그리고 경영활동을 문헌연구 및 현지조사를 통하여 수집된 자료를 분석하여 구성되었다.

구체적인 구성형태와 내용을 보면 제1장 머리말에서는 연구의 목적 및 필요성, 연구대상과 범위, 연구내용과 구성을 언급하였다.

제2장에서는 연변 경제의 발전과정을 기존 문헌을 통하여 서술하였다. 즉 자연환경이나 경제자원, 인구 및 민족 등 연변조선족자치주의 일반현황을 서술하였으며 이어서 해방 전의 연변 경제와 해방 후 개혁개방 이전의 연변 경제 및 개혁개방 이후의 연변 경제 등 근대의 연변 경제를 포괄적으로 서술하였다.

제3장에서는 연변조선족 기업의 성장과정을 살펴보았다. 즉 중국 기업의 역사적 발전단계와 개혁개방 이후 중국 기업의 유형 및 사기업과 향진기업의 성장과정을 서술하였다. 이어서 연변 향진기업의 발달과정과 지역분포 및 근대 연변조선족 기업의 성장과정을 살펴보았다.

제4장에서는 연변조선족 기업의 경영활동과 네트워크 실태를 살펴보았다. 즉 주된 업종이 건설업인 길림신원집단의 사례와 서비스업인 연변국제무역대하유한책임공사 그리고 제조업인 연길장흥의상제조유한공사의 사례를 면담을 통하여 제시하였다.

　제5장에서는 연변조선족 기업을 대상으로 한 설문조사자료를 분석하여 경영활동과 네트워크 실태 현황파악을 하였다. 따라서 여기서는 특히 연변조선족 기업의 수출, 수입, 투자 등의 경영활동과 연변조선족 기업이 중국 내 및 해외 기업과의 네트워크 구축현황을 분석한 자료를 제시하였다.

　제6장에서는 연변조선족 기업가 단체활동을 연변조선족 기업가협회와 연변조선족전통음식협회의 활동상황을 살펴보았다. 즉 연변조선족 기업가협회의 설립취지 및 주요활동과 협회조직 등을 언급하였으며 연변조선족전통음식협회에서는 협회의 연혁 및 주요사업과 연변조선족 음식업의 발전현황을 살펴보았다.

　마지막으로 제7장에서는 전체의 내용을 요약하는 의미로서 연변조선족 기업의 경영활동과 네트워크 구축 및 시사점, 연변조선족 기업가협회의 창립과 발전에 대하여 언급하였다. 또한 연변조선족 기업의 미래비전과 기업가정신, 연변조선족 사회와 연변조선족 기업의 발전을 위한 제안으로 마무리하였다.

# II

연변 경제의 발전과정

## 1. 연변의 일반현황

### 1) 자연환경

연변조선족자치주의 지리적 위치를 보면 중국 길림성의 동부에 자리한 장백산 지대에 있으며 중국, 북한, 그리고 러시아와 맞닿아 있는 변경지역이다. 동쪽으로는 러시아의 연해주 하산지구와 이어져 있고 남쪽으로는 두만강을 사이에 두고 함경북도, 양강도와 마주하고 있다. 또한 서쪽으로는 길림성의 교화현, 화전현, 무송현 등과 접해 있고 북쪽으로는 흑룡강성의 동녕현, 녕안현, 해림현, 오상현 등과 맞닿아 있다. 한편 면적을 보면 자치주 총면적은 4만 2,700km$^2$로 이는 길림성 총면적의 약 25%을 차지하며, 그 가운데서 경작지는 2,199km$^2$로 토지 총면적의 약 5.1%에 해당한다. 또한 임야는 3만 6,310km$^2$로 총면적의 약 85%이며 초지는 351km$^2$로 총면적의 약 0.8%를 점유하고 있다.

연변 지형의 형태는 서고동저형으로 서쪽에서 동쪽으로 완만한 경사를 이루고 있으며 해발 500m 이하인 지역이 전체의 20%이고 그 면적은 약 8,540km$^2$이다. 반면에 해발 1,000~2,000m에 이르는 지형은 811km$^2$로 전체 면적의 약 1.8%를 차지하며, 한편 해발 2,000m가 넘는 곳도 0.1%로 그 면적이 43km$^2$에 이른다.

연변은 산지와 구릉, 그리고 분지로 형성되어 있으며 그 가운데서 산지가 차지하는 비중이 제일 크다. 겹겹이 둘러처진 산 사이사이에 기름진 하곡 분지가 분포되어 있고 분지의 경계면과 산이 맞닿는 곳에는 기복을 이룬 구릉지가 형성되어 있다. 또한 산과 산 사이로 흐르는 수많은 하천들이 구릉과 계곡으로 뻗어나가며 삼림이 무성한 지역을 구성해간다. 구릉지에서는 연변의 농작물과 과일, 잎담배 등 수익성 높은 작물들을 생산하고 있으며 기름진 하곡 분지는 그 면적이 그리 크지 않은데 주로 서부와 동남부에 분포되어 있다. 따라서 비교적 큰 하곡 분지들은 목단강, 부르하통, 해란강,

훈춘하, 가야하 등의 하천을 끼고 있다. 또한 연변을 가로지르는 장백산맥에는 반령, 고령, 할바령, 위호령, 잉어령, 목단령, 남강산 등 7개의 지맥들이 뻗어 있으며, 해발 1,000m 이상인 산봉우리가 27개나 있는데 이 중 제일 높은 봉우리인 백두산은 해발 2,744m이다.

연변의 기후를 보면 1950년대에는 연평균 기온이 4℃였고 2003년에는 6.8℃로써 연평균 기온이 현저히 높아지고 있는 추세이며, 대체로 해발과 위도의 높낮이에 따라 기온은 점차 하강선을 긋고 있는데 동북 지구가 서부 지구보다 높고 분지가 산간 지대보다 높다. 서리가 내리지 않는 무상기는 100~150일 정도이며 동부 지구에서 서부 지구로 오면서 점차 짧아진다. 서리는 9월 중순에서 말엽 사이에 내리기 시작해 이듬해 5월 초에 끝난다. 이 사이 11월부터 이듬해 3월까지는 결빙기이고 연간 강수량은 500~700mm이다. 그리고 자치주의 지형이 복잡해 각지의 풍향은 서로 다르지만 계절풍은 뚜렷해 겨울철에는 편서풍이 주로 불고 여름철엔 편동풍이 많으며 연간 평균 풍속은 초당 2~3m이다.

## 2) 경제자원

'장백의 임해'라고도 불리는 연변은 전국의 주요 목재 생산기지 중 하나로써 산림 면적은 319.7만 ha로 전 자치주 총면적의 81.3%를 차지한다. 또한 목재 총축적량은 3억 7,000만 $m^3$로써 인구당 목재 축적량은 170$m^3$이다. 한편 자치주 내에는 120여 종의 식물이 분포하고 있는데 그 가운데 홍송, 백송, 가문비나무, 전나무, 분비나무, 종비나무, 장백낙엽송, 들메나무, 황경피나무, 달피나무, 고로쇠나무, 단풍나무 등 30여 종의 경제 수종이 차지하고 있다.

연변은 광물자원도 풍부해서 이미 탐사해낸 금속 광물이 41종, 비금속 광물이 40종인데, 이 중 주요 금속 광물들로는 금, 연, 아연, 동, 망간 등이 있으며 황금 매장량과 생산량은 길림성 내에서 손꼽히는 수준이다. 한편,

비금속 광물로는 주로 석탄, 석유, 토탄, 석회암 등이 있는데 이미 탐사를 끝낸 석탄은 그 매장량이 8억 7,000만 톤에 이르며 또한 항공 탐사에 의하면 연길 분지에는 1억 톤이 넘는 석유가 매장되어 있는 것으로 밝혀졌다. 이밖에 칼슘, 마그네슘, 나트륨 등 여러 가지 미량 원소들이 함유되어 있는 장백산 약수샘도 23곳이나 되며 석회암 매장량은 9,800여만 톤으로 길림성에서 최고를 자랑한다. 그리고 대리석, 활석, 석영, 수정, 운모 고령토, 화산재, 안산암, 규조토, 석류석 등의 매장량도 풍부하다.

강과 하천이 많이 발달되어 있는 연변의 수력자원 현황을 보면 다음과 같다. 자치주 내에는 487갈래의 크고 작은 하천이 있는데 그 총길이는 1만 926km에 달한다. 즉 매 km$^2$당 평균 260m 길이의 하천이 흐르는 셈이다. 그중 유역 면적이 100km$^2$ 이상 되는 하천은 137갈래로 두만강, 제2송화강, 목단강, 수분하 등 네 갈래 큰 강들을 주류로 해 수계를 이루고 있다. 연간 평균 강우량은 130억 m$^3$로 이것은 중국 전 지역에 비해 개인당 물 수급량이 2.2배가량 더 많은 것을 의미한다. 특히 급경사를 이룬 산악 지역을 통해 흐른 하천들의 낙차가 커서 연변 지역은 수력자원을 풍부하게 보유하고 있는 곳이기도 하다. 한편 자치주 전역의 총 수력발전 저장량은 140만 kW이며 개발해 이용할 수 있는 곳이 158개로써 그 설비 용량은 62만 kW에 달한다. 또한 자치주 내 담수어장 면적은 1만 7,000ha를 헤아린다. 지하수 자원도 풍부해 연평균 지하수량이 12억 8,000만 m$^3$에 이르는데 지하수는 지상수의 보충 수원으로써 관개용수와 공업용수 및 주민들의 생활용수를 해결하는 면에서 갈수록 그 역할이 중요시되고 있다.

연변의 지역특산물 현황을 보면 다음과 같다. 즉, 연변의 지역특산물 중에 경제적 가치가 있는 식물만 1,460여 종이며 그중 약용 식물은 800여 종이다. 특히 특산물 가운데 인삼 및 녹용, 담비가죽 등은 동북의 보배로 유명하다.

진귀한 야생 식물로는 인삼, 당삼, 황기, 패모, 세신, 천마, 오미자, 자오가, 목통, 두종, 장백서향, 원호, 부채마, 흰기름나물, 누른종덩굴, 선황련 등이 있으며 임산 지구에는 송이버섯, 검정귀버섯, 늑실, 개암버섯, 느릅버섯, 사자머리버섯, 싸리버섯, 느티나무버섯 등의 식용버섯과 식용 가치가 높은 약용 식물 1,000여 종이 자라고 있다. 또한 기름을 뽑아낼 수도 있는 야생 과일들로는 잣씨, 개암, 가래 등이 있다. 이 지역에 있는 들쭉, 산포도 등은 고급술을 빚는 재료로 사용된다. 그 외에 다래, 찔광이, 향회하, 금앵자, 산딸기 등도 풍부하다. 그리고 크고 작은 규모의 과수원은 700여 곳이 있으며 그 총면적은 1만 3,819ha에 달한다. 과일 중에서 연변의 사과배는 크고 껍질이 얇으며 과즙이 매우 달고 풍부하므로 오랫동안 저장할 수 있어 국내외 시장에서 호평을 받고 있다.

한편 장백산에서 서식하는 야생동물 250여 종과 파충류, 양서류와 어류 등 300여 종이 있어서 경제적 가치를 높이고 있으며 스라소니, 수달, 동북범, 표범, 다람쥐, 족제비의 가죽도 그 가치가 아주 높다. 또한 인공 초지를 비롯한 각종 초지에 500여 종의 화초와 콩과 식물을 위주로, 귀한 약제로 사용되는 녹용, 녹태, 사향, 웅담, 수달담, 너구리 기름, 기름개구리의 기름 등이 풍부하다.

연변의 목축자원을 보면 다음과 같다. 즉, 초지가 많은 연변은 천연적 사료 공급지로써 목축업에 대단히 적합한 입지 조건을 갖추고 있다. 특히 ha당 5만여 근의 풀을 매년 생산할 수 있기 때문에 소, 양, 토끼 등 초식 동물을 사육하는 데 최적지가 되며 광활한 산림 속의 가둑나무(떡갈나무)는 사슴과 누에에게 좋은 먹이를 공급해주고 있다. 또한 피나무, 싸리나무 등 3,000여 종의 식물 대부분은 개화시간이 길고 꿀을 많이 함유하고 있어 양봉업을 발전시키는 좋은 토대가 되고 있다.

## 3) 인구 및 민족

2003년도 국가 통계에 따르면 연변의 총인구는 218만 5,000여 명이며 총세대수는 69만 9,000세대에 달한다. 그리고 총인구 가운데 남자가 109만

7,000여 명, 여자가 108만 8,000여 명이다. 한편 직업에 따라 분류해보면 크게 농업 인구 79만 4,000명, 비농업 인구 139만 1,000명으로 나뉘며 이 중 임금 노동자는 81만 8,000명인데 그중 종업원이 28만 5,000명을 차지한다. 한편 자치주 내 8개 시와 현의 인구분포 현황을 보면 연길시에 40만 6,000여 명, 도문시에 13만 6,000여 명, 돈화시에 48만 3,000여 명, 훈춘시에 21만 5,000여 명, 용정시에 25만 3,000여 명, 화룡시에 21만 7,000여 명, 왕청현에 25만 6,000여 명, 그리고 안도현에 21만 7,000여 명인 것으로 나타난다.

민족구성을 보면 연변은 조선족과 함께 한족, 만족, 회족, 몽골족, 쫭족, 시버족, 먀오족, 이족, 바이족, 투자족, 위글족, 리족, 둥족, 야오족, 장족 등 19개 민족들이 함께 모여 살고 있는 곳인데 여기서 주체 민족은 자치주 총 인구의 37.93%, 즉 82만 9,000명을 차지하고 있는 조선족이다.

지역적으로 주로 조선족이 많이 모여 살고 있는 곳은 5개 도시인데 각 도시별로 조선족이 차지하는 비율은 연길 58.1%, 도문 56.2%, 용정 66.6%, 훈춘 40.8%, 그리고 화룡 54.2%이다. 한편 연변에서 수적으로 가장 많은 민족은 129만 1,000명에 이르는 한족인데 이는 자치주 총인구의 59.1%에 달한다. 또한 조선족에 이어 세 번째로 많은 민족은 만족으로써 5만 5,000 명이며 회족은 6,000명에 이른다. 그리고 기타 15개 소수민족은 그 수가 그리 많지 않은데 이는 전 자치주에 걸쳐 2,514명에 불과하다.

## 4) 자치기관

연변 조선족 자치주는 중국 길림성 행정구역 내에서 조선족이 구역 자치를 실시하는 지방이다. 따라서 자치기관으로는 자치주 인민대표대회 및 자치주 인민정부가 있는데 이는 국가의 일급 지방정권기관이다. 자치주 인민대표대회는 상무위원회를 설치하며 상무위원회의 주임과 자치주 인민정부의 주장은 반드시 조선족 공민이 담임해야 한다고 법으로 명확히 규정되어 있다.

　또한 자치기관은 직무를 집행할 때 조선어와 한어 2종류의 언어와 문자를 통용하되 조선어 문자를 위주로 해야 하며 자치주 내의 국가기관과 기업소, 사업기관 등의 공인 간판은 모두 조·한 2종류 문자를 병용해야 한다고 역시 법으로 규정되어 있다. 1945년 8월 20일 당시 소련홍군과 동북항일연군은 간도임시정부를 설립했다. 그해 11월 중국 공산당은 간도임시정부를 해산시키고 '연변행정독찰전원공서'를 설치했다. 그 후 3년 뒤인 1948년 3월에 연변전구가 창립되었으며 그 후 1952년 9월 3일 연변전구를 철폐시키고 '연변조선족자치구'를 설립했고 이어서 1955년 12월에는 이를 '연변조

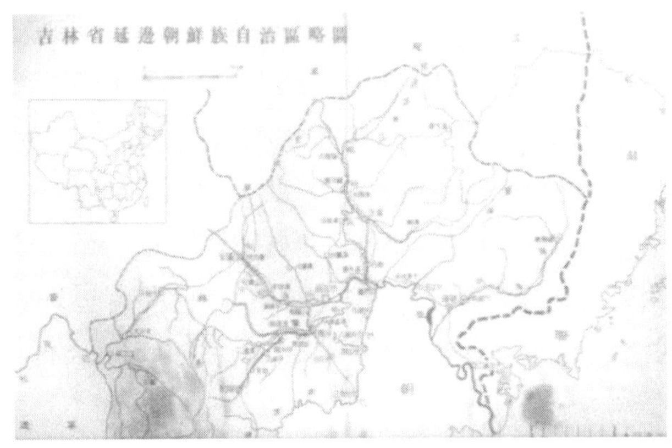


〈그림 II-1〉 길림성연변조선족자치구(1952)

〈그림 II-2〉 연변조선족자치구 인민정부소재지 연길시(1952)

선족자치주'로 변경했다. 당시 자치주는 1개 시와 5개 현을 관할했으며 조선족자치주 소재지는 연길시였다.

이어서 1958년 10월에는 길림시에서 관할했던 돈화현을 연변에 귀속시켰으며 1965년 5월에는 연길현 도문진과 왕청현 석현진을 합병해 도문시를 설립했다. 그 후 1985년 5월에는 돈화현이 돈화시로 되었으며 1988년 7월에는 훈춘현과 용정현이 시로, 그리고 1993년 7월에 화룡현도 시로 승격되었다.

2005년 현재 연변조선족자치주는 연길, 도문, 용정, 돈화, 훈춘, 화룡 등의 6개 시와 안도, 왕청 등의 2개 현을 관할하고 있으며 자치주의 소재지는 연길시이다.[1]

## 2. 근대의 연변 경제

앞에서는 연변의 일반현황에 대해서 살펴보았다. 즉 연변의 자연환경과 경제자원, 인구 및 민족, 자치기관에 대해서 개관하였다. 여기에서는 근대의 연변 경제상황을 알아보도록 하겠다.

### 1) 해방 전의 연변 경제

#### (1) 농업활동

연변 지역이 일본과의 간도협약에 의해 세계체제에 편입되기 시작하지만 농업활동에서 자본주의 세계경제의 메커니즘에 따라 분업화가 본격적으로 나타나게 된 것은 1910년대 중반 이후부터이다. 1914년에 발발한 제1차 세계대전으로 양곡의 국제가격이 급등하게 되자 일본은 농경지 확보에 적극 뛰

---

1    김숙련 · 김영림(2005), 『중국 연변』, 서울: 김영사, pp. 16-32.

어들게 되고 연변 지역의 황무지 개간에 대해서도 많은 관심을 가지게 된다.

일제는 1915년에 만주를 그들의 수탈 식민지로 만들기 위하여 중화민족 북양정부를 압박하여 '만몽협정'을 체결한다. 만몽조약의 상조규정에 따라 만주에서 일제의 농경지 취득이 가능해지자 일제는 동양척식주식회사, 동아권업주식회사, 만철공사와 같은 정책회사들을 내세워 중국인의 토지를 조차 명의로 소유권을 확대해가는 한편 조선인들을 이용하여 황무지를 개간하게 함으로써 연변 지역의 경작지 면적을 크게 확장한다(표 II-1).

이후 일제는 만주국(1932)을 세움으로써 이 지역의 농경지에 대한 수탈을 더욱 가속화하고 농작물 재배도 그들의 수요에 따라 통제하는 정책을 단행

〈표 II-1〉 연변 지역 주요 농작물의 재배면적 변화

| 구분 | 1917 | 1925 | 1931 | 1939 | 1943 |
| --- | --- | --- | --- | --- | --- |
| 재배면적 | 60,898<br>(100.0) | 190,029<br>(100.0) | 242,210<br>(100.0) | 297,042<br>(100.0) | 245,209<br>(100.0) |
| 콩 | 6,606<br>(10.8) | 44,098<br>(23.2) | 77,575<br>(32.0) | 88,477<br>(29.7) | 65,949<br>(26.9) |
| 조 | 24,466<br>(40.2) | 59,288<br>(31.2) | 65,084<br>(26.9) | 57,919<br>(19.5) | 47,980<br>(19.6) |
| 옥수수 | 4,193<br>(6.9) | 18,407<br>(9.7) | 16,736<br>(6.9) | 29,894<br>(10.1) | 29,419<br>(12.0) |
| 감자 | 3,338<br>(5.5) | -<br>- | 10,872<br>(4.5) | 13,614<br>(4.6) | 17,666<br>(7.2) |
| 벼 | 1,676<br>(2.8) | 7,601<br>(4.0) | 14,284<br>(5.9) | 24,951<br>(8.4) | 20,084<br>(8.2) |
| 보리 | 6,068<br>(12.4) | 12,191<br>(6.5) | 10,730<br>(4.4) | 17,633<br>(5.9) | 18,093<br>(7.4) |
| 수수 | 2603<br>(4.3) | 13,302<br>(7.0) | 7,332<br>(3.0) | 6,544<br>(2.2) | 6,734<br>(2.7) |
| 아마 | -<br>- | -<br>- | -<br>- | 761<br>(0.3) | 3,563<br>(1.5) |
| 담배 | -<br>- | -<br>- | -<br>- | 1,136<br>(0.4) | 2,727<br>(1.1) |
| 기타 | 11,948<br>(19.6) | 35,142<br>(18.4) | 39,597<br>(16.3) | 56,113<br>(18.9) | 32,994<br>(13.5) |

한다. 즉 일제는 농업을 통제하기 위하여 1933년에 만주국의 '경제건설요강', 1937년에 '산업개발 제1차 5개년 계획', 1942년에 '산업개발 제2차 5개년 계획' 등을 각각 수립하고 이것에 따라 그들이 필요로 하는 농작물을 생산하도록 강요하였다.

만주국의 '경제건설요강'에서 연변 지역의 농작물 재배와 수급계획에 따르면 식량작물로는 벼, 조, 콩, 옥수수, 수수, 보리, 감자를 그리고 특용작물로는 아마와 담배를 주 재배작물로 정하고 있다. 그리고 벼는 일본인의 식량으로 재배·공급되고, 콩은 세계 여러 나라에 수출하는 것 외에 일본의 사료와 공업원료로 공급되고 조·수수·옥수수는 서민들의 식량으로, 그리고 감자와 보리는 연변 지역 농민들의 주식으로 공급되고 아마와 담배는 공업원료로써 국내외에 공급한다는 것이다.

이와 같은 연변 지역에 대한 일제의 농업수탈정책은 주요 농작물의 재배면적 변화(표 Ⅱ-1)에서 잘 확인되고 있다. 1917년과 1943년 사이에 주요 농작물의 재배 면적은 전체 경작지 면적의 확대에 따라 모두 증가하지만 특히 많이 증가한 것은 일본과 식민지 조선으로 많이 수출되던 쌀과 콩으로 각각 2.9배와 2.5배씩 증가하였다. 아마와 담배는 본래 연변의 경제작물이 아니었지만 일제가 공업원료로 사용하기 위해 재배하기 시작함으로써 출현하였다. 당시 저가에 조선으로 많이 수출되던 조는 재배 면적의 비중이 많이 낮아졌지만 이에 반해 주로 연변 지역에서 소비되는 보리, 감자, 수수 등의 비중은 오히려 줄어들었거나 큰 변화가 없었다.

요컨대 일제시기 연변 지역의 농업은 토지의 대부분이 일제의 지배하에 놓이게 되고 농작물의 종류와 재배면적도 일본의 수요에 따라 통제되고 착취되는 전형적인 주변지역의 특성을 잘 보여주고 있었다.

### (2) 공업활동

간도협약 이전에 연변 지역으로 이주한 중국인과 조선인들은 대부분 가난한 농민들이었다. 때문에 당시 연변 지역에는 삼림자원을 비롯한 부존자

〈그림 II-3〉 석현 제지공장(1952)

원이 풍부함에도 근대적인 공업이 일어날 수 없었으며 다만 농업과 밀접히 관련된 일부 수공업이 행해지고 있었을 것으로 추측된다.

그러나 세계체제에 편입된 후 일제에 의해 철도와 같은 근대적 교통망이 건설·확충되고 이어서 연변 지역의 삼림자원과 광물자원 및 농산물자원을 침탈하기 위한 일본의 자본이 본격 침투됨으로써 연변 지역에도 자원의 존형 공업이 발달하게 된다. 이렇게 하여 일제 말(1940)에 연변 지역에는 삼림공업, 제지공업, 섬유합판공업, 광공업(광물 채굴업), 양주업, 제분업, 착유업 등의 다양한 공업이 나타나게 되는데 삼림공업이 공업 총생산액의 62%를 점할 만큼 특화되어 있었고 제지공업 14.3%, 광공업 8.0%, 양주업·제분업·착유업 등의 식료품 공업 5.9%, 기타 공업 9.8%였다.

삼림공업은 1916년 일제가 길림성과 체결한 '길흑임광차관조약'을 통해 이 지역에서 일본의 임장권이 부여됨으로써 본격적으로 시작되었다. 이에 따라 대창조합, 왕자제지, 삼정물산, 삼능 등의 일본 기업들이 연변 지역에 목재회사를 설립하고 원목 벌채사업에 뛰어들게 되는데 한때는 일본 목재상이 105호에 달하여 길림성 목재상 총수의 70%를 점하기도 하였다. 만주사변 이후 일제는 삼림철도를 건설하고 임업기구와 목재 비축장, 제재공장 등을 설립하여서 삼림자원의 개발과 수탈을 보다 노골화한다. 만주국 설립 후 일제가 통치한 14년간 연변 지역에서 수탈해간 목재만 해도 3,000만m³

에 달하였다. 일제는 원목 약탈에 주력하는 한편 더욱 많은 이윤을 추구하기 위해 개산툰과 석현 등에 대형 펄프공장과 섬유합판공장도 설립하였다. 그로 인해 당시 연변 지역의 종이 생산량은 동북지역(만주)의 58%를 점하고 섬유합판 생산량은 17.8%를 점하게 된다.

광공업 부문에는 금, 연, 동, 석탄 등 광물 채굴업이 발달하였다. 1941년 연변 지역의 황금 생산량은 195kg에 이르렀고 1941년에서 1944년 사이에 동(구리) 생산량은 523톤에 달하였는데 모든 생산량은 일제의 전쟁수요에 공급되었다.

한편 유기공업, 단야공업(대장간), 도자기업 등과 같은 민족의 전통공업은 일본의 대체 상품이 수입됨에 따라 점점 위축되어 갔다. 이에 비해 전통적인 정미업은 조선인에 의한 미곡 생산량의 급증과 일본으로의 수출 확대로 오히려 성장세가 나타났다고 한다.

이상에서 살펴본 것처럼 일제시기 연변 지역의 공업은 일본의 자본에 의한 현지 자원(목재, 광산물) 수탈형 공업으로써 높은 수준의 기술보다는 현지의 풍부한 자원과 저임금 노동력에 의존하는 원료제품 생산 위주의 공업이었다. 따라서 당시 연변 지역의 공업은 일제에 의해 자원이 수탈당하고 착취당하는 주변지역의 전형을 잘 보여주고 있다.[2]

## 2) 해방 후 개혁개방 이전의 연변 경제

1949년 이전 즉 중국정부 수립 전의 연변 경제는 총체적으로 매우 낙후된 상태에 머물러 있었다. 농업생산은 대체로 원시적 개발을 통한 자연경제 상태에 처해 있었고 공업 부문도 일제의 식민지 경제체제에서 기반구축이 전혀 되어있지 못하였다. 상업부문도 전면적인 침체와 쇠퇴의 상태에 놓여

---

2   이재하 · 김석주(2007), "연변조선족자치주의 지역성 변화에 관한 세계체제론적 분석: 산업을 중심으로", 『한국 지역지리학회지』 제13권 제4호(통권 44호), pp. 463-465.

있었으며 반면 대외무역과 교통운수업은 다른 부문에 비하여 비교적 활기를 띠었는데 러시아 연해주를 경유하는 철도교통에 힘입은 것으로 짐작된다.

연변 조선족은 중국 동북지역에서 기타 민족과 함께 대규모로 논밭을 개간하여 1905년부터는 벼농사를 시작하였으며 논밭면적은 계속하여 확대되었다. 20세기 1920년대까지 동북지역의 대부분 논밭은 조선족 농민들에 의하여 개간되었다. 이 시기 연변 지역도 중국의 기타 지역과 마찬가지로 정치적으로 봉건군벌이 지배적 지위에 있었고 경제상 봉건적 토지소유가 지배적 위치에 있었다.

1949~1952년까지는 국민경제의 회복기로 오랜 기간 동안 전쟁으로 인해 붕괴된 경제를 재건하는 데 힘을 기울였다. 회복기에 있어서 연변 경제의 최우선 과제는 농업기반을 복구하여 농업생산을 증진시키는 것이었다. 생산력을 향상시킴으로써 식량과 공업용 원료를 증대하여 농민들의 생활수준을 높이는 것이 기본 목표였다. 이 시기에 연변의 도시와 농촌에서는 보편적으로 식량난에 허덕이고 있었으며 공업생산은 원재료 부족에 시달려야 했다. 그러나 많은 농민들은 정부의 토지제도 개혁에 의해 토지를 소유하게 되었고 생산력 향상에 적극성을 보였다. 그러나 농가 단위의 생산력은 그 당시 많은 청년들의 군 입대로 인한 노동력 부족과 생산원료의 부족으로 답보상태에 있었다. 하지만 곧 연변 농촌에서는 집단화 운동을 시작하였으며 농업생산력이 신속히 회복하게 되었다. 1952년 말 집단화 운동에 참가한 농민은 전체 농민의 77.7%를 차지하였고 경지면적의 79%가 집단적으로 경작되었다. 1952년도 연변 지역의 농업생산총액이 1949년에 비해 47.3% 늘어났다.

한편 1952년 당시 연변 지역의 제조업체는 2,859개로 1949년에 비해 22.8% 증가하였다. 그중 경공업이 1,252개 업체, 중공업이 1,607개 업체로 구성되어 있으며, 그 규모는 1949년에 비해 각각 63.8%와 2.8% 생산증가를 기록하였다. 야금, 전기, 석탄, 화학, 기계, 건축자재, 삼림, 식료품, 방직, 피혁, 제지, 문화체육용품 등 공업의 기초부문이 갖추어져 비교적 산업체계의 초보적 상태를 형성하였다. 1953년부터는 제1차 5개년 계획에 따라 대규모 경제건설을 진행하였다. 생산수단의 사적소유에 대한 사회주의 개조를 진행하였으며, 농촌의 집단화 운동과 수공업, 민영 상공업에 대한 사회주의 개조를 순조롭게 진행하여 연변 경제의 전면적인 경제발전을 촉진하였다.

1957년의 연변자치주의 농·공업 생산총액이 4.02억 위안으로 1952년에 비해 45.5% 성장하였는데 그 가운데 공업 생산총액은 3.1억 위안으로 1952년보다 65.5% 성장하였으며 농업 총생산액도 9,171만 위안으로 1952년보다 3.2% 성장하였다. 주요 공산품의 생산량도 큰 폭으로 증가하였는데, 1952년에 비해 전기는 1.86배, 석탄은 31.7%, 목재는 22.5%, 방직은 7배, 제지는 1.67배, 식용식물유는 94.8%만큼 성장하였다. 국유기업의 노동생산성도 1952년의 일인당 5.218위안에서 7.669위안으로 향상되었다. 상업 부문도 상당한 발전을 가져왔으며, 1957년 자치주 상품구매 총액이 1만 2,821만 위안으로 1952년보다 53.1% 신장하였다. 1차 5개년 계획기간에 자치주 상업부문의 발전은 비교적 순조로웠다.

또한 농업, 경공업, 중공업의 생산구조에도 변화가 발생하였다. 농업생산이 농·공업 생산액 중 차지하는 비율이 1949년의 46.6%에서 1952년 32.1%, 1957년의 25.1%로 떨어졌다. 공업생산은 1949년의 53.4%와 1952년의 67.9%에서 1957년의 74.9%로 증가하였다. 공업 내부의 생산구조에 있어서도 경공업과 중공업의 비율이 1949년의 35.8 : 17.6에서 1957년에 40.6 : 34.4로 변하였다. 특히 공업생산은 5년 동안 연평균 10.6% 성장하였다.

다음으로 1958년부터 1962년까지는 국민경제 제2차 5개년 계획시기였는데 이 5년 중 첫 3년은 '대약진'을 추진하였고, 나머지 2년은 대약진의 잘못을 수정하는 것으로 변질되었다. 이 시기 중국에서는 경제발전의 여러 가지 제약적 조건들을 과소평가한 반면에 인간의 주관적 능동성을 과대평가하여 "5년 사이에 영국을 따라잡고 15년 만에 미국을 능가하여" 공산주의에 진입할 수 있다는 조급한 주장이 팽배하였다. 그리하여 대약진으로 제 2차

5개년 계획을 대체하고 인민 공사화 운동을 일으켰다. 특히 "강철생산을 기본 고리"로 하는 중공업을 편중 육성하고자 하였는데 그 결과 농업, 경공업, 중공업 간의 균형이 깨어져 생산의 급격한 하락, 상품부족, 생활수준 하락 등 경제가 전면적으로 곤경에 빠지게 되었다. 1958년부터 1962년까지의 제2차 5개년 계획기간 동안 연변자치주의 생산총액은 연평균 0.88%, 공·농업 생산총액은 연평균 1.07%, 그 가운데 공업 생산액도 연평균 0.49%성장에 그쳤으며, 국민소득수준도 연평균 0.15% 감소하였다. 지방 재정수입과 사회 상품 구매력도 제1차 5개년계획 시기보다 낮은 수준이었다. 1962년의 기업의 노동생산성 수준은 1957년에 비해 40% 떨어졌고, 100위안 당 고정자산 이윤율도 55.1% 수준이었다. 농업생산도 급격히 하락하다가 1964년에야 겨우 1952년의 37.09만 톤 양곡 생산수준을 회복할 수 있었다. 이러한 '대약진'의 실패는 연변 경제의 침체와 퇴보를 가져와 모든 사람에게 큰 충격을 주었으며 경제발전을 위해서는 경제의 논리를 따라야 한다는 사실을 새삼 일깨워 주었다.

그리하여 1963년부터 1965년까지는 국민경제 조절시기에 들어섰다. 대약진운동으로 인해 야기된 국민경제에 있어서 비례관계의 불균형이 1961년부터 1962년 사이에 투자와 경제개발속도를 조정한다 해서 곧 해결될 문제는 아니었다. 그리하여 1963년부터 3년간의 조절기간을 더 갖지 않을 수 없게 되었다. 이 기간에 농업, 경공업, 중공업의 순서로 생산구조를 개선하였는데 특히 농업생산력 향상에 전력을 기울였다. 노온에서는 '생산대를 기본으로 하는 3급 소유'의 경영방식을 추진하였고, 농업에 대한 투자를 증대하여 농업생산력 수준의 비교적 빠른 회복과 향상을 가져왔다.

공업 부문에서도 내부 생산구조를 개선하여 기본건설에 대한 투자규모를 감소하고 중점항목에 대한 투자를 강화하여 비교적 좋은 경제적 효과를 거두었다. 자치주 제조업체는 1957년의 617개로부터 1958년에 4,138개로 급증하였다. 그중 국유기업은 1,121개, 민간공동기업(집체기업)은 3,107개였으며, 이 중 경공업기업은 2,093개 중공업기업은 2,045개였다. 1965년에는 생산체제의 조절과 정돈을 거쳐 자치주 공업기업은 324개로 감소되었다. 그중 국유기업은 139개, 집체기업은 185개로써 경공업기업은 255개, 중공업기업은 69개로 감소되었다. 그리하여 공업생산의 내부 생산구조에 변화를 가져왔는데, 농업, 경공업, 중공업의 생산구조가 크게 개선되었다. 1958년 연변 공·농업 생산액에서 농업과 공업의 생산비율은 24.84% : 75.16%, 경공업과 중공업의 생산비율은 38.02% : 37.14%이었다. 1960년대 말에 개시되었던 대약진운동 이후에는 농업과 공업의 생산비율은 16.82% : 83.18%, 경공업과 중공업의 생산비율은 42,73% : 40.45%로 되었다. 이후 조절기를 거쳐 1965년에는 농업 대 공업의 생산비율은 28.6% : 71.5%, 경공업 대 중공업의 생산비율은 38.8% : 32.7%로 변동되었다. 이 3년간의 조절기간 중 연변 지역 생산총액은 연평균 6.2%, 농·공업 생산총액은 연평균 11.3%, 그중 공업 생산총액은 연평균 10.0%, 농업 생산총액은 연평균 13.6%, 국민소득은 연평균 9.8%, 지방 재정수입은 연평균 12.6%씩 비교적 순조롭게 성장하였다. 이처럼 3년 동안의 짧은 조절 기간을 거쳐 연변 경제의 생산구조는 차츰 개선되었으며, 경제건설과 기타 사업은 순조로운 회복과 발전을 가져왔다.

마지막으로 문화대혁명 시기이다. 1966년부터 1976년까지 10년 동안은 국민경제의 제3~4차 5개년 계획시기였다. 조절기를 거쳐 연변 경제는 안정적인 발전을 기약하는 듯 했으나, 그 기대는 문화대혁명으로 다시 좌절을 맛보아야 했다. 이 시기에 경제는 정치에 철저히 종속되었으며, 오직 정치의 도구로써만 의미를 가질 수 있었다. 생산지휘계통은 그 지휘능력을 잃어버렸고, 경제관리 조직은 그 기능이 마비되었으며, 공장의 운영규칙은 폐지되었고, 노동자들은 혁명을 위해 일터를 떠나야 했다.

농업 부문에서는 전쟁에 대비한 식량생산만 강조되었고, 공업 부문에서는 다시 '강철생산을 기본'으로 하여야 했다. 농민들이 가정부업과 시장거래 마저 '자본주의 꼬리'라고 하여 여러 가지 통제를 받았다. 따라서 경제의 효율성은 극히 낮았으며, 발전속도도 매우 늦었다. 1976년 말 연변 지역 생산총액 중 제1차 산업이 차지하는 비중이 25.3%, 제2차 산업은 51.6%, 제3차 산업은 23.1%였다. 이 10년 동안 연변의 공·농업 생산총액은 연평균 5.8%, 그중 공업 생산액은 연평균 8.0%, 농업 생산액은 연평균 1.5%, 지방재정수입은 연평균 7.0%씩 증가하는 데 그쳤다.

1976년 10월에 문화대혁명은 일단 종결되었으나 경제 면에서의 기본정책은 1978년까지 여전히 지속되어 경제는 침체상태에서 벗어나지 못하고 있었다. 1977년부터 1978년까지 자치주의 생산총액은 13.5% 성장하였으며, 연평균 4.3%의 성장률을 보였다. 공·농업 생산액도 9.4% 성장하였으며, 연평균 3.1%의 성장률을 보였다. 그중 공업 생산액은 8.2% 성장하였으며, 연평균 2.6%의 성장률에 그쳤다. 그리고 지방재정수입은 오히려 25.8%의 감소율을 보였고, 상품소비 규모도 연평균 5.4%의 증가에 그쳤다. '대약진'의 실패가 경제법칙을 무시한 데서 기인된 것이라면 이 시기 경제침체는 오로지 정치적 대혼란 때문이었다.[3]

## 3. 개혁개방 이후의 연변 경제

앞 절에서는 개혁개방 이전의 연변 경제, 즉 해방 전과 해방 후 개혁개방 이전의 연변 경제를 살펴보았다. 이 시기는 계획경제체제로서 시장경제체제인 개혁개방 이후의 연변 경제와는 확연히 다름을 알 수 있을 것이다. 이 절에서는 개혁개방 이후 연변 경제의 공업화와 그 구조변화, 나아가서 한국과의 관련성을 살펴보도록 하겠다.

---

3  이재하·김석주(2007), 앞의 글, pp. 463-465.

## 1) 공업화와 그 구조변화

연변 경제의 공업구조는 2004년을 기준으로 경공업의 비중은 51.9%이고 중화학공업은 48.1%이며, 중화학공업은 제조중공업 부문, 채굴중공업 부문의 순으로 나타나고 있다.

이를 공업생산의 내부 구조로 보면, 경공업 부문은 가구제품 제조업, 연초제조업, 제지공업, 섬유제품 제조업 등이 주류를 이루고 있고, 그중에서

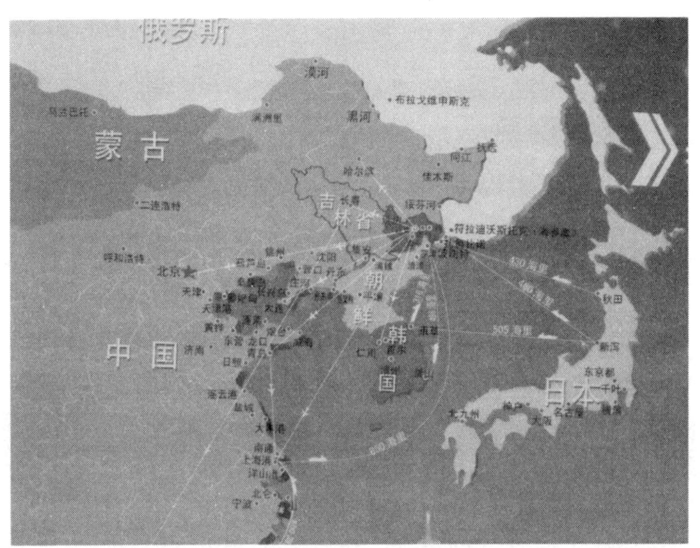

〈그림 II-4〉 동북아시아 속의 연변조선족자치주

〈그림 II-5〉 연변조선족자치주 인민정부소재지 연길시(2005)

가구제품 제조업과 섬유류 제조업은 업체 수에서 경공업 부문의 57.1%를 차지하고 있다. 중화학공업 부문에서는 화학공업 부문의 생산비중이 제조 중공업 부문을 능가하고 있으며, 화학공업 부문은 연변 공업 부문의 24.2% 인데 비하여 제조중공업 부문은 13.8%의 비중을 차지하고 있다.

2004년 현재 연변 지역의 전 산업 총생산액은 194억 2,030만 위안이며, 그중 공업 부문의 생산액이 146억 1,618만 위안으로 총생산액의 75.3%를 차지하고 있다. 한편 공업 부문의 생산액 가운데서는 중공업 생산액이 75억 8,696만 위안으로 48.1%를 차지하고 있으며 경공업의 비중은 51.9%를 차지하고 있다.

〈표 II-2〉 연변의 공업구조

(단위: %)

| 구분 | 1978 | 1980 | 1990 | 2000 | 2002 | 2003 | 2004 |
|---|---|---|---|---|---|---|---|
| 경공업 | 49.5 | 51.1 | 55.7 | 56.9 | 59.7 | 66.5 | 51.9 |
| 중공업 | 50.5 | 48.9 | 44.3 | 43.1 | 40.3 | 33.5 | 48.1 |

자료 : 연변통계국 편(2005), 『연변통계연감』, 길림인민출판사.

〈표 II-3〉 연변 10대 공업 부문의 변천추이

(단위: %)

| 순위 | 1980년대 | | 1990년대 | | 2000년대<br>(2004년 기준) | |
|---|---|---|---|---|---|---|
| 1 | 목재벌채운송 | 7.2 | 목재벌채운송 | 16.5 | 목재가공 | 16.7 |
| 2 | 목재가공 | 6.4 | 의약 | 12.2 | 의약 | 13.6 |
| 3 | 제지 | 6.0 | 연초가공 | 9.1 | 연초가공 | 11.3 |
| 4 | 비금속광물 | 4.0 | 방직 | 8.1 | 제지 | 8.4 |
| 5 | 방직 | 3.7 | 목재가공 | 7.9 | 방직 | 6.6 |
| 6 | 연초가공 | 3.7 | 제지 | 7.4 | 전력에너지 | 5.6 |
| 7 | 화학 | 3.3 | 전력에너지 | 5.5 | 비금속광물 | 4.7 |
| 8 | 식품 | 3.2 | 유색금속제련 | 3.9 | 전용설비기계 | 3.6 |
| 9 | 기계 | 2.2 | 비금속광물 | 3.6 | 유색금속재련 | 3.3 |
| 10 | 전자전기기기 | 2.1 | 화학섬유 | 3.2 | 석유가공 | 3.2 |

자료 : 이길웅 · 현동일(2003), 『연변 경제발전론』, 연변대학출판부; 『연변통계연감』(2005).

〈표 Ⅱ-4〉 연변 지역 광공업 생산구조 (단위: 위안, %)

| 업종 구분 | 업체수 | 생산액 | 구성비 |
|---|---|---|---|
| 경공업 | 126 | 758,696 | 51.9 |
| 농업원료가공업 | 17 | 26,619 | 1.8 |
| 식품제조업 | 9 | 19,444 | 1.3 |
| 음료제조업 | 9 | 32,363 | 2.2 |
| 연초제조업 | 2 | 165,321 | 11.3 |
| 방직업 | 11 | 96,423 | 6.6 |
| 방직복장업 | 4 | 13,354 | 0.9 |
| 피혁가공업 | 1 | 861 | 0.1 |
| 목제가공제조업 | 52 | 244,687 | 16.7 |
| 가구제조업 | 5 | 29,049 | 2.0 |
| 제지공업 | 10 | 122,315 | 8.4 |
| 인쇄업 | 6 | 8,260 | 0.6 |
| 화학공업 | 53 | 353,402 | 24.2 |
| 석유가공업 | 2 | 46,049 | 3.6 |
| 화학원료제조업 | 18 | 44,900 | 3.1 |
| 의약제품제조업 | 19 | 198,605 | 13.6 |
| 화학섬유제조업 | 1 | 35,482 | 2.4 |
| 고무제품업 | 2 | 4,895 | 0.3 |
| 플라스틱제품제조업 | 11 | 23,471 | 1.6 |
| 제조중공업 | 84 | 294,688 | 20.2 |
| 비금속제품업 | 18 | 69,299 | 4.7 |
| 비철금속제련업 | 5 | 47,713 | 3.3 |
| 금속제품제조업 | 4 | 2,383 | 0.2 |
| 일반설비제조업 | 5 | 6,210 | 0.4 |
| 전용설비제조업 | 6 | 52,941 | 3.6 |
| 교통운수설비제조 | 5 | 9,751 | 0.7 |
| 전기기계기구제조 | 4 | 7,014 | 0.5 |
| 통신 및 기타전자설비 | 1 | 5,764 | 0.4 |

(계속)

| 업종구분 | 업체수 | 생산액 | 구성비 |
| --- | --- | --- | --- |
| 전력·가스·수도기타산업 | 36 | 93,613 | 6.4 |
| 채굴중공업 | 16 | 54,832 | 3.8 |
| 연탄제조업 | 9 | 39,300 | 2.7 |
| 비철금속광채업 | 6 | 15,521 | 1.1 |
| 비금속광채산업 | 1 | 11 | 0.0 |
| 합 계 | 279 | 1,461,1618 | 100 |

2000년대에 들어와서는 연변 10대 공업 부문이 1990년대의 생산구조와 크게 다른 변화를 보여주지 못하고 있으나, 석유가공업 부문과 기계설비 제조업 부문이 선도공업 부문에 진입하고 있다. 이들 공업 부문은 연변 지역의 부존자원상태와 비교할 수 없는 생산구조의 새로운 변화라고 할 수 있다. 즉 공업생산구조의 고도화가 진행되고 있다고 할 수 있다.

이상과 같은 연변 경제의 공업생산구조는 1980년대와 1990년대를 거치면서 많은 변화를 보여주고 있다. 1980년대의 연변 10대 공업 부문에서는 목재 부문 제조업과 제지공업 부문의 비중이 가장 높았으나 1990년대에는 의약제품 부문과 연초가공 부문 및 방직업 부문의 생산비중이 높게 나타났다. 이런 현상은 연변 지역의 자연자원을 이용한 공업이 소비수요의 변화에 맞추어 성장한 것으로 볼 수 있다. 동시에 자본·기술집약형 산업이 중심산업으로 등장하고 있음을 엿 볼 수 있다.

이처럼 연변 경제의 공업생산구조에서 경공업 부문은 농산물을 원료로 한 제조업 부문의 생산비중이 90% 수준을 넘어서고 있으며 이는 공업 총생산액의 약 50% 수준을 차지하고 있다. 중공업 부문에서는 채광원재료공업이 차지하는 비중이 80%를 초과하였다. 그러므로 경공업 부문의 농산물을 원재료로 하는 제조업과 중공업 중 채광원재료공업이 차지하는 비중이 공업 총생산액의 87.5%을 차지하였다. 연변 공업은 낮은 부가가치를 창출하는 기초상품 생산과 노동집약형 산업을 위주로 하는 공업 형태가 주류를 이루고 있는 것이다.

총체적으로 볼 때 연변의 공업은 노동집약형 경공업을 중심으로 하고 중공업은 기술발전 정도가 낮고 오염이 비교적 큰 산업으로 구성되어 있기 때문에 연변 공업구조는 비교적 낮은 단계에 머물러 있다. 사실상 기술혁신 주기가 짧고 시장경쟁이 치열한 연변의 전자통신, 기계, 교통운수설비, 전기설비 등 기술집약형으로 고부가가치를 창출하는 산업은 시장경쟁력이 약한 이유로 현재 도태되어 있거나 거의 도태의 위기에 처해 있다. 이러한 공업구조는 연변 자연자원과 밀접한 연관이 있으며 또한 몇 해 사이에 해외 자본이 집중적으로 노동집약형 산업에 투자된 것과도 관계가 있다.

연변의 산업구조는 과거 계획경제시대의 산업구조정책 영향하에서 자연자원, 시장수요, 기술, 인재 등 요소에 의한 것이 아니라 산업구조의 초점이 구역 내 내수시장을 만족시키는 데 있었으므로 거의 모든 산업이 다 존재하였다. 구역 내 내수시장의 수요가 제한되어 있고 규모가 작았으므로 필연적으로 소형 규모의 공업이 상생하였다. 공업화 기업의 규모 구조로 볼 때 소기업은 84.3%를 차지하고, 대 · 중기업은 15.1%를 차지하며, 전국의 평균과 비슷한 비율을 보이고 있다. 기업은 평균 자본규모로 볼 때 대 · 중기업의 평균 자본금액 전국 평균보다도 낮고 공업화 기업의 중심인 소기업 역시 그 평균 자본금액이 전국적 평균수치보다 낮음을 알 수 있다.

이와 같은 공업경제의 발전 속에서 기업체 또한 급격하게 증가되었다. 연변 경제 전체로 볼 때 연간 생산액이 1억 위안 규모를 넘긴 업체수가 16개소이고 1,000만 위안을 초과한 업체 수는 65개소로 집계되고 있다. 또한 이윤과 납세액이 1억 위안을 넘긴 업체수가 2개소, 1,000만 위안을 초과한 업체수가 15개소에 달하고 있다.

해방 후 연변의 기계공업은 급속히 발전해 이제 상당한 규모를 갖추었고 전 자치주 공업경제 발전에 있어서 중요한 업종으로 성장했다. 현재 전 자치주 기계공업의 부문으로는 주로 통용설비 제조업, 교통운송설비 제조업,

전기기계설비 및 기자재 제조업, 전자 및 통신설비 제조업 등이 있다.

2004년에 이르러 이런 부문의 공업 총생산액은 통용설비 제조업이 6,210만 위안, 전용설비 제조업이 5억 2,941만 위안, 교통운송설비 제조업이 9,751만 위안, 전기기계설비 및 기자재 제조업이 7,014만 위안, 전자 및 통신설비 제조업이 5,764만 위안에 달했다.

연변의 야금공업은 해방 후 크게 발전했다. 현재 비철유색금속 채광업 기업체가 6개소로 2004년의 공업 생산액은 1억 5,521만 위안에 이르렀으며 비금속 채광업 기업체도 1개소로 생산액은 11만 위안을 기록하고 있다. 이 외에도 연변에는 비철금속 제련 및 압연기공업, 비금속 광물제품 제조업, 금속제품 제조업 등의 기업체가 27개소 있으며 이들 제조업의 2004년 야금 공업 총생산액은 11억 9,94만 위안 규모에 달하였다.

삼림공업의 경우, 연변은 길림성의 주요한 목재 생산지로써 연변의 목재 생산량은 길림성 목재 총생산량의 절반을 차지한다. 이 공업은 지난 50여 년 동안의 건설을 통해 목재채벌, 목재수송, 목재가공 등의 설비가 선진적이고 전문화되어, 합리화된 배치의 방대한 삼림공업체계를 이루었다. 현재 연변 지역에는 10개소의 국유삼림공업 기업체와 1개소의 삼림경영국, 194개소의 국유삼림임산 작업소, 146개소의 농촌임산 작업소가 있다. 목재 운송 도로의 총길이는 5,836km이며 삼림 철길 총길이는 1,671km에 달한다. 목재 생산의 기계화도 빨리 진척되어 채벌 및 적재, 원목 집결 등의 작업에서 모두 기계화를 실현하고 있다. 현재 연변의 삼림공업은 이미 상당한 규모를 갖추었는데 목재 생산량이 2003년 이후 연간 150만$m^3$ 규모이며 가구 제품의 연간 생산량이 10만 조에 달하고 있다. 이러한 제품들을 중심으로 10가지 계열의 200여 가지 종류의 제품이 북아메리카, 유럽, 동남아시아 등 15개 국가와 지역에 수출되고 있다. 2004년 연변 지역 임업 총생산액은 5억 5,163만 위안 규모에 달했다.

다음으로 장백산의 풍부한 삼림자원을 보유하고 있는 연변의 제지공업은 유구한 발전 역사를 토대로 해 오늘날 길림성의 주요 종이 생산기지이자

〈그림 Ⅱ-6〉 석현 제지공장(1992)

중국의 주요 원료 생산기지로 성장했다. 현재 연변 지역에는 12개소의 제지제품 제조업체가 있고 제지공업의 총생산액은 2004년에 12억 2,315만 위안에 이른다. 이 부문에는 석현 종이공장과 개산툰 화학섬유 펄프공장 등 2개소의 대형 기업체와 1개소의 중형 기업체가 있다. 석현 종이공장에서 생산한 신문지는 줄곧『인민일보』등 중국의 일부 주요 신문사들에 공급되고 있을 뿐만 아니라 1954년부터 외국에 수출되기 시작했다. 개산툰 종이공장은 화학섬유 펄프공장으로 증설되고 이후 화학섬유 펄프만 생산하는 것이 아니라 펄프, 판종이, 위생지 등도 생산하고 있다.

석탄자원이 아주 풍부한 연변은 100여 년의 채굴 역사를 가지고 있다. 해방 후 탄광 생산 조건이 점차 개선되자 채탄량은 크게 늘어났다. 현재 연변에는 8개소의 탄광채굴 기업체가 있는데 그 가운데 규모가 큰 대형 기업체로는 훈춘광업국, 화룡탄광, 연변탄광, 양수탄광 등을 꼽을 수 있다. 2004년도 원탄 생산량은 329만 톤이고 석탄공업 부문의 공업 총생산액은 3억 9,300만 위안이다.

역사가 비교적 오래된 업종인 방직공업은 해방 후 특히 1990년대 후반부터 크게 발전해 현재 면사방직, 아마방직, 모방직, 화학섬유, 날염 및 각종 복장가공을 중심으로 하여 관련 부품 제조가 완비된 공업체계를 형성해 연변 지역 중심산업의 하나가 되었다. 지금 연변에는 총 28개소의 섬유 관련 기업체가 있는데 그중 조선족이 운영하는 기업체가 12개소에 이르고 있다. 이 업종에는 업계를 선도하는 용두기업체가 3개소이며 규모가 가장 큰 기업체는 훈춘공단의 길림쌍방울방직유한회사이다. 이 회사는 한국인 개인자본 기업체로써 등록자본금 5,900만 달러로 1,295명의 종업원을 가지고 있다. 길림쌍방울에 버금가는 기업체는 갑을연길방직유한회사이고 등록자본금은 642만 달러이다. 세 번째로 규모가 큰 기업체는 연변금룡아마방직주식회사로 총 주식자본금 2,000만 위안이다. 2004년도 연변 방직사업은 8,666톤의 실과 594만 m의 천을 생산했으며 총생산액은 9억 6,423만 위안 규모에 달하였다.

마지막으로 의약공업을 살펴보면 장백산을 끼고 있는 연변은 천연약재의 풍부함을 자랑한다. 『장백산 동식물 약지』에 의하면 장백산에는 875가지를 헤아리는 동식물이 있으며 그중 연변 지대에 99%에 해당하는 862가지가 있다. 특히 인삼, 당삼, 황기, 세신, 오미자, 목통, 황경피와 같은 유명한 약초들은 생산량도 많다. 약용버섯 종류인 영지, 천마, 운지, 수세 등도 풍부하며 항암작용을 하는 약재만도 34가지나 된다. 뿐만 아니라 녹용, 기름개구리, 웅담과 같은 진귀한 동물약 자원도 널리 분포되어 있다. 이렇게 풍부한 약재 자원은 연변의 의약공업을 발전시키는 데 유리한 조건을 마련

〈표 II-5〉 독립공업기업 규모비교 (단위: 개, %, 만 위안)

| 구 분 | | 총기업수 | 대·중기업 | 소기업 |
|---|---|---|---|---|
| 연변 | 기업수 | 259 | 39 | 312 |
| | 비중 | 100.0 | 15.1 | 84.3 |
| | 평균자본금 | - | 40.022 | 2,329 |
| 중국 | 기업수 | 196,222 | 23,631 | 172,591 |
| | 비중 | 100.0 | 12.0 | 88.0 |
| | 평균자본금 | - | 52,952 | 2,531 |

자료: 연변통계연감, 중국통계연감, 2004.

〈표 Ⅱ-6〉 연변 경공업구조 (단위: %)

| 구분 | 1978 | 1980 | 1990 | 2000 | 2002 | 2003 |
|---|---|---|---|---|---|---|
| 농산물 원료 | 76.9 | 75.4 | 81.7 | 91.6 | 93.4 | 63.0 |
| 비농산물 원료 | 23.1 | 24.6 | 18.3 | 8.4 | 6.6 | 37.0 |

자료 : 연변통계국 편(2005), 『연변통계연감』, 길림인민출판사.

〈표 Ⅱ-7〉 연변 중공업구조 (단위: %)

| 구분 | 1978 | 1980 | 1990 | 2000 | 2002 |
|---|---|---|---|---|---|
| 채굴공업 | 76.9 | 50.0 | 29.9 | 40.0 | 40.5 |
| 원료공업 | 13.6 | 18.4 | 35.8 | 46.3 | 45.9 |
| 제조공업 | 38.0 | 31.6 | 34.3 | 13.7 | 13.6 |

자료: 연변통계국 편(2005), 『연변통계연감』, 길림인민출판사.

해주고 있다.

해방 후 연변은 이와 같은 여건을 잘 활용해 의약공업을 크게 발전시켰다. 그 결과 의약공업은 연변 경제의 튼튼한 기반산업으로 성장했다. 현재 연변 전 지역에는 의약품 제조업체가 17개소이며 이들 기업체는 한약제조, 양약제조, 생물제조 등으로 특화 구분되고 있다. 2004년도 연변 지역의 의약품공업 총생산액은 19억 8,605만 위안에 이르렀다.

이상과 같은 연변 산업에 있어서 공업구조를 살펴보면 경공구조는 농산물을 원료로 사용하는 경공업이 비농산물을 원료로 사용하는 경공업에 비하여 2002년까지는 절대적으로 높은 생산구조를 보였다. 그러나 2004년에 들어와서는 그 비중이 대폭 떨어지고 비농산물을 원료로 하는 경공업의 비중이 높아지고 있다. 이는 경공업 부문의 생산구조가 근대화되고 있는 추세로 분석된다.

이에 비하여 중공업 부문의 생산구조를 살펴보면 1980년도 이전까지는 채굴공업의 생산비중이 50% 수준이었는데 2000년도 이후부터 원료가공업의 비중이 점차 높아지고 있다. 중공업 부문에 있어서 제조공업 부문의 생산비중이 지속적으로 떨어진 연유는 전체적으로 산업 근대화가 이루어지면서 중국 내 다른 대도시 공업지역에 비하여 중공업 시설이 낙후됨에 따른 것으로 분석된다. 때문에 상대적으로 자원채굴공업과 원료생산 공업의 생산활동이 활발하게 움직인 것으로 분석된다.

그러나 연변의 제조공업 부문에 있어서 기업의 경제적 수익으로 볼 때 제한된 지역에서 내수시장의 수요를 목표로 형성된 연변의 공업 부문의 사업체는 규모가 영세하고 산업기술이 낙후되어 있으며 경제수익이 비교적 낮다.

## 2) 서비스산업의 구조변화

연변자치주 통계는 상업을 국내무역으로 분류하고 사회소비품의 거래총액을 도소매업, 외식업 및 기타 상업으로 구분하고 있다. 연변 경제의 국내무역은 해방 후부터 비약적으로 발전하였다. 개혁개방을 실시한 1980대 초부터 개인 상업에 대한 정책 허용범위를 넓히고 상업활동의 자유를 광범위하게 보장하여 상업발전을 획책하였다.

2003년 말에 이르기까지 연변 안의 사업 무역 분야의 도매 및 소매 단위가 48개소, 종업원 인구는 1만 1,795명이 되었다. 그중 국유경제 단위는 195개소, 종업원은 4,550명이고 도시집체 경제단위는 147개소, 종업원은 1,533명이며, 기타 경제단위는 143개소, 종업원은 5,712명이다.

〈표 II-8〉 연변 사회소비품 거래총액 구조  (단위: 만 위안)

| 구 분 | 1990 | 1995 | 2000 | 2002 | 2004 |
|---|---|---|---|---|---|
| 총거래액 | 226,675 | 585,563 | 668,703 | 758,600 | 801,196 |
| 도소매업 | 174,214 | 423,070 | 561,340 | 631,019 | 703,036 |
| 외식업 | 17,641 | 61,181 | 55,201 | 86,171 | 97,536 |
| 기 타 | 34,820 | 101,312 | 52,162 | 41,410 | 623 |

자료: 연변통계국 편, 연변통계연감, 길림인민출판사, 2005.

이 외에 여관, 외식산업 및 기타 여러 가지 대중 서비스업 단위가 287개소이고 종업원 인구는 7,236명에 달한다. 그중 국유경제 단위가 132개소에 종업원은 3,408명이며 도시집체 경제단위가 59개소에 종업원 1,261명 기타 경제 단위가 96개소에 종업원 3,039명이다. 2004년도 전 연변 사회 소비물자 소매총액은 80억 1,196만 위안에 달하며 그중 도·소매거래업이 70억 3,036만 위안으로 87.5%의 비중을 점하고 있다. 외식업이 9억 7,536만 위안으로 12.1%의 비중을 보이고 있으며 기타 대중 서비스업이 623만 위안의 거래실적을 나타내고 있다.

이처럼 제3차 산업의 비중이 제1·2차 산업에 비해 빠른 성장을 하였다. 1980년대의 산업의 생산구성은 23.6%, 51.2%, 25.2%로써 연변 지역 경제에서 2차 산업이 절대적인 위치를 차지하고 있었다. 그러나 90년대 들어와서 3차 산업의 빠른 성장으로 2003년에는 각 산업의 구성이 14.3%, 46.8%, 38.9%를 나타내 커다란 변화를 가져왔다. 심지어 1997년에는 2차 산업과 3차 산업은 GDP에서 같은 비중을 나타내 모두 41.6%를 차지하였다. 연변 지역 경제구조의 이러한 변화추세는 90년대에 들어와서 한·중 관계가 정상화되면서 한국인의 백두산 관광에 붐이 일기 시작하여 연변 지역의 관광

〈표 Ⅱ-9〉 연변 지역 GDP구성의 변화추이 (단위: %)

| 구 분 | GDP | 제1차 산업 | 제2차 산업 | 제3차 산업 |
| --- | --- | --- | --- | --- |
| 1980 | 100.0 | 23.6 | 51.2 | 25.2 |
| 1985 | 100.0 | 24.1 | 47.3 | 28.6 |
| 1990 | 100.0 | 19.8 | 52.1 | 28.1 |
| 1995 | 100.0 | 16.4 | 42.1 | 41.5 |
| 2000 | 100.0 | 17.3 | 43.0 | 39.7 |
| 2001 | 100.0 | 16.0 | 44.1 | 39.9 |
| 2002 | 100.0 | 13.6 | 46.1 | 40.2 |
| 2003 | 100.0 | 14.3 | 46.8 | 38.9 |
| 2004 | 100.0 | 15.4 | 45.1 | 39.5 |

자료: 연변통계연감, 2005.

산업이 급속히 부상하였으며 이는 이 지역의 3차산업에 대한 수요와 더불어 3차 산업의 빠른 성장을 유발시킨 것이 근본적인 요인이 된다. 그중에서도 유통업인 음식, 무역 도소매업의 비중이 90년대 중반 경부터 크게 증가하였다.

연변에서 전통적인 농업지역을 제외하면 도시화된 지역에서 3차 산업의 증가율이 과도하게 높다. 특히 3차 산업 중에서도 도소매업, 음식업 등의 비중이 너무 큰 것이 문제점이다. 연변의 중심지라 할 수 있는 연길, 도문 등의 발전은 그 배후지역의 발전과 상호 연관되어 있다. 이 지역에서 서비스업의 발전은 다른 지역에서 공업화가 완만히 진전되는 가운데 진행되는 것이 바람직하다. 그렇지 못하다면 소비도시화되어 장기적으로 성장의 한계에 직면하기 쉽다. 그러므로 연변자치주가 바람직하게 성장하기 위해서는 시, 현별로 분업화가 이루어질 필요가 있다. 즉, 농업지구, 공업지구와 이를 지원하는 서비스산업이 균형있게 발전하여야 한다.

한편 시장거래도 활발한 양상을 나타냈다. 연변의 도시와 농촌 곳곳에서 층집식 시장, 밀폐식 시장, 막식 시장, 정원식 시장을 볼 수 있는데 이런 시장들을 통하여 상업거래를 영위하는 업소는 3만 5,112개소에 이르며 이들 도소매상에 종사하는 인원이 5만 5,819명에 달하고 있다. 연변에서 제일 큰 종합시장이 연길시의 서시장이다. 도시 중심가에 자리 잡고 있는 이 시장의 총면적은 7만 2,300m$^3$이며 시장에는 4,100여 개의 상가매대와 7,800여 명의 개체상인들이 있으며 거래상품 종류는 1만 2,000여 가지로 집계되고 있다. 이처럼 연변 지역의 상업경제가 끊임없이 발전하는 과정에서 소규모 영세개체 경영자가 우후죽순처럼 늘어나고 있다.[4]

---

4  이옥희(2006), "중국 연변 조선족경제의 인력수출주도 성장에 관한 연구", 중앙대학교 대학원 박사학위논문, pp. 21-45.

## 3) 한국과의 관련성

중국조선족과 한국 사회의 교류는 비록 1978년도에 있었던 친척 방문을 계기로 시작됐다고 할 수 있지만, 기업체 간 교류와 협력은 훨씬 늦어졌던 것으로 보인다. 수교 전 일부 한국 기업이 중국에 진출했지만 그 규모는 아주 작았으며 대기업의 중국 진출을 위한 탐색으로 받아들여지고 있었다. 투자지역도 연해지구에 국한되어 있었으며 내륙지구, 특히 조선족이 집거해 있는 동북3성은 거의 불모지 상태였다고 할 수 있다. 연변의 경우 1984년부터 외국 상공인 투자기업이 생겼는데, 그 첫 번째 기업도 한국 기업이 아니라 홍콩과 합작한 기업이었다. 홍콩이나 대만기업에 비해 한국 기업과 중국 조선족 사회 간의 교류와 협력의 기점은 늦었지만, 그 뒤로 발전속도는 매우 빨랐다.

1990~91년부터 한국과 연변 사이의 민간무역, 간접투자는 상당히 활발했다. 초기에 연변에 진출한 기업의 투자액은 20~50만 달러 정도였지만, 지금와서는 대부분의 기업 투자액이 100만 달러 이상이며 1,000만 달러를 초과하는 투자기업도 있다. 한국만광개발주식회사와 연길 측 축산업개발공사가 합작해 세운 고기소 합자기업인 의란목축장 건설은 이미 국가계획위원회의 정식허가를 받은 것으로, 총 투자액이 1억 1,126만 달러이고 등록자본이 5,000만 달러였다. 1993년 6월에 정식 착공에 들어갔는데, 합작연한이 50년인 이 사업은 앞으로 10년 후면 동아시아에서 제일 큰 목축장을 건설할 것으로 예상된다. 한편 한국 갑을방직주식회사와 연길방직공장이 손잡고 세운 갑을연길방직공사의 총 투자액도 1,603만 달러이고 등록자본도 642만 달러이며 합작연한은 20년이다. 연변에 투자한 한국 기업 중 공업 생산 기업은 323개, 공중음식업은 43개, 농업은 267개, 부동산은 11개, 기타업종은 17개이며 이미 생산에 투입된 기업은 137개이다. 연변은 여러 가지 부족한 사회간접자본과 경제현황으로 인해 경월소주, 보해소주가 주류업체로 진출했다. 연변의 전략적 유치품목인 섬유, 담배, 제지 등에도 많은

기업이 진출했는데, 코오롱, 선경, 제일합섬 등의 섬유업체가 1992년 진출했고, 담배에도 선경이 진출했다. 연길공항 확장공사에는 삼성이 참여했다. 한국 기업의 연변 진출은 연변의 발전전략과 일치하고 있다. 연변의 발전전략은 잠재적 자원의 우세를 현실적인 경제적 우세로 전환시키고 이윤동기를 부여해 자발적 참여를 유도하며 선택적인 시장 발전형 산업구조를 발전시킨다는 것이다. 연변 지역은 섬유, 신발, 제지, 담배, 전자 등의 소규모 투자를 우선적으로 유치하려 하고 있다.

다음으로는 한·중 간의 보따리 무역에 대해서 알아보자. 한·중 간 보따리 무역은 1992년 한중 수교 이후 화교나 조선족을 중심으로 이루어져 왔으나 IMF 이후 한국인의 비중이 급증 추세를 보이고 있으며 보따리 무역을 업으로 영위하는 전문종사자는 2,000명 정도로서, 1998년의 대중국 수출규모는 약 10억 달러로 추산되고 있다. 보따리 무역상들이 가장 많이 이용하고 있는 위동항운(인천 → 청도, 위해)의 1998년 국적별 연간 승선인원을 보면 한국인 8만 136명(56.1%), 대만인 5만 1,834명(36.3%), 중국인 1만 281명(7.2%) 순으로 나타나고 있다. 이 중 대만 국적인은 거의 전부가 보따리 무역에 종사하는 화교이며, 한국 국적 탑승객은 한국 국적을 가진 화교가 대부분이고 순수 한국인은 전체 승선인원의 10% 정도로 추산되며 국적에 관계없이 한국 거주 화교들이 90% 이상의 상권을 갖고 있는 것으로 추정할 수 있다.

한·중 간 보따리 무역의 주류는 '꿍떠우'라고 불리는 중간 브로커들의 조직하에 이루어지고 있다고 볼 수 있는데 꿍떠우는 주로 중국 쪽에 연고가 있는 화교들과 보따리 무역업계에 장기간 종사해온 일부 한국인 조선족들이다. 이들은 중국 상인과 한국 보따리 무역상을 연결해주고 수수료를 받거나 혹은 중국 현지의 무역상이나 도매업자들로부터 직접 주문을 받은 뒤 한국의 공장이나 남대문, 동대문시장에서 상품을 구매하여 '따이꿍'을 동원, 운송하는 방식으로 1회에 컨테이너 2~3개의 분량을 실어내는 실력자들이다. 보따리 무역상 중 10% 정도가 이에 해당된다. 따이꿍은 꿍떠우가 고용하고 있는 단순 심부름꾼으로 꽁떠우로부터 배표 및 식비를 지원받아 중국으로 들어가는 수화물을 자신의 휴대품으로 운송, 통관해주는 역할을 맡고 있으며, 경우에 따라 자기 아이템을 추가하거나 샘플 운송, 한국 입국 시 농산물 등을 들여와 이익을 남기는데, 주로 조선족이 역할을 담당하고 있다. 보따리 무역에 종사하고 있는 대부분 한국인들은 꽁떠우 조직하에 참여하는 개별 종사자로 볼 수 있으며 최근 들어 여행사나 학원 등을 통한 연수 프로그램 참가자 및 시장조사 차원에서 참여하는 초보자들이 급증추세를 보이고 있다. 예를 들면 연길시 조양촌의 '조양촌 사기'에 따르면 어느 해에 1인당 소득이 200위안에서 3,500위안으로 급성장한 경우가 있는데 이에 대해 조양촌장은 그해 동포들이 한국에 갖다오면서 돈을 벌어왔기 때문에 가정수입이 증가하였다고 그 원인을 설명하였다.

한·중 보따리 무역의 주요 경로는 인천에서 위해, 인천에서 청도, 인천에서 대련, 인천에서 단동, 인천에서 천진 등 산동성과 요녕성을 중심으로 정기 선박항로를 통하여 이루어지고 있는데, 이는 산동성(청도, 위해) 및 요녕성(대련, 연태) 지역에 우리의 대중투자가 집중되어 있고 이들 지역은 육상 운송망이 발달되어 있기 때문으로 분석할 수 있다. 한·중 교류활성화와 양국의 편의를 위하여 정기항로를 명시할 필요가 있다. 정기 선박항로가 개설되어 있는 지역 중 위해, 청도 지역이 전체 수화물 여객의 약 40%를 차지하며 대련, 단동, 천진은 대략 비슷한 수준을 점하고 있는 것으로 추산되고 있다.[5]

---

5  최웅용 · 임채완 · 이장섭 외(2005), 『중국조선족사회의 경제환경』, 집문당, pp. 117-120.

# III

## 연변조선족 기업의 성장과정

앞 장에서는 연변 경제의 발전과정을 문헌을 통하여 개관하였다. 즉 연변 경제를 개혁개방 이전과 이후로 나누어서 발전과정을 살펴보았다. 이로써 연변의 조선족 기업들이 어떤 경제환경하에서 기업을 태동시키고 성장시켰으며 또한 한중 수교 이후 한국과의 관련성을 어떠했는지를 살펴보았다. 따라서 이 장에서는 연변조선족 기업들이 어떻게 성장해왔는지를 알아보고자 한다.

## 1. 중국 기업의 역사적 발전단계와 유형

### 1) 중국 기업의 역사적 발전단계

중국은 봉건시대를 지나 개항을 하면서 기업이 발전하기 시작하였다. 이러한 중국 기업의 발전과정을 크게 세 가지 시기로 나누어볼 수 있다(Howard, 1992). 첫 번째 시기는 1840~1949년의 기간으로 중국 자본주의 기업의 형성과 발전 시기라고 볼 수 있다. 중국에는 1840년 아편전쟁 이후 서구 자본주의 국가의 침략을 계기로 현대적 의미의 자본주의적 기업이 형성되기 시작하였다. 특히 1911년의 신해혁명으로 인하여 중국 봉건사회는 붕괴되었으며, 자본주의 기업이 빠른 속도로 발전하기 시작하였다.

그러나 1949년 중화인민공화국이 건립된 후, 전 인민 소유제와 계획경제를 주축으로 발전했던 중국의 자본주의 기업은 커다란 장애에 부딪치게 되었다. 따라서 중국 기업 발전의 두 번째 시기는 1949~1978년의 기간으로 이는 사회주의 개조 및 공유제기업의 정착시기라고 할 수 있다. 1949년부터 1957년까지의 사회주의 개조단계에서 공산당 정부는 국민당 정부가 소유하고 있던 기업을 국가소유 경영기업으로 개조하였으며 협동조합적이고 공동소유적인 집체기업(集體企業)을 발전시켰다. 이에 따라서 이전에 사회 전반의 80% 이상을 점하고 있던 사적 소유의 기업은 국유기업과 집체기업에 통합되었다. 그러나 1958년에 이르러서 계획경제의 문제점이 발생되면서 공유제(公有制) 기업체제는 비효율과 많은 사회적 문제를 야기했다.[1]

세 번째 시기는 1978년부터 현재까지의 기업구조 개혁시기이다. 1978년 11기 3중 전회를 계기로 중국은 개혁개방의 정책을 펼쳤다. 중국 정부는 사회 전반에 걸친 기업구조 개혁을 진행하여 사기업을 부활시키고 집체기업의 발전을 추진하였으며, 외자 유치과정에서 3자 기업 형태를 발전시켜 외국의 선진적인 관리경험과 기술을 도입함으로써 커다란 성공을 거두었다(Putterman, 1992). 특히 중국 경제의 가장 큰 문제점으로 드러난 국유기업의 개혁도 초기부터 꾸준히 진행되었다. 1992년에는 계획경제에서 시장경제로의 정책전환을 거쳐 현재 중국은 여러 가지 소유 형태의 기업이 공존하는 경제체제를 확립하게 되었다.[2]

이상과 같이 중국 기업은 세 번의 시대적 흐름에 의하여 발전을 거듭하여 왔으며 특히 개혁개방 이후에는 많은 내부구조 변화가 있었다. 아래에서는 개혁개방 이후 중국 기업이 어떤 유형으로 변화하였는지를 기존 문헌자료를 통해서 살펴보고자 한다.

## 2) 개혁개방 이후 중국 기업의 유형

소유제 유형에 따라 중국의 기업을 분류하면 국유기업, 집체기업, 사기업 및 외자기업이 있다. 전통적 의미에서 국유기업은 전체 국민이 소유한 기업을 국가가 국민을 대표하여 직접 경영 혹은 통제하는 생산조직을 말하며 전민(全民)소유제기업이라고도 한다. 전민소유제기업은 1992년까지는 국유가 아닌 '국영'이라는 명칭이 사용되었는데, 1993년 3월에 헌법이 개정되면서 국영은 '국유'로 개칭되었다. 국유는 국가가 소유권을 가지고 있되, 기

---

1  국유기업과 집체기업을 합하여 공유제 기업이라 한다.
2  오세철 · 박헌준 · 정승화(1999), "중국 사회주의 기업의 구조변화", 『경영학 연구』 28권 4호, 한국경영학회, p.4.

업이 자율경영 한다는 것으로서 소유권과 경영권의 분리를 내포한다.

　집체(集體)기업이란 사회 근로자들이 공동으로 출자하고 공동으로 소유하며 경영하는 기업을 말한다. 반면, 사(私)기업은 특정 개인 사업자가 타인을 고용하여 운영하는 기업으로 자본주의적인 고용관계를 가진 기업이다. 이러한 유형의 기업은 고용인 수에 따라 개체(個體)기업과 사영(私營)기업으로 구분하는데, 종업원 8인 미만을 고용하면 개체기업이고 8인 이상을 고용하면 사영기업이다. 개혁개방 이후 부유해진 농민들이 단독으로 투자하여 설립하는 기업이 많아졌다. 이에 따라 1984년부터 농민들이 투자한 집체기업과 사기업을 합하여 향진기업이라 하였다.

　외자기업은 3자 기업이라고도 하는데, 이는 외국에서 중국에 투자한 합자기업(equity joint venture), 합작기업(contractual joint venture), 독자기업(wholly foreign owned enterprise) 등 세 가지 외자 유형을 통칭하는 것이다. 그 외 중국 내의 여러 가지 소유제기업이 출자하여 공동으로 운영하는 기업을 합영기업이라 한다.[3]

　〈표 Ⅲ-1〉은 중국 내에 존재하는 다양한 소유제 형태의 기업을 보여주고 있다. 모든 인민이 기업을 소유하는 전민소유제기업(즉 국유기업)이 있고, 향·진정부(과거 인민공사)가 소유하는 집체소유제기업이 있으며, 민간 부문이라 할 수 있는 사영기업(종업원 8명 이상의 개인 소유제기업)과 개체공상호가 있다. 중국에서는 후 2자를 비국유기업(집체와 사영·개인)이라고 하고 전 2자를 공유기업(국유와 집체)이라 칭한다. 또한 기업은 관할기관이 어디인가에 따라, 중앙정부 통제하의 중앙기업, 지방정부(성·시·지구·현·진 등) 통제하의 지방기업, 중앙정부·지방정부 공동통제하의 기업으로 나뉜다. 또한 자산·종업원 규모가 얼마나 크냐에 따라 대·중형 기업과 소형 기업으로 분류된다.

　외자기업은 이 같은 다양한 소유제 형태 중에서 비국유 부문에 속하며 종사업종, 투자규모, 중요성 등에 따라 관할 지방정부의 등급과 행정관할이

---

3　오세철·박헌준·정승화(1999), 앞의 글, p.5.

〈표 III-1〉 중국 기업의 소유제별 기업형태

| 소유제 | 기업형태 | 세부 기업형태 |
|---|---|---|
| 국유 | 전민소유제 | • 중앙기업(중앙정부 관리)<br>• 지방기업(성 직할시 정부관할, 전구(시)정부관할, 현(시)정부관할) |
| 비국유 | 집체소유제 | • 도시집체기업<br>• 농촌집체기업(과거 사대기업) |
| | 민간소유 | • 개인소유기업: 개체공상호(개체기업, 개체호) 개인 · 공동경영기업<br>• 사영기업: 개인기업 중 종업원 8인 이상의 기업 |
| | 연영기업 | • 국유 · 집체연영　　• 국유 · 사영연영　　• 집체 · 개인기업연영 |
| | 주식제기업 | • 유한책임공사　　• 주식유한공사 |
| | 외자기업 | • 합자기업(중외합자경영기업) · 합작기업(중외합작경영기업)<br>• 독자기업(외자기업)　• 홍콩 · 대만 · 마카오기업 |

주: 향진기업 = 농촌 향촌기업(과거 사대기업: 향반기업＋촌반기업)＋농촌 연영기업＋농촌 개인기업
출처: 1) 인민일보(1992. 12. 19)
　　　 2) "농촌 농업부문의 경제용어 및 지표 해설", 『중국통계연감』, 1993.

달라진다. 외자기업이 중앙정부의 직할에 들어가는 경우는 거의 없으며, 가장 높으면 성급(성 · 직할시 · 자치구)정부, 가장 낮으면 향 · 진정부의 통제를 받는다. 외자기업은 〈표 III-1〉에 나타나 있는 바와 같이, 중외합자경영기업(이하 합자기업), 중외합작경영기업(이하 합작기업), 독자경영기업(이하 독자기업)으로 나누어진다.[4]

## 3) 사기업의 발전

사기업은 개체기업과 사영기업으로 구분되는데 사영기업은 기업자산이 개인에 의해 소유되고, 8명 이상을 고용하여 이윤 추구를 목적으로 하는 경제조직을 말한다. 사기업 부문의 재생과 빠른 발전으로 인하여 개체 · 사영기업은 중국 국민경제에서 무시할 수 없는 중요한 부문으로 자리매김하였다.

개혁개방 이후 중국의 사기업은 크게 3단계의 발전과정을 거쳤다. 첫째,

---

4　김익수(1999), 『중국투자론』, 서울: 박영사, pp. 203-204.

1978~88년 동안의 사기업의 재생과 발전단계이다. 개혁 초기에 중국 정부는 사기업 존재의 장기적 필요성을 인식하고 사적 경제의 합법적 권익을 보장하는 정책을 채택하였다. 따라서 개체 공상업 호(戶, hu)가 중국의 도시와 농촌에서 회복, 발전되었다.

1981년에 이르러서는 상당한 자금을 축적한 많은 개체 공상업자들이 생산규모를 확대하여 고용인원이 8명을 초과한 사영기업으로 발전하였다. 1988년에 이르러 전국 도시와 농촌의 사기업은 615만여 개로 발전하였고, 1,585만여 명이 사기업에 종사하게 되었으며, 790여억 위안의 공업 총 생산가치를 실현하여 중국 공업 총 생산가치의 4.3%를 점하기에 이르렀다. 1988년에 등록된 사영기업이 4만여 개나 되었으며, 고용인원이 70여만 명에 이르렀고, 등록 자본금은 32억 위안에 달하였다. 두 번째 단계는 1989~91년의 짧은 기간으로써 사기업 발전의 침체기라 할 수 있다. 1988년 하반기의 '치리정도(zhili shengdun)'와 1989년의 천안문 사태의 정치파문으로 인하여 사기업 부문은 많은 충격을 받았으며, 사영기업의 발전 속도가 급속히 감소하여 짧은 기간이나마 침체가 있었던 것이다. 1991년 말 사영기업은 기업수와 고용인의 측면에서 1987년에 비하여 52%와 55.6%가 감소하였다. 세번째로는 1992년부터 현재까지의 사기업 부문의 빠른 발전 단계이다. 1992년 덩샤오핑(Deng Xiaoping)의 '남순담화(nanxun tanhua)'는 사영경제 발전에 대한 일반인들의 우려를 해소하였다. 중국 공산당 14대회에서 사회주의 시장경제체제를 도입하는 것에 관한 결정에서 '여러 가지 경제성분의 장기적 공동발전' 방침을 제기하였다. 따라서 사영기업 발전에 좋은 경제환경을 마련하였다. 1992년 하반기부터 사영기업은 빠른 발전의 새로운 단계에 진입하였다. 1994년 말에 이르러서는 전국의 도시와 농촌의 개체 공상호가 2,147만 호, 종사인원이 3,694만 명, 개체공업 총산치가 8,853억여 위안으로 전국 공업 총산치의 11.5%를 차지하여 1991년에 비해 배로 증가하는 한편, 사영기업은 42만 호, 635만 명의 종사인원이 있어 1991년의 4배에 이르렀다.5

## 4) 향진기업의 발전과 성장

### (1) 향진기업의 의의

향진기업(township-village enterprises)은 중국 '농촌지역'에 존재하고 '농민들'에 의해서 설립된 공업, 운수업, 서비스업 등 '비농업 부문'의 각종 경제활동을 담당하는 다양한 형태의 '비국유기업'을 총칭하는 용어이다. 향진기업의 전신은 사대기업(社隊企業)이다. 1950년대 이후 중국의 농촌지역에서는 '인민공사(人民公社)—생산대대(生産大隊)—생산대(生産隊)'의 관리체계가 유지되고 있었는데 이때 인민공사가 직접 운영했던 기업인 사기업(社企業)과, 생산대대와 생산대가 운영했던 기업인 대기업(隊企業)을 합쳐서 사대기업이라고 불렀다. 1980년대 초 인민공사가 해체되면서 사대기업이라는 용어를 대신하여 등장한 것이 향진기업이라는 용어이다. 『통지』에서는 이전의 사기업을 향판기업(鄉辦企業)으로, 대기업을 촌판기업(村辦企業)으로 개정하는 것뿐만 아니라 다른 유형의 기업들도 향진기업의 범주에 포함시킬 것을 규정하고 있다. 이때부터 향진기업의 범주에는 향판·촌판 기업 이외에도 농촌지역의 개인기업(個體企業), 농민들의 친척이나 친구 간에 자금을 출자하여 일종의 조합과 비슷한 형태로 설립한 연호기업(聯戶企業), 향진기업들 간이나 향진기업과 다른 형태의 기업들(국유기업이나 도시 집체기업 또는 외국기업) 간의 합작 형태인 연영기업(聯營企業) 등이 포함되었다. 하지만 사실상 농촌지역 기업이라고 하더라도 국영농장을 경영하는 기업은 국유기업에 속하고 향진기업의 개념에는 포함되지 않는다.[6]

향진기업은 국유기업이나 도시의 대집체기업과는 달리 국가의 경제계획 밖에서 활동하며, 시장 신호에 따라 행동하면서 손실과 이익을 스스로 책임지고 있기 때문에 시장경제의 범주에 속한다. 향진기업은 생산, 고용, 수출

---

5    오세철·박헌준·정승화(1999), 앞의 글, pp. 20-21.
6    본문은 서봉교(1998, 2), "중국향진집체기업에 관한 연구", 서울대학교 경제학부 석사학위논문에 기반하여 수정한 것을 재인용하였음.

등 모든 측면에서 중국경제의 성장을 주도하고 있는 가장 역동적인 경제주체일 뿐만 아니라, 중국이 추진하고 있는 경제체제 개혁과정에도 선도적인 역할을 담당하고 있는 기업군이다. 이보근(1994 : 77-81)은 향진기업이 중국경제에서 담당하고 있는 역할을 다음과 같이 정리하고 있다. 첫째, 향진기업은 중국 농촌의 경제발전을 촉진하는 원동력일 뿐만 아니라 중국 경제의 구조개편을 선도하는 기능을 수행하였다. 즉, 상품과 화폐의 교류가 없는 폐쇄적인 인민공사의 자급자족적인 경제체제 단계에서 상품경제의 단계로 전환하는 과정에서 결정적인 역할을 담당하였으며, 중공업 중심의 공업화 전략을 대신하여 풍부한 노동력을 활용하는 노동집약적 산업에 집중함으로써 산업구조를 중국의 요소부존 조건에 보다 적합하도록 합리화시키는 기능을 담당하였다. 둘째, 농촌 잉여노동력 문제를 해결하는 가장 빠른 길이 되고 있다. 향진기업의 발전은 농촌지역 비농업 분야의 산업발전을 촉진하면서 농촌 잉여노동력의 상당 부분을 지역 내에서 자체적으로 흡수하는, 소위 '농업은 그만두되 농촌은 떠나지 않고, 공장에는 들어가도 도시에는 들어가지 않는' 방향으로의 해결이 가능하게 하였다. 셋째, 공업화를 추진한 많은 나라들이 도시화의 과정을 동시에 겪었지만, 중국의 도시화에 대한 기본정책은 대도시의 팽창을 적극 억제하면서 농촌 내에서의 중소도시(小城鎭) 건설을 추진하는 것이다. 향진기업의 발전은 이 농촌 내의 중소도시화 건설을 가능하게 하고 있다. 넷째, 향진기업은 농촌과 농업을 기반으로 발전하고 있으면서 동시에 농업발전을 지원(以工補農)하는 기능을 수행하고 있다.

향진기업의 범위에는 공장, 기계설비, 공구, 원재료, 기초시설 등의 생산수단(生産資料) 소유 측면에서 다양한 소유제를 채택하고 있는 기업들이 포함되어 있다. 향진기업의 소유제는 크게 세 가지로 구분할 수 있다. 첫째, 집체소유제(集體所有制, collective ownership 또는 community ownership)[7], 즉 공유제이

---

7  'collective ownership'은 『중국통계연감』에서 공식적으로 사용하는 개념이기는 하지만 이는 공유라는 의미를 강조하는 측면이 있으며, 'community ownership'은 집체라는 의미를 강조하고 있다.

다. 이때 공유의 범위와 정도에는 각 지역마다 다양한 차이가 존재한다. 둘째, 개체소유제(個體所有制, private ownership)로 노동자 개인이나 가족에 의한 사유제(社有制)이다. 셋째, 기타 성질의 소유제로 혼합소유제(混合所有制)이다. 예를 들면 집체기업과 국유기업 간의 연합소유제와 같은 경우를 들 수 있다(陳吉元, 1988 : 293). 향진기업은 이런 다양한 소유제를 기본으로 각지의 산업 환경에 따라 매우 다양한 형태로 발전하였다(이근·한동훈, 2003 : 259-261).[8]

### (2) 향진기업의 발전

1978년 이후 지금까지 향진기업[9]은 중국경제 전체(GNP)의 변동 추세와 맥을 같이하여 ① 발전의 준비시기(1979~1983), ② 비약적 발전시기(1984~1988), ③ 조정과 정돈시기(1989~1991), ④ 새로운 비약시기(1992~현재)의 네 시기를 거쳐 발전해왔다. 1979~1994년의 16년간 총생산액의 연평균 실질성장률은 23.1%였고, 시기별로는 각각 12.5%, 33.5%, 13.1%, 36.2%를 기록했다. 이러한 빠른 성장의 결과 농촌사회 총생산액에서 향진기업 생산액이 차지하는 비중은 1978년의 24.2%에서 1994년에는 73.7%로 급증하였다. 같은 시기 향진기업 공업 총생산액의 연평균 실질성장률은 22.9%였고, 농촌사회 총생산액 중의 비중은 19.4%에서 절반을 넘는 56%로 높아졌다. 1994년 현재 전국 향진기업의 수는 2,494.5만 개, 종업원수는 1억 2,018.2만 명, 총생산액은 4조 2,588.5억 원에 이르고 있다.

향진기업은 농촌공업화의 주체로 이야기되고 있듯이 산업별 구성을 보면, 공업 분야가 기업수의 28%, 종업원수의 58%, 총생산액의 75.9%를 차지

---

8　이근·한동훈(2003), 『중국의 기업과 경제』, 서울: 박영사, pp. 259-261.

9　향진기업의 전신은 원래 인민공사 시대의 사대기업(社隊企業: 인민공사 및 생산대대가 설립하여 운영하던 2, 3차 산업의 기업)이다. 그런데 1984년부터는 그 포괄범위가 확대되어 원래의 사대기업인 집단소유의 향판기업(鄕辦企業: 향정부에서 설립하여 운영하는 기업)과 촌판기업(村辦企業: 촌민위원회에서 설립하여 운영하는 기업) 이외에 사적 소유에 속하는 연호기업(聯戶企業: 2명 이상의 농민이 공동으로 설립하여 운영하는 기업)과 개체기업(개별 농민이 단독으로 설립하여 운영하는 기업)까지 포함하는 것으로 되었다.

〈표 Ⅲ-2〉 향진기업의 산업별 구성(1994)　　　　　(단위: 만 개, 만 명, 억 위안)

| 구분 | 농업 | 공업 | 건축업 | 운수업 | 상업·음식업 |
|---|---|---|---|---|---|
| 기업수 | 24.7 | 698.0 | 83.1 | 369.3 | 1,318.9 |
| (%) | (1.0) | (28.0) | (3.3) | (14.1) | (52.9) |
| 종업원수 | 260.8 | 6,961.6 | 1,621.8 | 725.7 | 2,448.3 |
| (%) | (2.2) | (58.0) | (13.5) | (6.0) | (20.4) |
| 총생산액 | 575.6 | 32,336.1 | 4,076.3 | 2,177.4 | 3,422.4 |
| (%) | (1.4) | (75.9) | (9.6) | (5.1) | (8.0) |

출처: 『중국통계연감』 1995년판, pp. 363-365로부터 계산하여 작성.

하여 중심을 이루고 있다. 여기에 건축업을 합치면 기업 수는 31.3%, 종업원 수는 71.5%, 총생산액은 85.5%가 되어 2차 산업이 향진기업의 절대적 비중을 차지하고 있다. 교통·운수업과 상업·음식업 등 3차 산업 분야의 향진기업의 기업수는 전체의 67%로써 2/3를 차지하지만, 규모가 영세하여 종업원수는 26.4%이고 총생산액은 13.1%에 불과하다.

　그러면 1980년대 향진기업의 위와 같은 급속한 발전을 가능케 한 배경과 요인은 무엇인가?

　향진기업 급성장의 외적 배경으로 작용한 것은 첫째, 1980년대 초 농업생산제도의 개혁과 농산물 수매가격의 대폭 인상으로 농업생산과 농가소득이 크게 증대하였다. 이에 따라 농민의 손에 남겨진 대량의 잉여자금이 향진기업의 설립에 투자되었다. 둘째, 농업생산제도의 개혁에 의해 농촌 내부에 잠재되어 있던 방대한 잉여노동력이 현재화하였다. 이들 잉여노동력의 존재는 향진기업 설립에 대한 압력과 동시에 풍부한 저임노동력 공급의 원천으로 작용하였다. 셋째, 중앙정부가 도시공업과 함께 농촌의 공업화도 적극 추진해가기로 결정하고, 그 담당주체인 향진기업의 발전을 위한 일련의 정책적·제도적 환경을 정비해주었다. 넷째, 중앙정부의 방침에 호응해 지방정부에서도 지역 내 향진기업의 육성을 위해 다양한 지원책을 마련하였다. 향진정부의 향진기업 지원은 기업 설립 및 운영자금의 마련, 에너지 · 원재료의 공급과 판로 개척, 기술 · 정보의 제공 등 다양한 측면에 걸쳐 이루어졌다. 다섯째, 1978~1992년 사이 연평균 37.7%의 속도로 이루어진 은행, 신용사의 향진기업에 대한 급속한 대출 증대 또한 향진기업의 **빠른** 성장을 뒷받침해주었다. 이와 함께, 국유기업과 비교한 향진기업의 강한 시장 적응력과 민활한 경영 메커니즘이 향진기업의 급속한 성장을 가져온 중요한 내적요인으로 작용하였다.

향진기업의 발전은 또한 중국 경제에 다양한 경제적 성과를 가져왔다. 1979~1994년의 16년간 향진기업은 첫째, 연평균 23.1%의 **빠른** 실질성장을 함으로써 개혁시기 중국 경제 고도성장의 실질적인 원동력으로 작용하였으며, 둘째, 총 9,191.6만 명의 신규노동력(농촌노동자 증가 총수의 65.6%)을 추가 고용함으로써 방대한 농촌 잉여노동력의 흡수에 공헌하였으며, 셋째, 연평균 23.7%의 속도로 농민의 2, 3차 산업 수입증가를 가져와 농민의 소득 증대에 결정적 기여를 하였으며, 넷째, 1980년대 후반 이후 제품의 해외수출 증대를 통해 노동집약적 제품 수출의 실질적인 주력군으로서의 역할을 담당하였다.[10]

### (3) 향진집체기업의 성장

향진집체기업의 성장은 개혁 이후 매우 두드러진 성장을 보여 왔다. 〈표 III-3〉은 1978년에서 2003년 사이 향진집체기업의 개수, 종업원수, 총생산액의 변화를 정리한 것이다. 이를 통해 향진집체기업의 괄목할 성장을 알 수 있다. 향진집체기업은 1990년대 중반까지는 급격한 성장을 기록하다가 그 후 급격한 쇠퇴를 겪게 된다. 1995년까지를 보면 향진집체기업의 개수

---

10 1985년부터 1993년 사이의 8년 동안에 향진기업의 명목 수출액은 60.3배나 증가하여 연평균 66.9%의 성장률을 기록했다. 같은 기간 중국 전체 수출총액의 연평균 성장률이 26.4%였고, 향진기업 총생산액의 연평균 성장률이 35.8%였던 것과 비교하더라도 향진기업의 수출 증가는 매우 두드러진 것이었다. 그 결과 1993년 전국 수출총액에서 향진기업 수출액이 차지하는 비중은 44.5%의 높은 수치에 이르렀다. 특히 1990~1993년 사이의 전국 수출총액 증가에서 향진기업의 기여율은 59.5%에 이르고 있다(李京文, 1995).

〈표 Ⅲ-3〉 향진집체기업의 성장

(단위 : 만 개, 만 명, 억 위안)

| 구 분 | | 1978 | 1985 | 1990 | 1995 | 2003 |
|---|---|---|---|---|---|---|
| 기업수 | 향진기업 전체 | 153 | 1,223 | 1,850 | 2,202 | 2,185 |
| | 집체기업 | 153 | 185 | 146 | 162 | 28.2 |
| | 향판기업 | 32 | 42 | 39 | 42 | - |
| | 촌판기업 | 121 | 143 | 107 | 120 | - |
| 종업원수 | 향진기업 전체 | 2,827 | 6,979 | 9,265 | 12,862 | 13,573 |
| | 집체기업 | 2,827 | 4,327 | 4,592 | 6,060 | 1,236 |
| | 향판기업 | 1,258 | 2,111 | 2,333 | 3,029 | - |
| | 촌판기업 | 1,569 | 2,216 | 2,259 | 3,031 | - |
| 총생산액 | 향진기업 전체 | 493 | 2,728 | 8,462 | 68,915 | 152,361 |
| | 집체기업 | 493 | 2,050 | 5,429 | 41,711 | 15,716 |
| | 향판기업 | 281 | 1,139 | 2,987 | 21,401 | - |
| | 촌판기업 | 212 | 911 | 2,442 | 20,310 | - |

출처: 『중국통계연감』, 1996년판; 중화인민공화국농업부, 중국농업통계자료, 2004년판 재인용.

는 거의 불변인 상태에서 종업원 수와 총생산액이 급증한 것은 향진집체기업의 성장이 기업개수 증가가 아니라 기업규모 증가에 의해 이루어진 것임을 말해준다.[11] 1990년대 후반에는 향진집체기업뿐 아니라 향진기업 전체가 성장 둔화를 경험하여왔지만 특히 향진집체기업의 쇠퇴가 두드러진다. 이를 통해 최근 10여 년간 향진집체기업이 고도성장을 종식하고 급격한 쇠퇴의 길을 걸어오고 있음을 확인할 수 있다.

1990년대 중반까지의 향진집체기업의 빠른 성장과 그 후의 쇠퇴는 국유기업, 도시집체기업 등 다른 기업 유형과 비교해 볼 때에도 쉽게 확인할 수 있다(표 Ⅲ-4).

향진집체기업의 성장은 규모 면에서뿐 아니라 수익성 면에서도 확인할 수 있는데, 1994년 고정자산 100위안당 이세액(利稅額)은 49.8위안에 달하였

---

11  향진집체기업의 절대 수는 크게 증가하지 않았지만 기업의 창업과 폐업이라는 기업의 신진대사 작용은 매우 활발하게 이루어졌다. 현존하는 향진집체기업의 반수 이상은 1978년 이후에 새로 설립된 것으로 추정된다(서석홍, 1995).

〈표 III-4〉 공업기업 총생산액의 소유제별 구성변화　　　　　　(단위: 억 위안, %)

| 구 분 | 1978 | 1985 | 1991 | 1995 | 2003 |
|---|---|---|---|---|---|
| 국유공업 | 77.68 | 64.86 | 56.17 | 33.97 | 37.5 |
| 집체공업 | 22.39 | 32.08 | 32.99 | 36.59 | - |
| 향판기업 | 13.30 | 15.87 | 13.02 | 8.39 | -. |
| 촌판기업 | 9.09 | 14.65 | 17.83 | 25.88 | 11.0 |

출처:『중국통계연감』, 1996, 2004년판; 1978년과 1985년 향촌공업통계는 이근(1994) p. 58에서 재인용.

다. 〈표 III-5〉는 1978년에서 1994년까지 향진집체기업 중 적자기업의 수와 금액을 나타내고 있다. 이 표에서 알 수 있는 바와 같이 향진집체기업의 수익성은 1990년대 중반까지는 사실상 2/3 정도가 적자로 운영된 국유기업과는 대조적으로 매우 양호하였다. 독립채산 국유공업기업 중 적자경영기업의 비중은 1995년에 43%에 달하였다.

또한 향진기업의 성과는 효율성 면에서도 매우 훌륭하다고 알려져왔다.[12] 우(Wu, 1995)는 국유기업, 향진기업, 농업 세 부분 간의 비교분석을 통해 향진기업만이 높은 기술진보를 이루면서 동시에 기술적 효율성의 증가를 유지하였음을 보이고 있다. 특히 향진집체기업의 효율성이 공유제 기업이면서도 사유기업에 뒤지지 않는다는 연구결과 또한 제시되었다. 즉 무석(無錫), 남해(南海), 상요(上搖), 계수(界首) 등지 향진집체기업의 1986년까지의 자료를 바탕으로 추정한 결과, 향진집체기업의 생산효율성이 사유기업에 뒤지지 않는다는 결과가 제기되기도 하였다(Sevejnar, 1990). 또한 동과(Dong & Putterman, 1997)은 1984년에서 1989년까지 중국 내 10개 지역의 기업을 대상으로 추정한 결과 향진집체기업의 총생산성이 사유기업보다 높으며 기술효율성도 사유기업에 비해 약 8~14%가 높다는 결과를 얻었다.

---

12　중국 기업의 효율성에 관한 자세한 논쟁은 우(Wu, 1993) 논문에 정리되어 있다.

〈표 Ⅲ-5〉 향진집체기업 중 적자기업 비중                    (단위 : 만 개, 억 위안, %)

| 구 분 | 1978 | 1985 | 1990 | 1993 | 1994 |
|---|---|---|---|---|---|
| 적자기업수 | 1.1 | 6.5 | 8.6 | 5.3 | 8.0 |
| 적자금액 | 1.0 | 8.5 | 47.4 | 46.3 | 91.0 |
| 〈전체 향촌기업에서의 비중〉 | | | | | |
| 적자기업의 비중(%) | 0.72 | 3.51 | 5.91 | 3.15 | 4.85 |
| 적자금액의 비중(%) | 0.26 | 0.60 | 0.87 | 0.44 | 0.51 |

향진집체기업은 위에서 살펴본 바와 같이 적어도 1990년대 전반까지는 매우 훌륭한 성과를 보여왔다. 집체소유제기업이란 기업 내의 종업원 전체가 집단으로 기업을 소유한다는 뜻이 아니라 행정단위인 '지역의 전체 인민이 공유하는 기업'이라는 뜻이다. 다만 지역주민 전체가 공동으로 소유하되, 그 지역 행정단위의 경제관리기구가 통일적인 관리를 하며, 청부와 임대 등에 의해 소유와 경영은 분리되어 있고, 기업별로 독립채산을 실시하고 있다.[13]

## 2. 연변 향진기업의 발달과정과 지역분포

앞 절에서는 중국 기업의 역사적 발전 단계와 유형, 사기업의 발전에 대하여 알아보았으며 또한 중국 향진기업의 발전과 성장에 대하여 개관하였다. 왜냐하면 중국의 개혁개방 이전 중소 농촌 도시에서 우후죽순처럼 생겨난 것이 향진기업이었으며 이러한 기업들이 개혁개방 이후 중국 경제의 견인차 역할을 하였기 때문이다. 따라서 이 절에서는 연변조선족 기업의 초석이 된 연변 향진기업의 발달과정과 지역분포에 대하여 살펴보겠다.

---

13  이근 · 한동훈 · 정영록(2005), 『중국의 기업, 산업, 경제』, 서울: 박영사, pp. 254-257.

## 1) 연변 향진기업의 발달과정

향진기업은 농촌경제에서 중요한 부분을 차지하고 있으며 향진기업의 발전은 농촌경제 특히 농촌집단경제의 발전과 긴밀한 관계가 있다. 연변의 향진기업은 그 발전에서 여러 과정을 거쳐 왔다.

해방 후(1949) 연변지구는 농업생산이 향상되면서 농촌에서는 개인수공업, 가정부업이 점차 발전하였다. 또한 농촌합작화 과정에서 농촌 철공, 목공합작사 그리고 기타 수공업합작사가 건립되어 농촌경제의 발전을 뒷받침했다. 이러한 농촌부업의 발전은 후에 향진기업의 주요부분인 농촌공업의 출현에 중요한 토대를 마련하였다. 특히 1958년 농촌인민공사화와 정부의 "알곡을 기본 고리로 하고 전면적으로 발전시켜야 한다"라는 방침의 지도하에서 공사, 대대, 소대에서 재배업, 양식업 및 농촌부산물과 임산물의 가공, 기계제조업과 부속품가공, 철목농기구제조 등 농업용 공업을 점차적으로 펴기 시작하였으나 정치적인 상황으로 그 발전은 지체되었다. 1970년대 북방지구농업회의 후 1970년대 중기와 말기부터 향진기업은 발전하기 시작했다. 〈표 III-6〉은 1978년 이후 연변 향진기업의 발전 추이를 나타낸 것이다.

〈표 III-6〉을 보면 1978년 연변 향진기업의 기업수는 2,655개로서 1975년에 비하여 2배가 증가되었다. 주요 생산품목은 190여 가지였고 종업원 수

〈표 III-6〉 1978년 이후 연변 향진기업의 발전 추이 (단위: 개, 명, 만 위안)

| 구 분 | 1975 | 1978 | 1980 | 1981 | 1982 | 1983 | 1984 | 1985 |
|---|---|---|---|---|---|---|---|---|
| 기업수 | 1,278 | 2,655 | 1,043 | 979 | 936 | 962 | 7,520 | 20,519 |
| 종업원수 | 21,029 | 34,077 | 28,203 | 27,283 | 25,654 | 26,875 | 43,779 | 62,054 |
| 생산액 | - | - | 7,336 | 7,811 | 8,731 | 9,929 | 15,172 | 25,492 |
| 총수입 | 3,343 | 6,269 | 7,350 | 5,540 | 7,265 | 7,463 | 15,174 | 27,143 |

자료: 연변통계국, 『연변통계연감』, 북경: 중국통계출판사, 각 연도판에 의하여 작성.

는 3만 4,077명, 총수입은 6,269만 위안으로 농촌인민공사 총수입의 20%를 차지하였으며 1975년부터 1978년 사이의 이윤은 2,800만 위안에 달하였다.[14]

제11기 3중전회 이후 신농촌경제정책이 관철·집행되고 농촌생산책임제가 본격적으로 실시됨으로써 향진기업은 새로운 발전단계를 맞이하였다. 1985년 향진기업의 기업수는 2만 519개로 1980년에 비하면 20배가 증가된 것이고, 종업원 수는 6만 2,054명으로서 농촌노동력의 17%를 차지하였으며, 생산액은 2만 5,492만 위안으로 농촌 총생산액의 45%를 차지하여 향진기업은 연변 농촌경제 발전에서 상당한 부분을 차지하였다.

농촌인민공사나 대대, 소대에서 경영하던 사대기업이 향진기업으로 발전하였지만 향진기업으로 개칭한 1984년 이후부터는 사대기업과 다른 구별된 특징을 가지면서 발전하였다. 원래의 사대기업이 자급자족 및 반자급자족을 위한 농촌경제의 산물이라면, 1984년 이후의 향진기업은 농촌의 상품경제 발전의 산물이었다. 또한 사대기업이 단일 업종에 종사한 데 비해 향진기업은 여러 부문의 업종을 가지고 있으며 경영방식에서도 사대기업과 차이를 보이고 있고 생산력도 발달된 농촌생산력과 함께 상당히 향상되었다. 1985년도 향진기업 2만 519개 중에서 향 경영기업(鄕營企業)이 약 3%, 촌 경영기업(村營企業)이 약 4%, 개체기업(個體企業)이 53%, 합작기업이 40%를 차지하였다. 이러한 구성은 앞장에서 서술한 개혁 초기의 중국 전체의 특성과 같다. 연변 향진기업은 재배업, 양식업을 위주로 하는 농업기업과 농업을 위한 공업기업뿐만 아니라, 연변의 자연자원을 이용하는 각종 공업기업들이 있었고 3차 산업까지 진출하였다. 1985년 2만 519개의 향진기업 중에서 공업기업은 약 38%, 교통운수기업은 25%, 건축기업은 3%, 기타 기업은 33%를 차지하였다. 이러한 연변 향진기업의 부문별 비율은 현대 향진공업부문이 향진기업의 주요 구성부분으로써 기타 비농업산업의 발전을 크게

---

14  全松林(1992), 延边经济, 延吉: 延边人民出版社, p. 152.

〈표 III-7〉 연변 향진기업의 소유 형태별 구성(1995)    (단위: 만 개, 만 명, 만 위안)

| 구분 | | 집체기업 | | 개체기업 | 합계 |
| --- | --- | --- | --- | --- | --- |
| | | 향경영 | 촌경영 | | |
| 연변 | 기업수 | 0.06(1.1) | 0.1(1.6) | 5.7(97.3) | 5.86(100) |
| | 종업원수 | 1.9(14.0) | 1.2(9.3) | 10.1(76.6) | 13.2(100) |
| | 생산총액 | 8.5(24.2) | 3.2(8.6) | 26.7(67.3) | 38.4(100) |
| 전국 | 기업수 | 42(1.9) | 120(5.5) | 2,041(92.6) | 2,203(100) |
| | 종업원수 | 3,029(23.6) | 3,031(23.6) | 6,001(52.9) | 12,862(100) |
| | 생산총액 | 21,401(31.1) | 20,310(29.5) | 58,678(39.5) | 68,915(100) |

자료: 연변통계국(1996), 『연변통계연감』, 북경: 중국통계출판사, pp. 190-191에 의하여 작성.

촉진하고 있다는 것을 보여준다.

## 2) 연변 향진기업의 소유 형태

1995년 현재 연변 향진기업의 소유 형태별 구성[15]을 기업수, 종업원수 및 생산총액이라는 측면에서 요약해보면 〈표 III-7〉과 같다. 향진기업의 소유 형태별 측면에서는 개체기업의 수가 상술한 3개 지표에서 모두 압도적으로 높게 나타나고 있다. 이러한 특성은 중국 전체와 비교해볼 때 상당히 높은 것인데 이는 연변지구의 향진기업이 낙후한 농업지역에서 발전했고 개혁 이후 개체상공업(서비스업 위주)과 교통운수업이 비약적으로 발전한 데 그 원인이 있다고 하겠다. 그리고 연변 향진기업 중 집체기업은 그 규모가 비교적 커서 규모의 경제효과를 극대화하고 있는 반면 개체기업은 소규모 면에서 그들 나름의 전문화를 적극 추진하는 특징을 갖고 있다.

우선 연변 향진기업의 집체기업 발전추이를 살펴보면 〈표 III-8〉에서 확인할 수 있는 바와 같이 1987년 이후 기업수는 점차 감소되고 종업원수는

---

15  연변 향진기업의 소유 형태별 구성은 『연변통계연감』에 근거하면 1991년부터 집단소유제에 속하는 향경영기업, 촌경영기업과 개체소유에 속하는 개체기업 등의 3가지로 구분되어 있으므로 이를 따랐다.

〈표 Ⅲ-8〉 1987년 이후 향진기업의 발전추이　　　　　　　(단위: 개, 명, 만 위안)

| 구 분 | 기업수 | | | 종업원수 | | | 생산액(1인당: 원) | | |
|---|---|---|---|---|---|---|---|---|---|
| | 집체기업 | | 개체기업 | 집체기업 | | 개체기업 | 집체기업 | | 개체기업 |
| | 향경영 | 촌경영 | | 향경영 | 촌경영 | | 향경영 | 촌경영 | |
| 1987 | 704 | 990 | 34,003 | 27,065 | 13,776 | 56,212 | 21,881 (8,085) | 8,598 (6,241) | 36,511 (6,495) |
| 1988 | 762 | 1,265 | 40,811 | 28,817 | 16,773 | 67,126 | 34,473 (11,963) | 15,083 (8,992) | 53,574 (7,981) |
| 1989 | 771 | 1,104 | 40,916 | 26,984 | 16,924 | 70,826 | 35,988 (13,377) | 16,549 (9,778) | 72,103 (10,180) |
| 1990 | 685 | 1,021 | 41,120 | 25,416 | 13,927 | 69,521 | 35,771 (14,074) | 17,604 (12,640) | 84,962 (12,221) |
| 1991 | 637 | 959 | 40,629 | 23,558 | 14,619 | 72,408 | 36,853 (15,644) | 18,159 (12,422) | 83,542 (11,538) |
| 1992 | 646 | 967 | 42,306 | 23,274 | 14,550 | 73,368 | 47,213 (20,286) | 24,823 (17,060) | 103,341 (14,085) |
| 1993 | 673 | 1,122 | 48,045 | 24,902 | 18,076 | 86,312 | 80,101 (32,166) | 39,282 (21,732) | 141,684 (16,415) |
| 1994 | 678 | 1,168 | 52,585 | 23,122 | 17,244 | 95,241 | 66,574 (28,792) | 39,927 (23,154) | 216,310 (22,712) |
| 1995 | 594 | 966 | 57,285 | 18,455 | 12,360 | 100,85 | 96,977 (52,548) | 34,465 (27,884) | 270,044 (26,778) |

자료: 연변통계국,『연변통계연감』, 북경: 중국통계출판사, 각 연도판에 의하여 작성.

큰 변화가 없는 반면 생산성은 상대적으로 높아지는 결과를 보였다. 기업의 설비수준이나 노동력의 차이 등을 고려하지 않고 생산총액을 종업원 수로 나눈 수치만을 가지고는 생산성의 차이를 설명하는 것이 다소 무리가 있기는 하지만, 집체기업의 1인당 생산액이 계속 향상되고 있는 것은 사실이다. 집체기업이 감소하는 것은 1984년부터 경제체제 개혁과 시장경제화의 진전 속에서 개체기업이 집체기업보다 빠른 속도로 성장해왔기 때문이다.

　다음으로 개체기업의 발전 추이를 살펴보면 두 가지 특징으로 요약할 수 있다. 첫째, 우선 개체기업은 그 수가 급격히 증가하고 있다. 즉, 개체기업이 통계자료가 나타나기 시작한 1987년에 기업수가 이미 3만 개 이상이었으며 이것은 전체 향진기업의 96%이고, 긴축정책이 시행된 1989년과 1991년에는 기업수가 감소하기는 했지만, 이 기간 중의 집체기업수의 감소보다는 상대적으로 적었다. 따라서 전체 향진기업에서의 개체기업의 비중은 계속되는 증가추세를 보이고 있다. 둘째, 외관상 개체기업의 발전추이가 보이는 가장 큰 특징은 종업원수가 지속적으로 증가한다는 것이다. 개체기업의 종업원수는 1987년에 이미 5만 6,000명을 넘어섰고 매년 지속적으로 증가하여 1995년에는 전체 향진기업 종업원의 77%를 차지하는 10만여 명에 이르렀으며 연변의 개체기업 종업원은 1995년 현재 연변 농촌노동력의 41%를 넘어서고 있다. 이러한 점에서 개체기업은 농촌의 잉여노동력을 흡수하는 가장 큰 역할을 하고 있음을 알 수 있다.

## 3) 연변 향진기업의 산업구조

연변통계국이 발표하고 있는 향진기업의 산업별 통계는 농업, 공업, 건축업, 교통운수업, 상업·음식업의 5가지 분야로 나누어진다. 이 가운데 농업은 임업, 목축업 및 어업까지 포함되며, 공업은 일반 제조업 외에 광공업과 농산품의 가공, 공산품의 수리, 용수 및 가스의 생산, 공급까지 포함된

〈표 III-9〉 연변 향진기업의 산업별 구성(1995)　　　　　(단위: 개, 만 명, 만 위안)

| 구 분 | 농 업 | 공 업 | 건축업 | 교통운수업 | 상업·음식업 | 합 계 |
|---|---|---|---|---|---|---|
| 기업수 | 525 (1.2) | 10,755 (27.6) | 767 (3.0) | 16,857 (32.2) | 29,941 (36.0) | 58,845 (100) |
| 종업원수 | 5,130 (4.7) | 52,392 (49.2) | 7,738 (9.1) | 19,022 (14.5) | 47,383 (22.5) | 131,665 (100) |
| 생산액 | 16,151 (4.2) | 222,267 (57.8) | 44,991 (11.7) | 46,914 (12.2) | 54,220 (14.1) | 384,543 (100) |

주: ( ) 안은 구성비(%)임.
자료: 연변통계국(1996), 『연변통계연감』, 북경: 중국통계출판사, pp. 190-191에 의하여 작성.

다. 따라서 연변 향진기업 산업별 분석내용에서는 이 다섯 분야에 국한하여 설명하기로 한다. 1995년 현재 연변 향진기업의 산업구조별 특성을 기업수, 종업원수 및 생산총액이라는 측면에서 살펴 본 것이 〈표 Ⅲ-9〉이다.

〈표 Ⅲ-9〉를 보면 연변 향진기업은 생산총액 면에서 공업이 압도적인 비중(57.8%)을 차지하고 있을 뿐만 아니라 기업수나 종업원수에 있어서도 공업이 비교적 높은 비중(27.6%, 49.2%)을 차지하고 있다. 좀 더 세부적으로 산업별 발전과정의 특성과 경향 등을 고용구조와 생산액구조의 면에서 살펴보고자 한다. 산업별 고용구조의 변화과정을 먼저 살펴보기로 한다.

### (1) 산업별 고용구조

앞에서 살펴본 대로 중국 향진기업은 1980년대 초에 인민공사가 해체되면서 사대기업들이 향·촌경영기업으로 되고 1984년부터는 연호기업과 개체기업이 향진기업의 범위에 포함되었다. 그러나 연변통계국에서 통일된 기준에 의한 통계자료가 나온 것은 1987년부터이다. 다음의 〈표 Ⅲ-10〉은 연변 향진기업의 연도별 산업별 고용구조 추이를 나타낸 것이다.

〈표 Ⅲ-10〉에서 다음과 같은 2가지의 특성을 지적할 수 있다. 첫째, 농업에 있어서 종업원수의 비중은 큰 변화를 보이지 않는 반면, 교통운수업, 상업·음식업의 종업원수의 비중은 상대적으로 증가하였으며 건축업에서의 종업원수의 비중은 대폭적으로 축소되었다. 중국 전체적으로 보면 농업의 종업원수의 비중이 허락하는 데 반해 연변 향진기업의 농업의 종업원수의 비중은 큰 변화를 보이지 않고 있는데 이것은 향진정부에서 농업에 대해 정책적으로 배려한 결과라고 할 수 있다.[16] 이 기간 중에 교통운수업 분야의 종업원수는 절대수가 1만 4,382명에서 1만 9,022명으로 늘어났고, 기업 형태 면에서 개인기업들이 주류를 이루고 있는 상업·음식업 분야는 종업원의 절대수가 1995년 현재까지 무려 3배나 증가하는 현상을 보였다. 반면에

---

16  향진정부에서는 다종경영을 통하여 농민의 수입을 증가시키는 데 그 목적을 두었다.

〈표 Ⅲ-10〉 연변 향진기업의 연도별·산업별 종업원 구성　　　　　(단위: 만 명, %)

| 구분 | 농업 | 공업 | 건축업 | 교통운수업 | 상업·음식업 | 합계 |
|---|---|---|---|---|---|---|
| 1987 | 5,105(5.1) | 52,141(52.2) | 12,372(12.4) | 14,382(14.4) | 15,834(15.9) | 99,834 |
| 1988 | 5,537(4.8) | 60,574(53.0) | 11,829(10.4) | 16,286(14.2) | 10,069(17.8) | 114,277 |
| 1989 | 5,871(5.0) | 62,356(53.4) | 9,764(8.4) | 16,993(14.5) | 21,754(18.6) | 116,738 |
| 1990 | 5,912(5.4) | 57,283(51.9) | 9,276(8.4) | 16,988(15.4) | 20,839(18.9) | 110,298 |
| 1991 | 5,664(5.1) | 58,372(52.8) | 8,906(8.1) | 16.916(15.3) | 20.727(18.7) | 110,585 |
| 1992 | 5,926(5.3) | 55,122(49.6) | 8,202(7.4) | 16,885(15.2) | 25,057(22.5) | 111,192 |
| 1993 | 6,127(4.7) | 63,562(49.2) | 11,763(9.1) | 18,694(14.5) | 29,144(22.5) | 129,290 |
| 1994 | 5,641(4.2) | 64,556(47.6) | 9,402(6.9) | 19,840(14.6) | 36,168(26.7) | 135,607 |
| 1995 | 5,130(3.8) | 52,392(39.8) | 7,738(5.9) | 19.022(14.4) | 47,383(36.0) | 131,665 |

자료: 연변통계국, 『연변통계연감』, 북경: 중국통계출판사, 각 연도판에 의하여 작성.

건축업에서는 종업원의 절대수가 급속히 감소하였는데 이는 건축업의 기업수가 이 기간 중에 1,078개에서 767개로 반감되면서 지속적인 감소가 진행된 결과이다.

둘째, 1994년까지 전체 노동력 중에서 가장 높은 비율을 차지한 것은 공업이었으나 1995년에는 공업 이외의 다른 산업 부문의 종업원수가 상대적으로 증가함에 따라 공업의 비중이 약간 감소하는 경향을 보이고 있다. 그렇지만 공업에서의 노동력의 절대수는 1995년을 제외하고는 기본적으로 증가추세를 보였다.

### (2) 산업별 생산액구조

향진기업의 산업별 생산액구조가 갖는 기본적인 특성은 위에서 살펴본 고용구조상의 특성과 비슷하다고 할 수 있다. 〈표 Ⅲ-11〉는 연변 향진기업의 산업별 생산액의 구성을 나타내고 있다. 여기에서는 다음과 같은 특성이 나타난다.[17]

〈표 Ⅲ-11〉 연변 향진기업의 산업별 생산액의 구성　　　　　　　(단위: 만 위안, %)

| 구분 | 농업 | 공업 | 건축업 | 교통운수업 | 상업·음식업 | 합계 |
|---|---|---|---|---|---|---|
| 1987 | 3,443(5.1) | 37,530(55.1) | 9,096(13.3) | 10,773(15.8) | 7,294(10.7) | 68,136 |
| 1988 | 5,726(5.5) | 59,643(57.2) | 12,612(12.1) | 14,412(13.8) | 11,929(11.4) | 104,322 |
| 1989 | 6,638(5.3) | 71,407(56.9) | 13,137(10.5) | 18,512(14.7) | 15,890(12.7) | 125,584 |
| 1990 | 6,281(4.5) | 77,707(55.8) | 13,628(9.8) | 21,786(15.7) | 19,788(14.2) | 139,190 |
| 1991 | 6,050(4.4) | 78,880(56.9) | 13,814(8.0) | 21,043(15.2) | 18,767(13.5) | 138,554 |
| 1992 | 8,609(4.9) | 99,725(60.0) | 16,186(9.2) | 24,125(13.8) | 26,732(15.2) | 175,377 |
| 1993 | 11,040(4.1) | 150,884(58.0) | 30,422(11.7) | 31,904(12.2) | 36,817(14.1) | 261,067 |
| 1994 | 14,465(4.1) | 188,319(57.8) | 33,164(9.4) | 46,571(13.2) | 54,686(15.5) | 352,811 |
| 1995 | 16,059(4.0) | 233,665(58.2) | 36,134(9.0) | 48,981(12.2) | 66,647(16.6) | 401,486 |

자료: 연변통계국,『연변통계연감』, 북경: 중국통계출판사, 각 연도판에 의하여 작성.

　첫째, 상업·음식업의 생산액 비중이 가장 크게 증가한 반면 농업 부문의 생산액 비중은 감소하는 경향을 보였다. 전체 향진기업의 총생산액 중 상업·음식업의 비중은 1987년에 10.7%였으나 1995년에는 16.6%에 이르렀고, 같은 기간 중에 농업 부문의 비중은 5.1%에서 4% 수준으로 감소하는 추세를 나타내고 있다.

　둘째, 건축업과 교통운수업 부문의 생산액 비중은 안정된 경향을 나타내고 있다. 이 점은 앞에서 살펴본 노동력구조에서 건축업의 비중이 매년 하락했던 현상과는 상반된다고 볼 수 있다. 따라서 이 기간 중 건축업과 교통운수업의 향진기업은 고용의 증가라는 측면보다는 생산성의 증가라는 측면에서 기여도가 컸던 것이라고 생각할 수 있다.

　셋째, 공업의 생산액은 상대적 비중이 서서히 증가하는 경향을 보여주고 있으며 공업 부문이 향진기업 전 산업 생산총액의 절반 이상(58.2%)을 차

---

17　여필순(1997), "중국 향진기업의 입지 변화와 경영특성: 연변조선족자치주 연길시 향진기업을 사례로", 경북대학교 대학원 지리학과 인문지리전공 석사학위논문 인용.

지함으로써 향진기업의 중심산업은 역시 공업이라는 점을 다시 확인할 수 있다.

### (3) 연변 향진기업의 지역분포

연변의 향진기업은 1958년도부터 나타나기 시작하였는데 그 발전과정에 우여곡절이 많았다. 1958년부터 1970년까지의 기간은 불안정한 단계였는데 발전이 지체되면서 기복이 비교적 컸다. 그리고 기업의 부문도 많지 않았으며 각 지방 간의 발전도 불균형 상태에 처해있었다.

연변 향진기업은 여러 부문으로 나뉘어 있는데 〈표 Ⅲ-12〉를 보면 주요한 것들로는 농업, 공업, 교통운수업, 건축업과 상업서비스업 등 5대 부문이다. 그중에서도 공업기업은 그 발전이 제일 빠르고 생산액도 제일 많았다. 여기에는 임업, 제재, 인조판, 제지, 야금, 전력, 채탄, 채금, 화학공업, 농기구, 건축재료, 식료품, 방직, 복장, 피혁, 가구 등 여러 부문이 망라되어 있으며 생산액은 연길 기업 총생산액의 60% 이상을 차지하였다. 또한 상업서비스업, 건축업, 교통운수업의 생산액 비중은 각각 11.9%, 10.7%, 10.4%로써 모두 10% 이상에 달하였다. 농업 생산액 비중은 제일 작은바 1%도 되지 않았다. 농업에는 주로 재배업, 양식업, 지방특산물체취업 등이 많았다. 이상에서 알 수 있는 바와 같이 본 자치주의 향진기업은 전 주의 모든 경제부문을 기본적으로 다 포괄하였는바 전 주 경제구조의 축도라 할 수 있다. 향진기업의 발전은 장기간 재배업을 위주로 하던 농촌경제의 단일한 구조에 새로운 변화가 일어나게 하였으며 농촌경제의 전반적인 발전을 촉진하였다. 1985년까지의 통계를 적용한 〈표 Ⅲ-13〉에 의하면 전 주 농촌의 각 유형 향진기업소는 2.05만 개소에 달하여 1975년보다 23배 증가되고 1980년보다 18.7배 증가되었으며, 종업원은 6.2만 명에 달하여 1980년보다 2.2배 증가되었고 농촌 총노동력 중에서 차지하는 비례는 1980년의 7.9%로부터 15%로 증가되었다. 고정자산은 1.42억 원에 달하여 1975년보다 7.6배 성장되고 1980년보다 2배 성장되었다. 총생산액은 2.55억 원에 달하여

〈표 Ⅲ-12〉 연변 향진기업 구성 비율 (단위: %)

| 구 분 | 기업소 | 종업원 | 총수입 | 총생산액 |
|---|---|---|---|---|
| 공업기업 | 37.6 | 54.8 | 55.2 | 60.1 |
| 농업기업 | 1.1 | 6.0 | 6.4 | 6.9 |
| 교통운수업 | 25.2 | 10.7 | 9.8 | 10.4 |
| 건축업 | 3.3 | 9.7 | 8.1 | 10.7 |
| 상업서비스업 | 32.8 | 18.8 | 20.5 | 11.9 |

〈표 Ⅲ-13〉 연변 향진기업 지역분포 (단위: 개, %)

| 구 분 | 기업수 | 기업소 | 종업원 | 생산액 |
|---|---|---|---|---|
| 연길시 | 879 | 4.3 | 7.8 | 10.6 |
| 도문시 | 501 | 2.4 | 3.2 | 4.7 |
| 돈화시 | 4,709 | 23.0 | 24.7 | 27.4 |
| 용정시 | 3,611 | 17.6 | 15.9 | 14.4 |
| 화룡현 | 1,657 | 8.1 | 11.2 | 10.1 |
| 왕청현 | 3,873 | 18.9 | 15.2 | 14.3 |
| 훈춘시 | 2,245 | 10.9 | 10.6 | 11.3 |
| 안도현 | 3,044 | 14.8 | 11.4 | 7.2 |
| 합 계 | 20,519 | 100 | 100 | 100 |

주: 1985년도 통계수치이며 주 통계국 통계자료에 의해 정리했음.

1980년보다 3.7배 성장되었고 《6.5》 기간의 연평균 성장률은 27.8%에 달하였으며 전 주 농업 총생산액 가운데서 차지하는 비율은 1980년의 22.2%로부터 1985년에는 33.4%로 상승하였다. 그중 향진공업 총생산액은 1.54억 원으로써 전 주 공업 총생산액의 8.7%를 차지하였으며 1949년도의 전 주 공업 총생산액보다도 7,800만 위안이나 더 많았다. 연간 총수입은 2.71억 원에 달하여 1975년보다 5배 성장되고 1980년보다 2.7배 성장되었으며 연간 순이윤액은 3,238만 위안에 달하여 1975년보다 5.3배 성장되고 1980년보다 2.3배 성장되었으며 국가에 납부한 세금은 1,252만 위안에 달하여 1975년보다 8배 성장되고 1980년보다 4배 성장되었다. 신속히 발전하는 향진기업은 농촌경제에 생기를 갖다주었으며 연변 농촌경제의 중요한 기둥으로 되었는바 농업생산(이를테면 농업기계, 농토기본건설, 가난한 농촌마을에 대한 지원사업과 집단복리사업 등)을 발전시키고 국가의 재정수입을 늘리며 대외무역을 확대하고 농촌 잉여노동력을 흡수하며 농민들의 경제수입을 높이는 등 다방면에서 적극적인 작용을 하였다.

1970년의 북방지구농업회의 후부터 향진기업은 비교적 폭넓은 발전을 가져오기 시작했다. 특히는 1978년 이후 농촌개혁이 심입됨에 따라 각 향진기업들에서는 경제적 효과성을 보편적으로 중시하였고 각 지방에서는 당지 실정에 알맞게 향진기업을 발전시키는 방침을 참답게 관철하였다. 하여 그 발전이 건강하였을 뿐만 아니라 발전 속도도 비교적 빨랐다. 지금 전 주 농촌에서는 이미 공업, 농업, 교통운수업, 건축업, 상업봉사 업 등 부문이 비교적 구전한 향진기업체계를 건립하였다.

## 3. 근대 연변조선족 기업의 성장과정

앞 절에서는 근대 연변조선족 기업의 성장과정을 보기 위한 전초단계로서 중국 기업의 역사적 발전단계와 유형을 개관하였으며 이어서 향진기업의 발전과 성장 및 연변 향진기업의 발달과정과 지역분포를 살펴보았다. 이는 근대 연변조선족 기업의 성장과정을 알아보기 위한 기초단계인 근대 연변조선족 기업의 경제환경을 개괄하였으며, 따라서 이러한 기초하에 본 절에서는 근대 연변조선족 기업의 성장과정을 살펴보도록 하겠다.

## 1) 연길의 초기 공·상업

연길을 이전에는 국자가 또는 앤지강이라 불렀으며 일찍 만청 시기에 연길지구는 삼림이 무성한 황야여서 인가가 아주 드물었다. 1869년에 조선 북부지구에 심각한 자연재해가 발생하여 수많은 유민들이 봉금령에도 불구하고 두만강을 건너 연변 각지로 이주해왔다. 이리하여 연길의 인구가 급속히 늘어나게 되었다. 청나라 정부에서 설립한 초간국에서는 이주해온 조선농민들에게 직예, 산동 등지로부터 이주해온 한족 개간민들과 함께 넓은 황무지를 개간하게 하였다.

1915년(민국 4년)에 중국 정부는 동북에 거주하는 조선인들이 중국 국적에 가입할 것을 명령하였는데 이 시기에 연길은 교통이 불편하였고 백성들의 생활이 가난하였으며 소금과 천 및 기타 생활, 생산용품들이 아주 결핍하였다. 따라서 연길에 인구가 늘어남에 따라 일부 황아상인과 피혁상인, 약재상인 등이 전후로 연길에 발을 들여놓았다. 그 시기에는 연길로부터 길림에 이르는 지역들이 자못 황량하였다. 그때 길림 방면으로부터 들어오는 일용 잡화용품들은 모두 밀차나 마바리로 수십일 동안 고생하여야 연길에 이를 수 있었다. 게다가 로야령과 장광재령 일대에서 늘 강도와 토비들이 길을 막고 노략질을 하였기에 상인들은 늘 많은 돈을 들여 호송자들을 고용하여 상품을 수송하였다.

민국 초년(1912년경)에 산동과 산서, 하남, 하북, 안휘 등 성의 일부 소상인들과 수공업자들이 연길을 왕래하면서부터 연길에는 점차적으로 작은 가게와 단순한 수공업 작업실이 생겨나기 시작하였는데 그때 생겨난 '만발상'과 '금집성'이 두 대장간은 국자가(연길)에서 가장 먼저 생겨난 대장간이었다.

구멍가게는 이보다 더 일찍 생겨났다. 즉 1921년 이후에 연길에는 상점이 적지 않게 생겨났는데 대표적인 상점들로는 다음과 같은 12개 상점이 있었다. 즉 영화홍잡화점, 덕순성잡화점, 천중의비단잡화점, 길순화포목비단점, 복순덕식료품잡화점, 천순성식료품잡화점, 인화흥잡화점, 복성덕일용잡화도매점, 복화성잡화점, 광순성잡화점, 춘화영잡화점 등이 있었다. 그리고 백러시아인이 경영하는 류브린스끼철물상점이 있었다. 이 시기에는 연변이 아직 미개발 상태였기 때문에 대다수 상점들에서는 쇠솥과 보습, 화로, 사탕, 과자 등 여러 가지 종류와 산간지대 산물 및 베천, 소량의 견직물 및 기타 생활용품들을 위주로 경영하였는데 방식은 대부분이 주금을 모아 합작경영 하였는바 어떤 점포에는 주주가 5~6명씩 되었는데 이런 상점들은 1945년 8월 15일 광복 때까지 경영활동을 계속하였다.

그 후 2년이 지난 1923년 후부터 연길에는 여러 가지 유형의 점포가 갈수록 많아졌는데 그 종류로는 무명천가게, 비단천가게, 식료품가게, 식당, 목욕탕 등 전문적인 점포들이 많이 나타났으며 평무늬천, 줄무늬천 및 기타 서양상품들도 연길로 들어오기 시작하였다. 이 시기에 나타난 점포들로는 유태둥, 복성동, 회성홍, 태화륭비단방, 합계차집, 그리고 필조문형제가 꾸린 '의발화'와 '의순화' 식료품점포 등이 있었다. 위에 언급한 점포들은 처음에는 길림과 영구, 대련, 심양 등지로부터 상품들을 구입해 판매하다가 후에는 천진과 상해 등지에까지 가서 상품들을 구입해 영업을 하였다.

1929년 이후부터 연길에는 새로 개업을 하였거나 혹은 원래의 점포 이름을 바꾸어서 재개업한 원발홍, 천홍원, 천순복, 복화성, 통순복, 순발화, 경복상 등 식료품점포와 화무창철물상점 및 도향춘 등 잡화점이 우후죽순처럼 생겨났다.

1938년부터 연길에는 또 '영풍호', '태홍후', '거영구' 등의 비단점포가 나타났다. 이밖에도 양철포, 대장간, 가죽방, 도로기방, 약방 및 이발관, 사진관, 여관 등이 영업을 시작하였다. 이 시기를 해방전 연길 공상업발전의 전성기였다고 할 수 있다. 그때 연길에는 크고 작은 점포와 여러 가지 수공업 작업실이 200여 곳 있었으며 시장이 비교적 번창하였고 상품의 종류가 전례 없이 많았으며 서양물건과 일본 상품이 대량으로 연길로 쏟아져 들어왔으며 여러 종류의 면직물과 견직물이 시장에 넘쳐났다. 그때 연길에서 가장 번화한 거리가 두 곳이 있었는데 한 곳은 대십자거리(지금의 시정부로부터 동방극장 및 북산소학교 남문 일대까지임)로써 이 거리에 점포들이 집중되어 상업이 흥성하고 우마차들이 꼬리에 꼬리를 물고 다니였는바 자못 번창하였다. 다른 한 곳은 상부지(지금의 연변병원 동남 일대) 거리로서 여기에 크고 작은 점포가 60～70곳이 있었으며 식당과 시계방, 이발관, 사진관, 기생집 등이 많이 집중되어 있었는데 이 시기의 연길시 인구가 약 2만 명 정도 되었다.

그때 연길시의 많은 점포들 가운데서 규모가 가장 크고 자금이 제일 풍부하며 영향력이 큰 점포는 그래도 제일 먼저 창업한 길순화피류비단점이었다. 이 점포의 경리인 장진덕은 상업정보에 중요성을 두었으며 경영 면에서 신용을 지켰다. 즉, 그는 먼저 상품을 들여오고 후에 그 값을 부쳐보내고 상품을 외상으로 주는 등 판매수단을 많이 활용하였으며 이윤을 적게 보면서도 많이 팔고 자금회전을 빨리 돌리는 방법을 활용하여 장사를 잘하였다. 연길에서 길순화를 제외하고 다음으로 상업계에서 손꼽히는 점포들로는 복순덕가루방과 광순성잡화점을 들 수 있었다. 광순성의 사장 양신유는 오랫동안 사탕가루와 석유 및 여러 가지 일용잡화를 판매하였는데 이 점포는 유동자금이 2만여 원 되었으며 도매와 소매를 겸하였다. 그들은 석유와 사탕가루를 통 또는 포대들이로 대소점포와 외지의 소상인들에게 대량으로 도매하였다. 오래된 점포인 복순덕의 영향력도 대단하였다. 이 점포에서는 상품을 판매하는 외에도 또 토지를 활용하였는데, 즉 남에게 소작을 주어 소작료를 받아 수익을 증대시켰다.

그 시기에 연길에서 팔리는 대부분의 상품들은 영구와 심양, 천진 등지로부터 들여온 것이고 일반적인 생활용품과 지방특산물은 길림으로부터 들여왔었다. 민국 말기로부터 일제 및 위만주국 통치시기에는 일부 중요한 잡화와 여러 가지 고급상품들은 상해와 항주 그리고 일본의 도쿄와 오사카로부터 들여왔다. 이런 상품들은 대부분 상선으로 해삼위까지 해상수송을 한 후 다시 훈춘에서 연길까지 육상운송을 하였는데 그때 훈춘 지역은 길림동부의 무역집산지였다. 그 시기에는 일본 제국주의의 세력이 연변을 지배하였으며 꽃천과 석유, 성냥, 초, 양철, 못 등 여러 가지 외국상품들이 한때 연길시장에 마구 쏟아져 들어오는 통에 민족공상업이 심한 위협을 받게 되었다. 그 시기에는 일본 도쿄와 오사카, 조선, 남양 등지의 외국상인들이 빈번히 연길에 나타났으며 해마다 대소무역상들이 상품견본을 가지고 연길로 와 주문을 받아가곤 하였다.

1926년경에는 위천춘이 원래 경영하던 금집성을 토대로 하여 주물을 생산하는 화홍철공장을 설립하여 연길에서 직접 생산하는 쇠가마와 보습, 난로 등이 시장에 나오게 되었다. 1936년 이후에 룡정동아철공장의 주주들인 손상덕과 임계복 등이 연길로 와서 동아분공장을 설립하고 여러 가지 기계가공 및 수리 그리고 간단한 기계제조 등의 일을 하였다. 화홍철공장과 동아철공장의 출현은 연변지구의 주물 및 기계제조업이 가일층 발전하도록 추진하였으며 연길의 공업발전을 위한 토대를 마련해주었다. 이 두 공장의 제품은 도문과 백초구, 하가하, 삼도구 더 나아가서 길림지구에까지 판매되었다. 화홍철공장에서 나중에 생산된 물펌프 본체는 한때 일본에서 수입한 펌프와 경쟁하면서 전 동북에서 널리 판매되었다. 1938년경에는 많은 대장간과 기름방 등 작업소들이 생겨났다.

그 시기에 연길에서는 주변지역까지 소문난 4대 상점, 즉 왕경당의 덕창장상점과 한홍경의 홍경장상점, 라동홍의 동홍장상점 및 동발용상점이 있었는데, 이가운데서도 홍경장상점이 가장 명성이 높았는바 장독이 230여 개나 되었는데 이 상점의 된장과 간장 그리고 여러 가지 짠지가 연변 각지에 널리 판매되었다. 또한 그 시기에 연길에는 화발익과 천홍덕, 전태항, 관덕후 등 4대 약방이 있었는데 모두 하남성 사람들이 설립한 것들이었다.

한편 술, 담배 전매업은 연길공상업발전사에서 중요한 자리를 차지하였다. 연변에서 가장 먼저 생겨난 공업은 사실상 양주공업이었다. 따라서 연변에서 제일 먼저 설립되고 규모가 제일 큰 주조장은 왕택보가 동성용에 세운 동태원주조장으로써 청조 광서년간으로부터 제조하기 시작하였는데 노동자가 거의 200여 명이나 되었고 매일 흰 술을 1,200여 근씩이나 생산하여 길림동부에서 오랫동안 명성이 높았다. 동태원주조장에서는 연길에 회승원이라는 주조장을 경영하였는데 사장인 강조림은 경영을 잘하여 신용이 아주 높았으며 그 공장에서 생산되는 술은 맛 또한 진하고 향기로워 널리 알려졌다. 그리고 조양천의 광흥원주조장과 태평구의 집성용, 연길의 상발원, 항태복 그리고 후기의 당씨네주조장 등에 의해 연길에 술전매상점을 개설하게 되었다. 이린 주조장들에서 생산되는 술은 비록 재래식 방법으로 제조되었지만 대부분이 수수쌀과 강냉이를 주요 원료로 하기에 술맛이 좋고 향긋하여 동북3성에 널리 알려졌다. 또한 계동연초공사는 연변에서 유명한 연초공사였다. 이 공사의 담배영업 범위는 전체적으로 길림성과 목단강, 가목사 일대까지 영향이 미쳤다. 이 공사는 판매량이 제일 많을 뿐만 아니라 그 품종이 다양했는데 주된 담배 품목으로는 포대왕과 대전문, 합덕문, 란도, 분도 및 고력연 등이 있었다. 이 공사에서는 담배곽 안에 말, 토끼, 영화배우 등의 그림이나 상아물부리 등 정교한 기념물들을 넣었는데 그 가운데서도 대전문담배 곽 안에 넣은 기념물이 제일 정교하였다. 연초공사에서는 이런 방법으로 고객을 끌었기에 담배가 무척 잘 팔렸다. 후기에 연길에 설립된 남양연초공사에서도 이런 방법을 썼는데 이 두 연초공사에서 연변지구의 담배시장을 완전히 독점하다시피 하였다.

지금까지는 연길의 초기 공·상업에 대하여 알아보았다. 다음에서는 연변의 조선족 기업이 어떻게 태동하였으며 발전하여 왔는가를 보도록 하겠다.

## 2) 근대 연변조선족 기업의 발전개황

1952년 9월 3일에 연변조선족자치주가 성립된 이래 중국 공산당 민족정책의 혜택으로 연변조선족들의 생산에 대한 능력이 비교적 충분히 발휘되었을 뿐만 아니라 풍속습관과 독특한 소비수요도 존중과 배려를 받았다. 따라서 조선족들의 일상생활에 필요한 조선족 특용품 생산 부문의 발전도 당의 많은 지원을 받아 조선족 특용품을 전문적으로 생산하거나 부수적으로 생산하는 업종별 부문이 점차적으로 형성되었다.

1952년 연변조선족자치주가 성립된 이래 30여 년간의 노력과 성장의 결과 조선족들의 생활과 밀접하게 관련되어 있는 제품인 비단, 편직물, 옷, 구두, 모자, 도자기, 고무신, 비닐제품, 페인트, 목제품, 가구, 철제품, 악기, 알루미늄제품, 취사도구, 민족수공업제품 및 조선족들이 농사 짓는 데 필요한 농기구 등 20여 가지 유형의 생산 부문을 갖춘 조선족 특용품 공업체계가 형성되었으며 따라서 연변은 중국 전역 11개 민족 특용품 공업기지 중의 하나로 되었다.

1986년도에 이르러서는 연변의 조선족 특용품 생산기업은 75개로 늘어나서 1952년도 보다 무려 6배나 성장하였는데 그중에서도 민족 특용품을 전문적으로 생산하는 기업은 50개나 되었다. 또한 민족 특용품 전문생산기업의 종업원은 2만 5,000여 명 정도 되었는데 그중 조선족 종업원은 1만 8,000여 명에 달하였다. 또한 1986년도 한해만도 조선족 특용품공업 생산액은 1억여 위안에 달하여 연변 공업 총생산액의 4.8%를 차지하였고 이는 1952년도와 비교하여 15배 이상 성장되었으며 따라서 지난 30여 년간 주요 생산제품능력이 크게 향상되었음을 알 수 있다.

연변의 조선족 특용품 공업은 처음부터 줄곧 중국 정부의 많은 관심과 지원을 받았는데 일찍이 1949년에 중국 공산당과 중국 정부에서는 조선족들의 고무신 및 구두 등 신 문제와 일용생활용품 문제를 해결해주기 위하여 재정이 풍부하지 못한 상황에서도 재정자금을 조선족 특용품공업 건설에 지원하여 도문에 고무공장과 훈춘에 조선족 도자기공장을 세우게 하였다. 이 두 공장은 연변에 제일 처음으로 세워진 조선족 특용품공업 기업들이다.

자치주가 성립된 1952년도부터 1959년까지의 8년 동안은 연변의 조선족 특용품 공업이 신속한 발전을 가져온 시기였는데 예를 들면 연변조선족자치주에서 조선족의 비중이 비교적 큰 연길, 도문, 용정, 화룡과 훈춘 등지에서는 전후로 대량의 자금을 투자하여 민족복장과 편직물, 민족식품, 민족가마와 알루미늄으로 만든 취사도구, 민족가구와 페인트, 민족일용철제품 등 7개 부문을 망라한 15개의 기업을 설립함으로써 조선족 특용품공업의 전면적인 발전을 위해 훌륭한 물질적 토대를 닦아 놓았다. 또한 1962년 이후의 10년간 전후로 10여 개소에 달하는 민족공업 기업체가 새로 설립되었는데 예를 들면, 연길조선족비단공장과 조선족옷공장, 조선족어린이옷공장, 조선족악기공장 등이 있으며 도문에는 민족비닐공장과 민족편직물공장, 민족꽃신공장, 민족수놓이공장 등이 있고 용정에는 민족옷공장 화룡에는 민족면방직공장과 민족교편물공장 등이 들어섰다.

상술한 기업체들의 설립과 발전은 연변의 조선족 특용공업이 점차적으로 도약, 발전하기 시작하는 징조들이다. 그러나 10년 동란시기에 연변의 조선민족 특용품 공업은 전반 민족사업과 마찬가지로 많은 피해를 받았다. 즉 악기, 옷, 일용철제품 등 공업은 '봉건주의, 자본주의, 수정주의'로 몰리고 제품을 생산하는 기업들은 계속되는 핍박에 의해 문을 닫게 되었으며 기타 민족 공업도 마찬가지로 핍박 속에서 생산을 중단하고 문을 닫게 되어 연변 조선민족 공업 나아가서는 전체적인 중국 경제의 발전을 가로막는 장애요인으로 작용하였다.

1978년 중국의 대변혁이자 시장경제 도입의 단초가 된 개혁개방 이래 그동안 성장이 중단되었던 연변의 조선민족 공업에도 중국 정부와 길림성에서의 우선적 투자와 지원에 힘입어 도약과 발전의 견인차가 되었다. 즉 지난날 핍박에 의해 문을 닫았던 조선족 악기, 옷, 전통일용품 등 제조업체가 신속히 회복되고 기타 기존의 수많은 기업체의 생산능력이 강화되었을 뿐만 아니라 민족편직물, 민족모자 신, 민족과자, 민족법랑칠기, 민족도자기, 민족공예미술품, 민족가구 등을 포함한 30여 개소와 민족경공업과 민족방직공업 기업체가 새로이 설립되었다. 따라서 이 시기에 집중적인 투자에 의하여 설립된 조선족 법랑칠기, 가죽구두, 과자, 공예미술품 등이 새로운 항목으로 자리 잡았으며 이어서 연변조선족 특용품공업이 연변경공업, 방직공업의 모태로 자리 잡았다. 개혁개방 이후 몇 년 사이에 조선족 특용품공업은 생산능력이 곱절로 늘어나고 전문화로 생산수준이 눈에 띄게 높아졌을 뿐만 아니라 제품의 종류도 초창기의 고무신과 오지독 생산의 2종류로부터 300여 종으로 늘어났다.

조선족 특용품공업은 생산품의 양적 측면뿐만 아니라 질적인 측면에서도 고급화되어 자치주 내의 소비자들의 수요를 만족시킬 뿐만 아니라 중국 내의 10여 개 성, 자치주와 직할시에 공급하고 있다. 뿐만 아니라 일부 제품은 일본과 동남아 지역에 수출도 하고 있다. 1990년대 들어서는 연변에서 생산된 조선족 가마, 밥상, 찬장, 진달래표 어린이옷 등 9가지 제품이 중국 소수민족 경공업 우수제품으로 선정되었으며 또한 연길시조선족 일용주물공장, 연길시조선족 모자공장, 도문시민족 비닐공장, 용정민족 목제품공장 등 6개의 기업이 전국 소수민족 특용품 선진기업으로 선정되었다. 또한 조선민족 공업이 신속히 발전하고 우수제품이 날로 늘어남에 따라 수출하는 제품도 계속적으로 늘어났는데 연변조선족자치주 전체적으로 120여 종에 달하는 민족공업 제품이 외국에 수출되어 벌어들이는 외화가 1,500여만 달러에 달하였다.

그동안의 발전과정에서 보면 연변조선민족 공업은 연길을 주축으로 하고 도문과 용정을 골간으로 하며 화룡, 훈춘, 돈화, 왕청, 명월등 시와 진을 밑바탕으로 하는 조선민족 특용품 생산기지가 기본적으로 형성되었다.

다음에서는 근대 연변조선족 기업의 업종별 성장현황, 즉 제조업, 서비스업, 도·소매업에 대한 성장현황을 살펴보고 각 업종별 기업사례를 제시하였다. 이를 통하여 근대 연변조선족 기업들의 성장현황을 파악할 수 있을 것이다.

## 3) 근대 연변조선족 기업의 업종별 성장현황과 사례

### (1) 제조업

#### ① 민족방직, 복장공업

민족방직, 복장공업은 연변의 조선민족 공업 중에서 역사가 제일 길고 규모가 제일 크며 발전수준이 제일 높은 생산 부문이다. 전 조선족자치주 내에는 조선민족 방직, 복장업체가 14개 있었는데 연간 생산액은 4,360만 위안에 달하였으며 전 자치주 조선민족 공업 연간 총생산액의 43.6%를 차지하였다. 그중에서 전민소유제기업의 연간생산액은 3,630여만 위안으로 조선민족 방직, 복장공업 연간 총생산액의 83%를 차지하였다.

#### ㉠ 조선민족 방직공업

조선민족 방직공업에는 9개의 기업이 있었는데 그중에서 전민소유제기업이 7개로 연간 생산액은 3,700여만 위안이었으며 그중에서 전민소유제기업의 연간 생산액이 3,471만 위안에 달하였는데 이는 전 조선족자치주 민족공업 연간 총생산액의 37%를 차지하였는바 그 비중이 제일 컸다. 전민소유제기업은 연변조선민족 공업 중에서 중점적으로 발전시킨 주도적 부문

〈그림 Ⅲ-1〉 연변방직공장(1951)

으로써 총기업수의 77.8%를 차지할 만큼 기업의 수효가 많고 생산액이 높은 것은 조선민족 방직공업 부문의 가장 뚜렷한 특징이다.

연변조선민족 방직공업에는 면방직, 비단, 편직물 등 세 가지의 큰 유형으로 구분할 수 있다. 첫째, 조선민족 면방직공업에는 룡정과 도문 그리고 화룡에 각각 1개씩의 기업이 분포되어 있으며 생산액은 790여만 위안에 달하여 민족방직공업 총생산액의 21.5%를 차지하였다. 주요한 제품은 목천, 꽃천과 테트론 등 면 혼합 방직물인데 연간 생산량이 430만m$^2$에 달하여 연변조선족자치주 성립시기인 1952년도보다 무려 70.3배 정도 성장하였으며 자치주 내에서 생산되는 천의 총생산량의 16.7%를 차지하였다. 그중에서 조선족들이 즐겨 사용하는 꽃천은 1975년도에 설립된 도문민족꽃천 공장에서 주로 생산되고 있다.

둘째, 조선민족 비단공업에는 1개소의 기업이 있었는데 연간생산액은 477만 위안으로써 조선민족 방직공업 총생산액의 12.9%를 차지하였다. 대표적인 조선족 비단공장으로써 개혁개방 이전인 1970년에 설립된 연길시 조선족 비단공장은 생산 초기에는 직포기가 40대밖에 없었으며 질이 낮은 비단밖에 생산하지 못하였다. 그러나 개혁개방 이후 시장경제의 도입에 의한 질이 높은 품질의 제품 필요성을 느낀 중국 정부에서 200여만 위안을 투자하여 공장건물 면적을 6,000여 m$^3$로 늘리고 생산공정의 전면적인 개조와

〈사례 1〉 연변조선족자치주방직물수출입회사

| 회사명 | 연변조선족자치주방직물수출입회사 | | |
|---|---|---|---|
| 영문명 | Yanbian Korean Nationality Autonomous Region Textile I/E Corp. | | |
| 주 소 | 길림성 연길시 하남가 28호 | | |
| 경영자 | 조기용 | 기업 형태 | 전민소유제기업 |
| 주요 생산품목 | 방직물, 모직물, 편직물, 복장, 비단제품 | | |

- 전민소유제 대외무역기업소.
- 소련, 동서유럽, 미국, 일본, 중동지구, 대양주(호주), 한국, 홍콩 등 20여 개 나라와 지역에 방직물을 수출.

〈그림 Ⅲ-2〉 조선족 비단공장(1970)

재배치를 하였다. 그 후 150대의 직포기를 추가로 도입하여 생산시설을 늘리고 생산능력 또한 크게 향상시켰다. 따라서 1985년도에는 비단천의 총생산량이 228만m에 달하여 1975년도의 75.6만m보다 약 3배가량 늘어났으며 생산되는 뉴뚱과 칠색단은 조선족들이 특별히 애용하는 제품으로 수요가 많은 것으로 나타났다.

그러나 연변조선민족 비단공업의 발전을 저해하는 요소가 있는데 그것은 비단을 생산하는 데 핵심요소인 원료의 공급문제이다. 즉 연변조선족자치주 내에 명주실을 공급할 수 있는 자원이 많은데도 불구하고 이를 제대로 활용하지 못함으로써 명주실을 풍부하게 공급하지 못하고 있는 실정이며 또한 개산툰화학섬유펄프공장으로부터 비스코스 섬유를 직접 공급받지 못함으로 인하여 비단을 생산하는 데 필요한 대부분의 원료를 길림, 단동, 남경 등지로부터 구입하여 사용하다보니 비단을 생산하는 데 드는 원가가 높았다. 근래에 들어서는 원재료값이 수시로 상승하고 원료공급이 일정치 못하

〈사례 2〉 개산툰화학섬유펄프공장

| 회사명 | 개산툰화학섬유펄프공장 | | |
|---|---|---|---|
| 영문명 | The Chemical Textiles Pulp Factory Of Kaishantrun | | |
| 주 소 | 길림성 용정시 개산툰진 | | |
| 경영자 | 김금석 | 기업 형태 | 전민소유제, 집체기업 |
| 설립일 | 1938년 | 주요 생산품목 | 펄프, 종이리그닝 화학공업제품, 활성탄 |

- 전국에서 유일한 대형 비스코스 섬유 목재펄프기지.
- 종업원 9,500여 명(전민소유제 종업원 6,367명, 그외 집체경제 종업원).
- 공장산하에는 14개 분공장, 33개 처, 실, 1개 분국, 4개 공사, 7개 학교, 종업원 병원.
- 공장의 고정재산 원가는 3.1억 위안, 고정재산 순수금액은 2.1억 위안.
- 연간 생산량은 비스코스 섬유목재펄프, 제지펄프 6.5만 톤, 종이제품 2만 톤, 리그닝 화공제품 6만여 톤, 활성탄 2천여 톤 등.
- 이 공장의 제품은 국내의 28개 성, 시, 자치구에 공급되며 일본, 독일, 홍콩, 동남아시아 등의 나라와 지역에도 수출.

〈그림 III-3〉 개산툰화학섬유펄프공장 전경(1938)

여 생산의 효율성이 떨어지고 제품의 품질 또한 만족스럽지 못한 상황이다.

셋째, 조선민족 편직물공업에는 도합 5개의 기업이 있으며 그중 4개는 전민소유제기업인데 주로 연길과 도문에 집중되어 있다. 민족편직물의 연간 생산액은 2,430만 위안에 달하여 민족방직공업 총생산액의 65.6%를 점유함으로써 가장 비중이 클 뿐만 아니라 연변조선족자치주 편직물공업 총생산액의 74.3%를 차지하였다. 연변조선족자치주 조선민족 편직물 기업에

〈사례 1〉 도문시민족편직물공장

| | | | |
|---|---|---|---|
| 회사명 | 도문시민족편직물공장 | | |
| 영문명 | Tumen City Nationality Knitting Mill | | |
| 주 소 | 길림성 도문시 일광대가 20호 | | |
| 공장장 | 김광 | 기업 형태 | 전민소유제기업 |
| 설립일 | 1974년 | 주요 생산품목 | 각종 양말 |

- 길림성 유일의 양말 수출기업으로서 종업원은 930여 명이며 그중 80여 명이 기술자임.
- 주로 양말 생산을 하며 나일론, 카프론, 목실, 아마 등 6개 계열 10여 가지 규격의 양말을 생산.
- 제품은 중국 내 상해 등 8개 성, 시에 그리고 해외는 미국, 일본, 네덜란드, 이탈리아 등 20여 개 국가와 지역에 수출되고 있음.
- 1990년도 현재 연간 생산량이 700만 켤레, 연간 생산액은 1,100만 위안, 고정자산은 1,000만 위안이 되는 중형 기업으로 발전되었음.


〈사례 2〉 왕청현편직물공장

| | | | |
|---|---|---|---|
| 회사명 | 왕청현편직물공장 | | |
| 영문명 | Wangging Country Knitweow Mill | | |
| 주 소 | 길림성 왕청현 왕천진 신십가 2호 | | |
| 공장장 | 박창식 | 기업 형태 | 국유기업 |
| 설립일 | 1970년 | 주요 생산품목 | 신안거죽천, 운동복, 적삼, 내복 |

- 국유기업으로서 종업원은 120명인데 그중 핵심기술인력이 2명이며 재무 등 관리담당 3명, 기타 기술인력이 9명임.
- 공장의 주요 설비는 상해나 광저우에서 제작된 설비로서 면모기 25대, 대차 5대, 염색설비 9대, 각종 재봉침이 74대, 운수차량이 5대임.
- 주요 제품의 생산량을 보면 신안거죽천은 100톤, 운동복은 4만 벌, 니트로 적삼은 15만 개, 각종 테트론, 면화, 화학섬유 내복 등의 연간 생산량은 약 8만 개임.
- 이 공장에서는 소련, 한국 등 해외 기업들과 합자기업 설립을 협의 중임.


서는 200여 종의 제품을 생산하고 있는데 그중에서 국내외에 수요가 많은 주요한 제품들로는 위생내의, 솜내복, 털실내복, 러닝셔츠, 꼬리치마, 어린이 꽃양말, 꽃머리 수건과 목수건 등 수십 종이 있다.

　연변조선족자치주가 성립된 해인 1952년에 설립된 연길시편직물공장은 연변조선족 기업 중에서 발전이 비교적 빠르고 규모가 제일 큰 대표적인 기업이었다. 이 공장이 세워진 첫해에는 연간 생산액이 8.8만 위안에 종업원도 50여 명에 불과하였다. 그러나 개혁개방을 거쳐서 30여 년이 지난 1985년도에 이르러서는 연간 생산액이 1,776만 위안으로 증가되었고 종업원도 2,100여 명으로 증가되어 창업 초창기인 1952년에 비하여 생산액은 무려 201배로, 그리고 종업원수는 41.4배로 성장하였으며 조선민족 편직물공업 총생산액의 73.1%와 조선족자치주 전 편직물공업 총생산액의 54.3%를 차지하였다.

개혁개방의 해인 1978년 이후 연길시 조선민족 편직물공장에서는 제품개발에 의한 품질 면에서 뚜렷한 우수성을 보였으며 따라서 이 공장에서는 땀받이, 모달리, 테트론 등 3가지 품목에 120여 종의 제품을 생산하였다. 또한 1986년도에는 이 공장에서 생산되는 위생내의, 솜내복, 러닝셔츠 등 제품으로 1,000여만 위안 상당의 수출 계약을 하여 1986년도 길림성 편직물 생산 부문에서 1위를 차지하였다.

#### ⓛ 조선민족 복장공업

조선민족 복장제조업은 5개의 기업이 있는데 연간 생산액은 660여만 위안에 달하여 전 조선족자치주 민족편직물제조와 복장제조 총생산액의 15.1%를 차지하며 전 조선족자치주 민족공업 총생산액의 6.6%를 차지하

〈사례 1〉 연길시모내의공장

| 회사명 | 연길시모내의공장 | | |
|---|---|---|---|
| 영문명 | Yanji Woollen Sweater Factory | | |
| 주 소 | 길림성 연길시 연서가 단결호동 27-2호 | | |
| 공장장 | 이옥란 | 기업 형태 | 집체소유제기업 |
| 설립일 | 1982년 | 주요 생산품목 | '해왕성표' 모내의, 니트로 적삼 |

- 1982년 설립 당시 종업원 20명, 기계는 15대 정도였으나 1990년 현재 기계설비 150대, 종업원 120명으로 성장.
- 이 공장에서 생산되는 '해왕성표' 고급 모내의와 니트론 적삼은 중국 20여 개 성, 시에 판매 및 미국, 독일, 일본 및 중동지역에 수출되고 있음.

〈사례 2〉 연길시백학옷심공장

| 회사명 | 연길시백학옷심공장 | | |
|---|---|---|---|
| 영문명 | Yanji Baihe Lining Cloth Factory | | |
| 주 소 | 길림성 연길시 연서가원 계호동 2호 | | |
| 공장장 | 전해송 | 기업 형태 | 사영기업 |
| 설립일 | 1989년 | 주요 생산품목 | 열녹임 고무점착심지, 뽀쁘링 점착심지, 수지심지 |

- 초창기에는 열녹임 고무점착심지만 생산, 현재는 뽀쁘링 점착심지와 수지심지도 생산할 수 있게 되었음.
- 생산제품들은 연변뿐만 아니라 흑룡강성, 내몽골자치구에서도 널리 팔리며 지역은 40여 곳이나 됨.
- 연변에 있는 유일한 옷심지공장임.

였다. 예를 들어서 연길시 조선족 옷공장에서 생산되는 생일옷과 첫날옷 등 조선족의 전통복장은 연변조선족자치주뿐만 아니라 길림성 내외에서도 수요가 많으며 판매가 잘되고 있다. 조선민족 복장공업은 연길시에 3개의 기업이 있고 용정과 화룡에 각각 1개소의 기업이 있음으로써 주로 연길시에 집중되어 있음을 알 수 있다.

### ② 조선민족일용경공업

연변 조선민족 일용경공업에는 가구, 원목제품, 비닐제품, 도자기, 법랑칠기, 신과 모자, 취사도구, 일용철제품 등 여러 생산 부문이 망라되어 있다. 연변조선족자치주에는 40여 개소의 조선민족 일용경공업기업이 있으며 이중 5개 기업은 전민소유제기업인데 연간 생산액은 3,660여만 위안에 달하여 조선족자치주 민족 특용품공업 총생산액 중에서 차지하는 비중이 36.7%로써 2번째로 큰 비중을 차지하였다.

개혁개방 전 계획경제체제 상황이었던 1965년도와 비교해보면 개혁개방 후 시장경제체제하인 1986년도의 연변조선족자치주 조선민족 일용품 생산공장은 1배 이상 증가되었고 연간 생산액은 2.1배 성장하였으며 생산제품의 종류는 2.5배 정도 증가되었다.

㉠ 민족 목제가구 제조업

민족목제가구제조업은 건국 초기에 시작되었는데 지금에 와서는 연변조선민족 특용품공업 중에서 기업체의 수가 제일 많고 분포가 제일 넓은 생산부문으로 되었다. 연변조선족자치주 내에 민족 목제가구 제조기업은 10개가 있으며 연간 생산액은 700여만 위안에 달하여 조선민족 일용품공업 총생산액의 거의 20%를 차지하였다. 그중에서도 연변자치주 성립해인 1952년부터 1955년까지의 기간에 준공되어 생산에 투입된 용정민족목제품본공장, 도문민족가구공장과 연길목제품본공장 등 3개소의 전민소유제기업의 연간 생산액은 450만 위안이며 이는 연변자치주 민족 목제가구 제조업 총생산액의 거의 3분의 2를 차지하였다. 위에서 예로든 3개의 주된 기업 가운데서도 기업의 성장속도가 빠르며 조선족들이 유용하고 편리하게 사용하는 나무제품과 가구를 대량으로 생산하여 공급해주고 제품에 대한 서비스를 잘해주며 제품의 품질을 높이는 등 여러 면에서 공헌이 제일 많은 제조기업으로는 용정민족목제품본공장이라고 말할 수 있다.

용정민족목제품본공장은 공장이 설립된 후 30년 동안 정부의 도움을 받지 않고 자체적으로 3단계의 자동화 시스템 시설을 설치하고 40여 대에 달하는 절삭공구와 모형을 만들었다. 이 공장은 자체적으로 기술혁신과 인재발굴을 통해 공장에 변화를 가져와 조선족들이 유용하게 사용하는 고품질의 조선족 찬장, 옷장, 궤짝, 밥상 등 제품들을 생산하여 공급함으로써 중국의 전체 조선족들로부터 높은 신뢰를 받고 있다. 근래에 와서 이 공장에서는 조선족들의 소비구조와 주택환경의 변화에 발맞추어서 대담하게 전통적 공예를 개혁하고 조선민족 품격을 살리는 토대 위에서 신제품을 적극 개발하였다. 예를 들면 조선족 주택양식, 품격, 장식 등 여러 면에서 새롭게 설계한 판식 옷걸게, 대형 찬장, 타원형 식탁 등의 제품들은 조선족들뿐만 아니라 중국 내의 여러 민족들까지도 선호하는 인기상품으로 되었다. 그중에서도 '용정표' 찬장은 중국 소수민족 경공업 양질제품으로 선정되었으며 용정민족목제품본공장도 중국 소수민족 일용품 선진기업으로 선정되었다.

〈사례〉 도문시민족가구공장

| 회사명 | 도문시민족가구공장 | | |
|---|---|---|---|
| 영문명 | Tumen Nationality Furniture Factory | | |
| 주 소 | 길림성 도문시 광명가 113호 | | |
| 공장장 | 조용식 | 기업 형태 | 전민소유제기업 |
| 설립일 | 1952년 | 주요 생산품목 | 민족가구, 목재가공, 조선족꽃밥상 |

- 연변조선족자치주 성립일인 1952년에 설립되었으며 고정자산은 115만 위안, 종업원은 160명임.
- 주로 민족가구와 기타 가구를 생산하는 일면 대외목제 가공도 하고 있음. 연간 목제가구 생산능력은 2만 건, 목재가공 능력은 1만m³에 달함.
- 길림성국제경제기술합작공사와 미국에 응접상 수출계약을 맺었으며 이미 10만 위안에 달하는 제품을 수출하였음.

### ㉡ 민족 신제조업

조선민족 신제조업은 연변민족 특용품공업 중에서 발전수준이 비교적 높은 생산 부문의 하나이다. 이 부문은 제조하는 기업이 2개에 불과하지만 연간 생산액은 1,980여만 위안이나 되어 민족일용품공업 총생산액의 54.1%를 차지하며 민족공업 총생산액의 거의 20%를 차지하였다.

첫 번째로 연변고무공장은 연변조선족자치주 민족공업 중에서 60여 년의 역사를 가지고 있는 만큼 역사가 오래되었으며 기업의 규모도 제일 크고 생산액 수준이 제일 높은 그리고 현대화된 대표적인 기업이다. 이 공장의 연간 생산액은 1985년도 기준으로 1,933만 위안에 달했으며 연변조선족자치주가 성립된 해인 1952년도 보다 약 3.6배 정도 성장했으며 고정자산은 1,260만 위안에 달해서 1953년도에 비해 11.6배 정도 성장하였다. 이 공장에서 생산되는 주요한 제품들로는 다양한 규격과 모형의 민족고무신, 고무장화, 솜신, 운동화 등이다. 1985년도에 이 공장에서 생산되는 신의 총생산량은 485만 켤레로서 이는 1949년도 생산량보다도 38.4배가 더 증가된 수치이다. 또한 이 공장의 제품들은 중국내의 11개성과 자치구 그리고 해외로는 미국, 덴마크, 네덜란드, 홍콩 등 국가와 지역에 수출되고 있다.

〈사례〉 연변고무공장

| 회사명 | 연변고무공장 | | |
|---|---|---|---|
| 영문명 | Yanbian Rubber Factory | | |
| 주 소 | 길림성 도문시 해방로 1호 | | |
| 공장장 | 김학남 | 기업 형태 | 국유기업 |
| 설립일 | 1940년 | 주요 생산품목 | 조선족고무신, 고무장화, 운동화, 솜신, 축구신, 수전농사농장화, 유람신, 아동용달리기신 |

- 연변고무공장은 60여 년의 역사를 갖고 있으며 연변의 변강도시인 도문에 위치해 있음.
- 공장의 부지는 5만여$m^3$, 건평은 3만 3,477$m^3$, 고정자산은 1,016만 위안에 달함. 종업원은 2,900여 명이며 80%가 조선족임.
- 50년대와 60년대에 연변 경제의 중견기업으로 등장하여 연변의 경제발전에 크게 기여.
- 주 생산품은 고무신이며 기타 고무제품 생산과 가공도 겸영하고 있으며 고무신 연간 생산능력은 530만 켤레, 연간 총생산액은 3,100만 위안임.
- 이 공장에서는 조선족이 즐기는 남 녀 고무신, 고무장화를 주요 제품으로 각종 중급, 고급 유람신, 아동용 달리기신과 2차 고무모형 압축신 등 50여 개 품종의 신을 생산하고 있음.
- 이 공장에서 생산된 제품들은 1982년부터 미국, 소련, 네덜란드, 프랑스, 헝가리, 포루투갈, 홍콩 등 15개 나라와 지역에 수출되고 있으며 근래에 들어서는 외화 464만 달러를 벌어들였음.

〈그림 III-4〉 연변고무공장

두 번째로 연길시조선족 신공장은 1970년대 후반부부터 생산을 하기 시작하였으며 초기에는 방한화와 털가죽신을 생산하였다. 그런데 초기에 이 공장에서 생산되는 신제품들은 품질이 떨어지고 종류가 단순하여 제품이 잘 팔리지 않는 바람에 해마다 결손을 보게 되었다. 그러나 1980년도 이후에는 기술혁신과 신제품 개발 등으로 기업의 면모를 일신시켜 결손기업으로부터 이윤기업으로 전환시켰다. 예를 들면 이 공장에서는 조선족들의 생활습관에 맞추어서 신고 벗기가 편리하고 씻기 쉬우며, 개인 날과 비오는 날 관계없이 신을 수 있는 여성용 뾰족구두를 생산해내었는데 규격이 7가지이고 모양이 10여 가지이다.

이 신제품은 시장에 출시하자마자 여러 민족의 환영을 받는 인기상품으로 되었으며 해마다 생산되는 연간 생산량 만도 10여만 켤레에 이르렀다.

ⓒ 민족비닐제품공업

조선민족 비닐제품공업은 비교적 늦게 시작되기는 하였지만 발전속도가 아주 빠르고 경제적 효과성도 높은 민족 일용품 생산 부문이다. 이 공업은 조선족자치주 내에 4개의 기업이 있는데 주로 도문과 연길에 집중되어 있다. 민족비닐제품공업의 연간 생산액은 500만 위안 정도이며 이는 전 조선족자치주 민족일용품공업 총생산액의 13%를 차지하였다. 1974년도에 설립되어 생산에 들어선 도문시민족비닐공장은 연변자치주 내에서는 규모가 제일 크고 성장수준이 제일 빠른 비닐제품 생산 전문기업이다. 이 공장에서는 제품 개량과 신제품 개발 등 제품 혁신을 견지하고 제품의 품질을 부단히 높이고 시장수요 변화에 신속히 대응하고 제품의 판로를 발빠르게 개척하여 길림성 내외적으로 비교적 높은 브랜드 가치를 지니고 있다.

이 공장에서 생산되는 빨래대야, 콩나물통, 물통과 각종 식기 등 30여 종에 달하는 모양이 곱고 가벼우며 질긴 일용 비닐제품들은 그 대부분이 연변의 인기상품으로 되었다. 또한 이 공장에서 생산되는 '천지표' 비닐 이남박은 중국 소수민족 경공업 계통의 우수제품으로 채택되었으며 이 공장도 중

〈사례〉 연길시경공업품중계판매회사

| 회사명 | 연길시경공업품중계판매회사 | | |
|---|---|---|---|
| 영문명 | Yanj Light Industrial Products Distributin Corp. | | |
| 주 소 | 길림성 연길시 해방로 44호 | | |
| 공장장 | 최정금 | 기업 형태 | 국유기업 |
| 설립일 | 1988년 3월 | 주요 생산품목 | 가구, 가정용 전기기구, 유기유리제품 일용잡화 |

- 연길시 공급판매합작사계통에 소속된 비교적 큰 기업체의 하나로서 각종 일용잡화경영을 위주로 하는 종합성적 3급 도매회사임.
- 산하에 연길시종합상점, 연길시가구상점, 연길시가정용전기제품상점, 연길시현대고급상품상점 등 소매상점 1개소와 종합 성도매부 1개소, 유기유리제품 생산을 위주로 하는 공예미술품공장 1개소가 있음.
- 판매제품으로는 일용잡화, 오금교류기계, 가정용 전기제품, 비닐제품, 백화, 마루바닥 합판교, 가구, 복장 등임. 상품은 주로 자치주 내와 장춘, 길림, 심양, 상해 등지에서 상품을 구입하며 주내 각지에 소매 형식으로 판매하고 있음.

국 소수민족 일용품 선진기업으로 선정되었다.

### ㉣ 조선민족 가마와 일용 알루미늄제품공업

연변조선민족 가마와 일용 알루미늄제품공업은 연변조선족자치주 성립 직후인 1950년대 초와 중반에 시작되었는데 연변에 이와 관련된 기업은 4개소가 있었으며 연간생산액은 600여만 위안에 달하여 연변조선민족 일용품공업 총생산액의 16.4%를 차지하였다. 이 중에서 민족금속취사 식사도구와 관련된 주요 기업으로는 연길시 조선민족일용주물공장과 연길시 조선족알루미늄제품공장이 있다.

연길시 조선민족일용주물공장은 연변조선족자치주 내에서 조선족이 사용하는 가마와 각종 철제 취사나 식사도구를 전문적으로 생산하는 유일한 기업이다. 이 기업은 1958년도에 설립되었으며 1975년도 기준으로 주요 제품의 생산능력은 생산 초기보다 23배 정도 성장하였다. 이 공장에서 생산되는 '장백산표' 조선족 가마는 중국 소수민족 경공업제품 품질우수상을 받았으며 또한 이 공장도 중국 소수민족 일용품 선진기업으로 선정되었다.

〈사례 1〉 연길시조선족알루미늄제품공장

| 회사명 | 연길시조선족알루미늄제품공장 | | |
|---|---|---|---|
| 영문명 | Yanji Korean Nationality Aluminium Products Factory | | |
| 주 소 | 길림성 연길시 북산가 단홍호동 12호 | | |
| 공장장 | 박상규 | 기업 형태 | 집체기업 |
| 설립일 | 1953년 | 주요 생산품목 | 알루미늄 박편, 바킴종이 알루미늄 박편, 알루미늄 비닐복합대 |

- 조선족 알루미늄 일용제품을 생산, 연변조선족자치주의 중급 중점기업체 중의 하나임.
- 산하에 과, 실 18개, 생산직장과 보조직장 8개, 분공장 4개, 연구소 1개 있음.
- 종업원은 754명인데 그중 알루미늄 가공공예, 기계, 전가화등 분야의 전문기술자가 40명, 제련로, 정지로 등 각종 설비가 186대임.
- 1986년 이래 이 공장에서 생산된 알루미늄 박편은 전국 24개 성, 시 자치구에 널리 판매되고 있음.

〈사례 2〉 연길시려명알루미늄재료제품공장

| 회사명 | 연길시려명알루미늄재료제품공장 | | |
|---|---|---|---|
| 영문명 | Yanji Liming Al-Constructuring Material Factory | | |
| 주 소 | 길림성 연길시 상화가 | | |
| 공장장 | 최기화 | 기업 형태 | 사영기업 |
| 설립일 | 1987년 3월 | 주요 생산품목 | 60, 70, 90 계열의 각종 알루미늄 창문, 55 계열의 알루미늄 용수철과 알루미늄 평직문 |

- 연변에서 처음으로 알루미늄 창문을 제작한 기업임.
- 종업원 40여 명, 고정재산 20여만 위안, 연간생산액 200만 위안이며 이윤은 30여만 위안임.
- 주요 제품으로는 60, 70, 90 계열의 각종 알루미늄 창문과 55 계열의 알루미늄 용수철문 및 알루미늄 평직문으로서 설계와 시공 및 실내외 장식도 책임감 있게 처리함.

연길시 조선족알루미늄제품공장은 1953년도에 설립되었는데 조선족들의 일용 취사나 식사도구에 대한 늘어나는 수요를 충족시키기 위하여 73대에 달하는 제조시설을 자체적으로 제작하였으며 끊임없는 기술개발과 생산시설의 확충으로 숟가락과 밥주걱, 알루미늄 냄비 등 30여 가지의 제품을 생산하여 연변조선민족 취사도구 수요충족을 위해 노력하고 있다.

ⓜ 조선민족 일용도자기제품

민족일용도자기제품은 조선족의 전통적 특용품으로 조선족은 일상생활에서 여러 가지 규격과 양식으로 된 오지독, 단지, 대야 등을 즐겨 사용하였다. 연변조선족자치주내에 민족일용도자기 제조업체 3개가 있는데 연간생산액은 110여만 위안으로써 민족일용품공업 총생산액의 3.8%를 차지하였다.

연변에 있는 민족일용도자기 제조업체 중 1949년도에 설립된 훈춘민족도자기공장은 연변에서 규모가 제일 큰 도자기제품 기업체이다. 이 공장의 일용도자기제품 생산량은 1985년도 기준으로 23만 2,000개에 달하였으며 이는 1949년도에 비하여 76.3배 정도 성장되었고 연간 생산액은 128만 위안에 달하여 같은 해 민족일용품공업 총생산액의 3.5%를 차지하였다.

한편 연변조선민족 일용도자기공업의 발전과정을 역사적으로 고찰해보면 일용도자기 제품생산량이 제일 많던 해는 1966년으로 그해 생산량은 307만 개에 달하였다. 그러나 그 후 20년 동안에는 생산이 매우 불안정하였는데 전체적으로 보면 생산량이 급속도로 줄어들었으며 그 주요 원인을 보면 다음과 같다. 첫째, 도자기 제품 특히 자기제품이 단단하고 잘 견디어 사용연한이 보편적으로 길어서 상대적으로 구매빈도가 적다는 것이 이유이다. 둘째는 지속적인 제품개발 미비와 제품의 급별 재고부족으로 수요충족

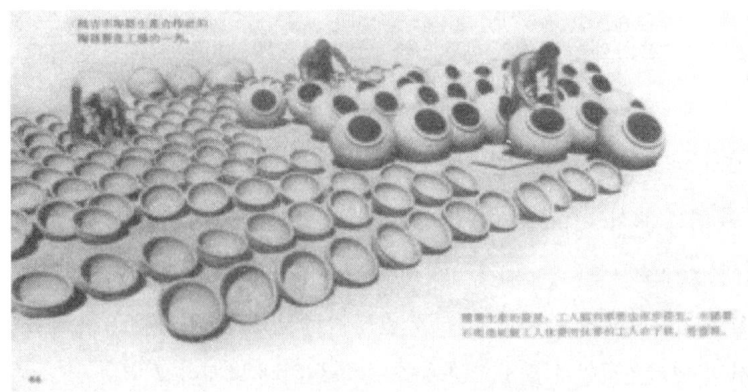

〈그림 III-5〉 연길도자기생산합작사(1949)

〈사례〉 연길시건축도자기공장

| 회사명 | 연길시건축도자기공장 | | |
|---|---|---|---|
| 영문명 | Yanji Building Pottery & Porcelain Factory | | |
| 주 소 | 길림성 연길시 남강가 3호 | | |
| 공장장 | 박도선 | 기업 형태 | 전민소유제기업 |
| 설립일 | 1957년 | 주요 생산품목 | 규석회유상타일, 점토유상타일 |

- 설립 초기에는 사발 등 민족자기를 생산하였으며 1980년에는 규석화유상타일 생산.
- 총 부지가 5만 4,000m$^3$, 건평은 1만 5,000m$^3$, 연 생산능력은 50만m$^3$이며 공업 총생산액은 650만 위안이며 고정재산은 880만 위안임.
- 종업원은 700명이며 그중 공정기술자가 70여 명임.
- 이 공장의 제품으로는 규석화유상타일과 인공대리석판 등이 있는데 규석화유상타일은 동북 3성 내에 널리 판매되고 있음.

에 대비하지 못하였다. 셋째, 1970년대 후반부터 일용비닐제품의 비약적인 발전으로 김칫독과 장독을 제외한 대다수의 일용도자기제품이 비닐제품으로 대체되어 버렸다.

③ 조선민족 농기계제조공업

연변민족 농기계제조공업은 주로 벼나 밭농사 등 농사를 짓는 데 필요한

〈그림 Ⅲ-6〉 연변농기구공장(1952)

농기계들을 생산하는 농기계 제조회사들로써 주생산제품으로는 탈곡기, 이양기, 수전제초기, 축력보습, 소수레 및 삽이나 낫 등 모두 10여 종이다. 이러한 제품을 생산하는 기업은 모두 10여 개소이며 연간 생산액은 총 1,022만 위안에 달하여 연변조선족자치주 민족 특용품공업 총생산액의 10.2%를 차지하였다.

1985년 기준으로 각종 제품의 연간 생산량을 보면 이양기 1.3만 대, 벼탈곡기 2만 대, 중소형농기구 5만 개, 농기계 부속품 7만개로써 1952년도보다 무려 20배에서 70배까지 성장하였다. 주 내 농기계 제조회사에서 생산되는 대부분의 제품들은 연변자치주 내뿐만 아니라 중국 내의 7개 성에 공급되고 있다. 농기계를 생산하는 기업들의 분포를 보면 주로 자치주 내에서 벼농사를 많이 짓는 지역과 가까운 연길, 용정, 화룡, 훈춘, 조양천 등 시와 진에 집중되었다.

〈사례 1〉 룡정시동성농업기계공장

| | | | |
|---|---|---|---|
| 회사명 | 룡정시동성농업기계공장 | | |
| 영문명 | Longjing Dongsheng Agromachinery Factory | | |
| 주 소 | 길림성 용정시 동성통향 | | |
| 공장장 | 조세권 | 기업 형태 | 집체기업 |
| 설립일 | 1958년 | 주요 생산품목 | 절초기, 벼종합탈곡기, 한전종합탈곡기, 6마력 트랙터 견인호리, 195 중유발동기 부속품, 1~2톤짜리 연결차 |

- 종업원 260명, 기술인력 32명, 부지면적 5만 6,000m³, 건평 1만 3,000m³, 대중형 기계설비 80대, 자동차 5대, 직장(단조, 용접, 완성품, 기계, 주조, 목공) 7개, 고정재산 400만 위안, 유동자금 80만 위안을 보유하고 있는 비교적 규모가 큰 공장으로 발전하였음
- 주요 제품으로는 자치주 내 또는 길림성 내에 공급하는 농기계와 곡관을 비롯한 수출제품들이 있음.
- 수출제품으로는 곡관(10가지), 후관스(10가지)와 일부 주조 부속품들이 있으며 이러한 제품들은 미국, 일본, 캐나다, 한국 등 5개 나라와 지역에 수출되고 있음.
- 연간 생산액은 600만 위안에 달하며 세금납부액은 36만 위안임.

〈사례 2〉 안도현농업기계공장

| | | |
|---|---|---|
| 회사명 | 안도현농업기계공장 | |
| 영문명 | Antu County Agromachinery Factory | |
| 주 소 | 길림성 안도현 명월진 신안로 113-4호 | |
| 공장장 | 이용길 | 기업 형태 / 전민소유제기업 |
| 설립임 / 1965년 | 주요 생산품목 / 6110Z 디젤유기계실린더 주조물, 기계가공 | |

- 1965년에 세워진 전민소유제기업으로서 종업원은 160명이며 그중 조선족은 100여 명임.
- 공장의 부지는 2만 3,940m³, 건평은 7,256m³이며, 주물, 기계가공, 단야 등 3개의 생산 분야가 설치되어 있음.
- 현재 고정재산은 252만 위안이며 유동자금은 136만 위안, 연간 총생산액은 372만 위안 이상이고 세금납부액은 60만 위안에 달함.
- 주요 생산제품은 6110Z 디젤유기계실린더 주조물, 기계가공 등이 있는데, 연간 생산량은 6,000대에 달하며 이 제품은 길림디젤유발동기공장에 주로 공급되고 있음.
- 주요 주물설비는 55대가 있으며 가공 · 단야설비는 30대가 있음.


〈사례 3〉 연변농업기계회사

| | | |
|---|---|---|
| 회사명 | 연변농업기계회사 | |
| 영문명 | Yanbian Agromachinery Company | |
| 주 소 | 길림성 연길시 하남가 장백로 34호 | |
| 공장장 | 엄동수 | 기업 형태 / 국유기업 |
| 설립일 / 1962년 | 주요 생산품목 / 각종 유형의 트랙터, 농업용자동차, 농기구, 공정기계, 농촌가공기계, 포전관계설비, 농기계보수 부속품, 자동차부속품 및 타이어, 베어링, 일용잡화 | |

- 농촌의 생산 · 건설 및 생활에 필요한 각종 상품의 도매와 소매를 겸영하는 중형 유통기업임.
- 회사의 조직으로는 경리사무실, 행정과, 재무과, 상품검험과, 농업기계과, 부속품과, 관계설비과, 다이야과, 베어링과, 부속품2과, 자동차부속품과, 일용잡화점 등이 있음.
- 종업원은 107명인데 그중 기사가 80명, 경제사 8명, 회계사 3명, 통계사 3명, 조리기사, 조리경제사, 조리회계사 및 초급 전문기술일군 34명이 있음.

### 〈사례 4〉 연변조선족자치주농업생산자료회사

| | |
|---|---|
| 회사명 | 연변조선족자치주농업생산자료회사 |
| 영문명 | Yanbian Korean Autonomous Prefectur Agricultural Means Of Production Company |
| 주 소 | 길림성 연길시 하남가 2호 |

| 공장장 | 이춘 | 기업 형태 | 국유기업 |
|---|---|---|---|
| 설립일 | 1963년 | 주요 생산품목 | 화학비료, 농약, 비닐박막, 농부산물, 일용공업품, 농기구 등 |

- 조선족자치주 농업생산에 필요한 농업물자를 공급하는 2급 도매기업임.
- 현재 108명의 종업원이 있으며 고정재산은 152만 위안, 연간판매액은 3,500만 위안, 연간 이윤액은 70만 위안에 달함.
- 산하에는 화학비료경영부, 농약경영부, 비닐박막경영부, 종합경영부, 상점기타 기능부서가 도합 12개 있음.
- 부서별로 기능을 분류해보면 화학비료 경영부에서는 주로 질소비료, 린비료, 칼륨비료, 복합비료 등 화학비료를 경영함. 농약 경영부에서는 제초제, 살균제, 살충제 등 각종 농약을 공급하는 외에 분무기 및 기타 부속품을 배합하여 공급함. 비닐박막 경영부에서는 벼모육성박막, 채소재배박막, 인삼재배박막 등을 공급하는 외에 철기, 목기, 농구, 원예농구, 사냥총, 화약 등을 경영함. 종합 경영부와 상점에서는 농부산품, 일용공업품, 농업자료 상품 등을 경영함. 과학과에서는 농민들을 위해 농업과학자문봉사를 진행함.

〈그림 III-7〉 연변조선족농기구공장(1954)

④ 민족악기제조업

연변조선민족 악기제조업은 노래 부르고 춤추기를 좋아하는 조선민족의 성향에 따라서 수요가 많아짐으로써 그 발전의 속도가 점차적으로 향상되었다. 연변조선족자치주 내의 시나 현 또는 향에 조선족예술단 등이 조직되어 있고 조선족학교에는 조선족 전통악기를 다루는 기악부가 조직되어 있어 연변조선족자치주가 성립된 이래 조선민족의 노래와 악기 등 예술이 꾸준히 명맥을 이어오고 있다. 따라서 민족악기제조업 역시 재능있는 민족악기 제조업자들로 인해서 질이 좋은 민족악기를 생산하며 공급하고 있다. 예를 들어서 1975년도에 설립된 연길시조선족 악기공장에서는 전통적 악기제조기술을 가진 인재들을 적극적으로 발굴하고 또한 조선족 장단, 세장구, 가야금, 퉁소, 피리 등의 생산기술에 탁월한 재능을 가진 5~6명의 숙련공을 주축으로 하여 질과 성능이 좋은 각종 조선족악기들을 생산하였다.

근래에 들어서는 민족악기의 연간생산량이 초기의 극소수의 악기생산량에서 지금은 30만 개 정도로 늘어났을 뿐만 아니라 제품의 성능도 아주 높아졌다. 지금 연변의 조선족 악기 생산은 중국 전역의 악기 생산대열에 들어섰는바 중앙과 각지 가무단, 악단들의 빈번한 악기 주문으로 수요의 증가와 아울러 질적인 면에서도 발전을 거듭하고 있다.

다음에서는 근대 연변조선족 기업 중 서비스업의 경영활동 및 사례를 살펴보도록 하겠다.


## (2) 서비스업

① 연변의 관광업

중국의 개혁개방 이후 대외적인 교류가 잦아지면서 참관, 고찰, 공무, 상무 등 일로 연변을 방문하는 사람들이 날로 증가되었다. 이에 따라 연변의 관광업도 새로운 전기를 맞이하게 되었다. 원래 연변의 관광업은 1980년대부터 본격적으로 시작되었지만 그 발전속도는 아주 빨랐다.

〈사례〉 길림성연변백조여행사

| 회사명 | 길림성연변백조여행사 | | |
|---|---|---|---|
| 영문명 | Jilin Yan Bian Swan Trowel Service | | |
| 주 소 | 길림성 연길시 광화로 164호 | | |
| 총경리 | 이성남 | 기업 형태 | 사영독자기업 |
| 설립일 | 1990년 2월 | 주요 서비스항목 | 여행안내, 조직 |

- 백두산 천지와 백두산 폭포 등 연변지구 관광사업의 수요에 의해 1990년 2월에 설립.
- 백조여행사의 조직으로는 경리실 산하에 종합영업부, 접대부, 대외연락부, 재무부와 상업무역부를 두고 있음.

연변조선족자치주의 관광산업이 활성화되고 발전가능성을 보이자 1982년에 자치주 관광국이 개설되었으며 그 뒤를 이어서 1991년 상반기를 전후하여 자치주 내 8개 현과 시에 관광국을 개설하였다. 개설된 현, 시의 관광국 내에 1류와 2류의 여행사 3개소가 있고 3류 여행사 13개소가 있는데 이 여행사들에서 주로 국제, 국내의 관광실무를 취급하고 있으며 이 업종에서 근무하는 관광업 종사자만 해도 2,000여 명이나 되었다.

연변자치주에서는 그동안 관광업의 중요성을 알고 투자를 아끼지 않았는데 그 예로 관광객 숙박업소인 천지호텔과 연길유람호텔, 안도백산호텔을 새롭게 건설하였으며 오래된 돈화호텔을 리모델링하였다. 또한 3,657만 위안을 투자하여 장백산에 천지호텔을 짓고 온천을 개발하였으며 천지 주봉에 이르는 길도 건설하였다. 또한 관광코스도 계속적으로 개발하고 있는데, 즉 1일 관광코스로서 훈춘-새별군, 도문-온성, 용정-회령, 화룡-대홍단군 및 중국과 북한 변경지역 관광 등이다.

한중 수교 전인 1991년까지 연변의 1류, 2류의 여행사에는 외국관광객 1만 2,000여 명을 받아들여 외화 981만 달러의 관광수입을 올렸다. 또한 한중 수교의 해인 1992년에는 한국, 미국, 독립국가연합, 일본, 대만, 홍콩 등의 나라와 지역의 관광객을 3,800여 명이나 받아들였는데, 이는 이전의 같은 시기보다 69.9%가 더 늘어난 숫자이다. 연변조선족자치주 통계에 의하면

1992년 6월까지 전 자치주적으로 302만 달러의 관광수입을 올렸는데 이는 1987년부터 1989년까지 3년간 벌어들인 외화수입의 3.2배에 해당할 만큼 폭발적인 증가세를 보였다. 이 외에도 자치주 내의 4개 통상구를 통해서 223여만 위안의 관광수입을 올렸다. 이러한 결과로 인해서 길림성 내에서는 관광객수와 외화수입 면에서 2번째로 많은 실적을 나타내게 되었다. 이러한 실적들은 장백산과 같은 좋은 관광지 덕분이다. 즉 장백산은 연변의 여러 관광지들 가운데 첫 번째로 꼽히는 관광명소이다. 거레의 성스러운 산으로 불리우고 있는 장백산은 1970년대 초부터 관광객을 맞이하기 시작했으며 그동안 평균 10여만 명의 관광객이 장백산을 다녀갔다. 또한 1992년 6월부터는 새롭게 연길-장백산 헬리콥터 관광도 선을 보였는데, 이는 연변 관광상무복무센터와 통항천지공사 간의 상호 협력에 의한 것이었다. 이 상품에 의하면 이전에는 장백산 관광에 2일 정도가 소요되었는데 새롭게 개발된 이 관광상품으로 인하여 50분이면 헬리콥터를 타고 장백산을 관광할 수 있게 되었다. 이 외에도 장백산은 동북 최고봉 등산기지, 온천요양지, 약수샘요양지, 온천수영장, 빙설오락장 등 20여 개의 풍경과 오락장을 개발하여 관광상품으로 선보일 준비를 하고 있다.

장백산 이외에 연변의 또다른 관광지로써 훈춘을 들 수 있다. 즉 1992년 3월 초순에 중국의 국무원에서는 훈춘을 대외개방도시로 정하였는데 동북의 금삼각이라 불리는 훈춘시는 러시아와 232km, 북한과 164km를 사이에 두고 있어서 러시아, 북한, 일본 등 나라와 해상거리가 제일 가까운 곳으로 지목되고 있다. 훈춘시 최남단에 위치해 있는 방천에서는 두만강과 러시아의 드고르나야시를 육안으로 바라볼 수 있으며 또한 날씨가 쾌청할 때에는 일본해도 내려다볼 수 있어서 관광의 새로운 명소로 알려지고 있다. 이러한 발전전망에 따라서 지금 훈춘에는 국내외 상인들의 발걸음이 빈번해지고 있는바 이미 1,500여 명이 훈춘에 상업업무 신청을 하였으며 이로부터 예측컨대 동북아 지역의 중심에 위치하고 있는 훈춘의 관광전망은 아주 밝은 것으로 추정되고 있다.

〈사례 1〉 연길시성해아리랑호텔

| 회사명 | 연길시성해아리랑호텔 | | |
|---|---|---|---|
| 영문명 | Yanji Xinghai Alilang Building | | |
| 주 소 | 길림성 연길시 선학가 인민로 84호 | | |
| 총경리 | 한해순 | 기업 형태 | 사영독자기업 |
| 설립일 | 1990년 | 주요 서비스항목 | 식당 불고기점, 가라오케, 나이트클럽, 상점, 숙박시설 |

- 연길시성해아리랑호텔은 예하 호텔로 도문시 교두에 성해두만강관광호텔을 경영하고 있으며 광저우시에도 동일 규모의 호텔을 경영하고 있음. 또한 훈춘시와 도문시에는 성해음악 커피숍과 관광오락실을 두고 있음.
- 성해아리랑호텔을 주로 이용하는 고객으로는 중국 내 각계 인사들과 미국, 소련, 캐나다, 일본, 북한, 한국인들임.
- 이 호텔에서는 민족음식인 한식과 양식을 제공하고 있으며 혼례식, 회갑, 축수예식, 생일잔치 등 갖가지 예식을 거행할 수 있으며 또한 고급 승용차로 백두산 유람도 알선해주고 있음.

〈사례 2〉 도문시장백호텔

| 회사명 | 도문시장백호텔 | | |
|---|---|---|---|
| 영문명 | Tumen Changbai Hotel | | |
| 주 소 | 길림성 도문시 일광대가 31호 | | |
| 총경리 | 한용철 | 기업 형태 | 전민소유제기업 |
| 설립일 | 1980년 3월 7일 | 주요 서비스항목 | 숙박시설, 식당, 회의실, 세탁소 |

- 장백호텔은 부지 1만$m^3$, 건평 3,000$m^3$, 침실 66개에 210개의 침대 보유. 고정자산 83만 위안, 연평균영업수익 40여만 위안, 연평균 납세액 6만여 위안.
- 이 호텔의 시설로는 식당, 욕실, 회의실, 소매점, 보관실, 세탁소 등 여러 가지 편의시설들이 있으며 관광객들에게 최선의 서비스를 제공함.

〈사례 3〉 연길복무호텔

| 회사명 | 연길복무호텔 | | |
|---|---|---|---|
| 영문명 | Yanji Service Building | | |
| 주 소 | 연길시 광명가 38호 | | |
| 총경리 | 정병근 | 기업 형태 | 전민소유제기업 |
| 설립일 | 1966년 3월 5일 | 주요 서비스항목 | 숙박시설, 조선음식, 중국음식 |

(계속)

- 호텔의 조직으로는 조선음식부, 중국음식부, 여관부 등 3개의 영업부를 두고 있으며 종업원은 191명, 영업면적은 6,463m³임.
- 조선음식부에는 고급석이 70개, 일반석이 180개로 주요 고객으로는 일본, 캐나다, 북한, 한국, 소련, 미국, 홍콩, 대만 등지의 손님임. 또한 중국음식부에는 고급석이 70개, 일반석이 130개이고 여관부에는 중급과 일반숙박실이 있음. 여관부에서는 손님들의 편리를 위해 손님식당, 소매점, 장거리전화실, 짐보관소, 샤워실 등 봉사시설이 마련되어 있음.
- 한해 영업수익은 376만 위안, 이윤은 30만 위안 정도임.

### 〈사례 4〉 연길호텔

| | | | |
|---|---|---|---|
| 회사명 | 연길호텔 | | |
| 영문명 | Yanji Hotel | | |
| 주 소 | 길림성 연길시 영빈로 50호 | | |
| 총경리 | 김성준 | 기업 형태 | 전민소유제기업 |
| 설립일 | 1987년 | 주요 서비스항목 | 숙박시설, 식당, 회의실 |

- 건평은 9,000m³이며 침실은 70칸임. 그밖의 시설로는 커피숍, 무도장, 이발실, 오락실, 상품판매소 등이 있음.
- 6개의 중·소형 회의실이 있으며 800여 명의 손님을 한꺼번에 접대할 수 있는 민족식당, 중국식 식당, 서양식 식당 등 9개의 식당이 있음.

### 〈사례 5〉 중일합자연변두만강호텔유한책임회사

| | | | |
|---|---|---|---|
| 회사명 | 중일합자연변두만강호텔유한책임회사 | | |
| 영문명 | Sino-Japan Yanbian Tumen River Hotel Co. Ltd. | | |
| 주 소 | 연길시 인민로 39호 | | |
| 총경리 | 강정순 | 기업 형태 | 합자기업 |
| 설립일 | 1988년 11월 8일 | 주요 서비스항목 | 객실, 식당, 미용, 업무상담 |

- 영업면적은 5,299m³, 투자총액은 897만 3,000위안이며 주요 시설로는 식당, 객실, 커피숍, 오락실, 미용실, 업무상담실, 관광기념품상점 등이 있음.
- 식당에서는 주로 조선음식 제공. 그중 함경북도, 평양, 일본식조선음식이 특징적임.
- 객실부의 침실은 침대가 150개로 해외손님들이 대부분임.

한편 관광업의 활성화에 필수적인 연변의 교통과 우편통신시설 등이 뚜렷한 개선을 가져오고 있으며 철도 부문에서도 도문-심양행 열차를 증편하였으며 도문-천진행 열차도 북경남역까지 연장되었다. 또한 자치주 내 연길, 통화, 용정, 왕청 등 4개 현, 시에서는 197개 국가와 지역 그리고 중국 내의 1,134개 도시와 직통전화 업무를 취급하고 있다. 이로써 1992년 상반기까지 전 주 민항, 철도, 우편, 통신업의 관광외화 수입은 113만 달러에 달하였으며 이는 전 조선족자치주 외화 수입의 37.4%를 차지하였다. 이 외에도 유람지에는 음식점이나 오락유흥장 등 부대시설도 갖추어 놓아서 비교적 편리한 관광산업체계를 갖추어 놓았다. 따라서 연변의 관광산업은 개혁개방의 시류에 편승하여 연변 경제발전의 주축산업으로 자리매김하고 있다.

〈사례 1〉 중일합자연변진달래식당유한책임회사

| 회사명 | 중일합자연변진달래식당유한책임회사 | | |
|---|---|---|---|
| 영문명 | Sino-Japan Yanbian Jindalai Restaurant Co. Ltd. | | |
| 주 소 | 연길시 광명가 해단로 | | |
| 총경리 | 최영춘 | 기업 형태 | 중·일합자기업 |
| 설립일 | 1989년 12월 24일 | 주요 서비스항목 | 고려불고기, 일본식 조선음식, 조선요리, 일본식 간장, 된장, 고추장 |

- 투자총액은 141만 위안이며 조직은 진달래식당과 일본식 식료품가공공장이 있음. 영업실 면적은 816m³이며 종업원은 52명이고 주요 식당 메뉴는 고려불고기임.
- 식료품 가공공장에서는 일본식 간장, 된장, 고추장과 여러 가지 조선식 짠지를 생산.
- 지난해 매출액은 148만 위안이며 이윤은 17만 위안이었음.

〈사례 2〉 연길시연신식당

| 회사명 | 연길시연신식당 | | |
|---|---|---|---|
| 영문명 | Yanji Yanxin Restaurant | | |
| 주 소 | 길림성 연길시 신흥가 성호동 12호 | | |
| 총경리 | 방일철 | 기업 형태 | 사영독자기업 |
| 설립일 | 1984년 6월 | 주요 서비스항목 | 불고기, 고급냉면, 객실 |

- 건평 378m³에 130여만 위안을 투자해 개업하였으며 불고기점, 음식복무점, 여관부, 간이음식부 등을 두고 있음.
- 불고기점에서는 손님의 취향에 따라 조선식, 중국식, 서양식 음식 공급. 음식복무점에서는 고급 냉면을 주로 요리하며 겸해서 민족요리, 중국요리, 서양요리도 하고 있음. 1일 평균 1,000여 명의 고객을 접대함.
- 여관부에는 독방, 2인용 방, 3~4인용 방이 있음.

〈사례 3〉 연길시복선식당

| 회사명 | 연길시복선식당 | | |
|---|---|---|---|
| 영문명 | Yanji Fushan Restaurant | | |
| 주 소 | 길림성 연길시 하남가 8위8조 | | |
| 총경리 | 장운철 | 기업 형태 | 사영독자기업 |
| 설립일 | 1984년 2월 | 주요 서비스항목 | 국수, 조선요리, 중국요리, 서양요리, 불고기 |

- 장운철 사장이 1984년 2월에 20m$^3$의 면적과 40위안을 투자.
- 현재 북한요리, 한국요리, 중국요리, 서양요리 등 300여 가지의 음식을 개발.
- 주요고객으로는 본고장 손님 외에도 미국, 일본, 캐나다, 북한, 한국, 소련,인도, 홍콩 등 나라와 지역의 외국손님도 방문.
- 현재 건평 450m$^3$의 영업면적과 50만 위안의 자본금을 보유.

〈사례 4〉 안도현북산식당

| 회사명 | 안도현북산식당 | | |
|---|---|---|---|
| 영문명 | Antu County Beishan Hotel | | |
| 주 소 | 길림성 안도현 석문진 북산툰 | | |
| 총경리 | 김길현 | 기업 형태 | 사영독자기업 |
| 설립일 | 1989년 1월 | 주요 서비스항목 | 백반, 각종요리, 객실, 짐보관 |

- 1989년 초에 길길현(36세)과 유명옥(33세) 부부가 개업한 조선족 식당임. 건평 70m$^3$에 40위안의 자금으로 창업.
- 현재는 매일 15대 이상의 자동차와 50여 명의 외지손님이 방문.

② 연변의 대외무역[18]

개혁개방 이후 연변의 조선족들은 연변조선족자치주의 이점을 충분히 발휘하여 조선과의 변강무역과 국가무역의 토대 위에 경제무역 범위를 끊임없이 넓혀나갔다.

---

18  중국조선민족발자취총서편집위원회(1990), 『중국조선민족발자취총서 8: 개혁』, pp. 283-287.

〈사례 1〉 도문시대외경제무역회사

| 회사명 | 도문시대외경제무역회사 | | |
|---|---|---|---|
| 영문명 | Tumen Foreign Economic Relations & Trade Corp. | | |
| 주 소 | 길림성 도문시 도문대로 61호 | | |
| 경 리 | 문국제 | 기업 형태 | 국영기업 |
| 설립일 | 1979년 10월 | 수출입항목 | 수산물, 목재, 합판, 강재, 유색금속 등 |

- 연변조선족자치주 대외경제무역위원회 산하의 대외경제무역 중형 기업소.
- 종업원 25명(전부 조선족임), 고정자산 123만 위안, 수출입총액 1,200만 위안, 이윤 140만 위안이 있음.
- 이 회사는 북한, 소련, 한국, 일본, 홍콩 등과 무역을 하고 있음.

〈사례 2〉 용정시대외경제무역회사

| 회사명 | 용정시대외경제무역회사 | | |
|---|---|---|---|
| 영문명 | Longjing Foreign Economic Relations & Trade Corp. | | |
| 주 소 | 길림성 용정시 용문가 용북호동 33호 | | |
| 총경리 | 김석탁 | | |
| 설립일 | 1979년 | 기업 형태 | 전민소유제 대외무역기업체 |

- 고정자산 207만 위안, 유동자산 936만 위안, 200여만 위안의 연간 이윤액을 올리고 있음.
- 산하에 변강무역과, 업무과, 대외경제과 등 6개의 부서를 설치하였고 40여 명의 종업원이 있음.
- 농부산물, 토산물, 특산물, 편직물, 방직품 등을 직접 수출하고 있으며 목재, 생고무, 강재 등 원자재와 각종 해산물의 수입실무도 취급.
- 현재 북한의 10개 무역회사와 무역거래를 하고 있음.

6차 5개년(1980~1985) 기간에는 연변의 대외무역창구가 1개 뿐이었는데 7차 5개년(1986~1990) 기간에는 9개로 늘어났다. 그리하여 자본주의 국가인 서방 여러 나라와의 무역뿐만 아니라 러시아, 동유럽, 조선과의 지방 물물무역과 변강무역 창구도 생겼으며 원동기술합작 창구까지 설치하게 되어 중국지역 시, 지구급 가운데서 연변지구는 가장 많은 대외무역 창구를 가진 지구로 되었다. 즉 연변조선족자치주 내에는 4곳의 대표적인 무역대표처가 있었는데, 첫째는 자본주의 국가와의 무역서열, 다음으로는 조선과의 변강무역 서열, 그리고 연변수출입공사, 훈춘 경제무역공사를 중심으로 하는 러시아와의 무역서열, 마지막으로 연변 경제기술합작공사를 주체로 하는 대외도급, 노무합작서열 등이 점차적으로 형성되었다. 따라서 여기에 종사하는 근로자가 1,030명에 달하였으며 7차 5개년 기간 동안 수출입 총액은 12억 7,000만 위안이나 되었다. 또한 중국의 7차 5개년 기간 동안 연변의 국가무역수입액은 6억 9,324만 위안으로써 매년 평균 1.6%의 속도로 성장하였는데, 이는 6차 5개년 기간에 비하여 1.33배 늘어난 셈이며 또한 물물교역은 5억 7,996만 위안으로써 매년 평균 7.7%씩 성장하였는데 이는 6차 5개년 기간보다 3.18배 늘어난 수치이다.

이전의 연변의 수출상품은 주로 농부산물이나 지방특산물이었는데 2차 가공상품이 많아 수출상품이 국제시장에서 경쟁력이 없었다. 그러나 최근에는 수출상품 구조조정을 통하여 상품의 질을 높여 대외무역의 경쟁력으로 삼았다. 그리하여 연변의 주정부에서는 주요 수출품목을 방직, 복장, 야금, 전기기재, 목재제품, 의약보건품 등 경공업 제품으로 바꾸었다. 한편 연변공업광산제품 수출액이 전체 수출총액 가운데서 차지하는 비중이 1986년도의 46.2%에서 1990년도에는 61.7%로 늘어났으며 수출상품의 품목도 1980년 기준으로 76품목에서 10년이 지난 1990년도에는 210여 품목으로 늘어났다. 1990년 현재의 주요 수출품 품목으로써는 편직물, 종이, 푸르푸

〈사례 1〉 연변의약보건품수출입회사

| 회사명 | 연변의약보건품수출입회사 | | |
|---|---|---|---|
| 영문명 | Yanbian Phamacentical and Nowrishing Products Import and Export Company | | |
| 주 소 | 길림성 연길시 정학가 109호 4루 | | |
| 경 리 | 허귀철 | 기업 형태 | 국가무역회사 |
| 설립일 | 1989년 | 수출입 항목 | 특수약재, 초약재, 의료기계, 보건식료품 |

- 주요 조직으로는 인삼·녹용·웅담 등 특수약재를 전문 수출입하는 특산과, 오미자·백봉령 등 일반 약재를 수출입하는 약재과, 선약·의료기계 등을 판매하는 화학약품 보건품 경영과, 소련과 북조선 대상 물물교약과, 농산물·토산물 등을 판매하는 종합무역과 등이 있음.
- 해외 16개 나라에 지사를 설치하고 있음.

〈사례 2〉 화룡현대외경제무역회사

| 회사명 | 화룡현대외경제무역회사 | | |
|---|---|---|---|
| 영문명 | Helong County Foreign Economic Relations & Trade Corp. | | |
| 주 소 | 길림성 화룡현 화룡진 광명가 수호로 42호 | | |
| 경 리 | 현태중 | 기업 형태 | 국영기업 |
| 설립일 | 1960년 2월 | 주요 수출입항목 | 토산물, 특산품, 목재, 고무 등 |

- 1983년 8월 화룡현 인민정부의 비준을 거쳐 새로이 설립된 무역회사임.
- 산하에는 국가무역부, 변강무역부, 회계과, 종합과, 소프트웨어실이 있음.
- 고정자산은 200만 위안, 유동자산은 150만 위안, 연평균 수매액은 1,500만 위안이며 구입판매 총액은 2,000만 위안에 달함.
- 주로 토산물, 밤나무버섯, 송이버섯, 고사리 등을 수출하고 있으며 목재, 슬라크, 고무와 각종 수산품을 수입판매하고 있음.

릴 알코올, 탄화규소, 축전지, 전기기재, 공구, 위생젓가락, 목재제품 등이다.

한편 연변의 3자 기업(독자, 합자, 합작) 현황을 보면 1990년 현재 105개 정도이며 이는 길림성 전체의 3분의 1을 차지하였다. 1990년말 현재 3자 기업의 총 투자액은 4억 2,100만 위안이며 생산액은 1,880만 위안, 수출액은 145만 달러 정도이다. 한편 1990년 현재 외자기업들의 계약액은 2,393만 5,000위안이고 외자를 이용하여 꾸린 현황을 보면 이미 5,000여 명과 노무수출계약을 맺었는데 이 중 1,600여 명이 현지국가에 진출하여 304만 달러의 외화수입을 가져왔다.

개혁개방 이후 빈번한 외국기업들의 연변 방문으로 3자 기업들이 날로 늘어났으며 주로 미국과 일본, 캐나다, 한국, 러시아, 홍콩 등의 국가기업들과 합자한 기업이 대부분이었다. 또한 연변의 투자환경이 점차 개선됨에 따라서 외국기업들의 연변에의 투자규모도 확대되었는데, 즉 전체 투자기업 중 500만 위안 이상 투자한 기업만도 23개로서 이는 전체 투자기업 중에서 22% 정도 되었다.

1990년 현재 연변에 투자한 외국기업 중 50개 기업이 생산에 투입되어 50여 가지의 제품을 생산하고 있는데 이 중 정수기, 관광용 돗자리, 분말칠감 등 제품은 중국 내수시장에 주로 판매하였으며 건강식품, 고급침대용 깔개, 에너지 절약형 전구, 서양삼, 보온면적옷, 애완용 동물사료 등 11가지 제품을 해외로 수출하였다.

7차 5개년 기간(1986~1990) 동안 연변조선족자치주 경제무역계통 기업의 이윤액은 3,117만 위안이었고 세금납부액은 739만 위안이었다. 또한 1991년도에는 이윤액이 2,317만 위안으로 상승하였는데 연변 경제무역공사를 비롯하여 훈춘, 돈화, 용정, 도문 등 시 단위의 경제무역공사들의 이윤세금액이 100만 위안이 넘는 주축기업으로 되었다.

1992년 중국 연변조선족 민속절은 연변의 대오경제무역이 한 단계 도약하는 기회였다. 즉 이 기간에 한국, 일본, 러시아, 미국, 캐나다, 홍콩, 북한 등 16개 국가와 지역의 340여 명의 외국 상인들이 대외무역상담회에 참가하였다. 이 기간에 연변대외무역 총교역액은 1억 8,165만 달러에 달하였고 현금교역액은 2,010만 달러에 달하였다. 연변대외경제기술합작공사에서는 민속절 기간에 한국에 2,000명, 일본에 500명을 노무수출할 계약을 맺었으며 또한 한국에 3,000여 명의 인력을 노무수출할 협의를 하였다.

3국이 인접한 우월한 지리적 위치에 자리 잡고 있는 연변은 국경선 총길이가 755.12km이며 그 가운데 232.7km 되는 중국과 북한 국경선에는 도문세관과 훈춘세관 그리고 상합, 사타자, 장령자, 개산툰, 남평 등 지관이 설치되어 있어서 대외무역에 많은 편의점이 있으며 그 외에도 연변은 북한, 러시아 간의 민간무역도 활발히 진행되고 있다.

〈그림 III-8〉 꽃무늬 비닐돗자리(1990)

〈사례 1〉 연변화학공업수출입회사

| | | | |
|---|---|---|---|
| 회사명 | 연변화학공업수출입회사 | | |
| 영문명 | Yanbian Chemical Import & Export Co. | | |
| 주 소 | 길림성 연길시 하남가 28호 | | |
| 경 리 | 김성일 | 기업 형태 | 국영기업 |
| 설립일 | 1989년 | 주요 수출항목 | 푸르푸릴 알코올, 경질탄산칼슘, 활성탄, 가성소다, 와셀린 |

- 활성탄, 가성소다, 와셀린 등의 화학공업제품을 수출하고 있으며, 주로 일본, 중동, 동구라파, 동남아시아 등의 지역에서 널리 판매되고 있음.

〈사례 2〉 연변조선족자치주민족무역회사

| | | | |
|---|---|---|---|
| 회사명 | 연변조선족자치주민족무역회사 | | |
| 영문명 | Yanbian Korean Nationality Antonamous Region Nationality Trade Corp. | | |
| 주 소 | 길림성 연길시 장백로 21호 | | |
| 총경리 | 이호범 | 기업 형태 | 국가 2급 민족기업 |
| 설립일 | 1984년 | 주요 수출입항목 | 교통도구, 전기기구, 편직물, 복장, 신발, 모자, 목재 등 |

- 종업원 180명, 등록자본금 900만 위안, 고정자산 213만 위안, 영업면적 $2,500m^3$.
- 경영항목으로는 교류기계, 편직물, 복장 등 3,500여 종이며 전국 20여 개 성, 시의 유명한 제조기업 160여 개소의 장기적인 구입판매 업무관계를 맺고 있으며 또한 국내외 100여 개소의 도매, 소매상점, 농촌공급판매합작사와 장기 제품 공급관계를 맺고 있음.

〈사례 3〉 연길시대승무역상사

| 회사명 | 연길시대승무역상사 | | |
|---|---|---|---|
| 영문명 | Yanji Dasheng Trade Corp. | | |
| 주 소 | 길림성 연길시 하남가 장백로 35호. | | |
| 경 리 | 김일 | 기업 형태 | 사영독자기업 |
| 설립일 | 1985년 7월 | 주요 서비스 및 제조 | 국제·국내무역, 아이스크림공장, 건축재료, 나이트클럽 |

- 종업원 100여 명, 건평 1,200m$^3$, 투자액 400만 위안의 사영독자기업.
- 국제무역, 상업, 공업을 경영하는 종합성 기업체임.
- 연길시대승무역상사의 계열사로 연길시대승전시판매부, 연길시대승아이스크림공장, 연길시대승나이트클럽, 가옥의 각종 장식재료와 문재료를 생산하는 연변연도비닐문틀공장 등 5개의 기업이 있음.
- 주로 북한 및 소련과 수출입업무를 활발히 전개하고 있음.

〈사례 4〉 연길시호화무역회사

| 회사명 | 연길시호화무역회사 | | |
|---|---|---|---|
| 영문명 | Yanji Luxury Trading Co게. | | |
| 주 소 | 길림성 연길시 신흥가 해단로 | | |
| 총경리 | 한경철 | 기업 형태 | 사영독자기업 |
| 설립일 | 1989년 5월 | 주요 판매상품 | 고급유행복, 편직물, 방직물, 가죽제품, 철제품, 전기기구, 지방특산품, 수산물 |

- 연길시 5대 사영기업 중의 하나이며 종업원 60여 명, 건평이 1,000여m$^3$, 고정자산이 300여만 위안에 달함.
- 산하기관으로는 호화상점 및 연길, 왕청, 도문, 용정 등지에 19개의 점포를 두고 있음.
- 이 회사에서 직영하는 대리점에서는 주로 고급유행복, 편직물과 방직물, 가죽제품, 지방특산물, 수산물, 건축재료 등 1,000여 종의 상품을 판매하고 있는데 그중 대부분이 홍콩, 한국, 일본, 미국 등지에서 수입해온 고급 제품들임.
- 세계 각국과의 무역확장뿐만 아니라 운수업과 복장가공업에도 진출을 준비 중임.


### (3) 도·소매업

앞에서는 근대 연변조선족 기업의 제조업과 서비스업에 대한 경영활동과 성장 및 기업 사례를 살펴보았다. 다음에서는 근대 연변조선족 기업의 도·소매업에 대한 경영활동과 성장과정을 보도록 하겠다.

① 연길서시장

| | |
|---|---|
| 대표자 | 72명으로 구성된 서시장 관리소 직원들 |
| 주소 | 길림성 연길시 광명가 |
| 설립일 | 1985년 |
| 주요 경영항목 | 13가지 종류, 1만여 품종의 상품 |

〈그림 III-9〉 연길 서시장

1985년에 개설한 연길시 서시장은 1989년에 이르러서는 3개의 무역청사에 기숙사, 청과물시장, 노천시장 등 도합 5,800여m³의 공간과 4,000m³의 주차장까지 갖춘, 길림성에서 제일 규모가 큰 청사식 무역시장이 되었다.

1984년 이전까지만 해도 연길시 서시장은 노천시장으로 비닐기와로 지붕만 얹은 초라한 반노천시장이었다. 그때의 서시장은 겨우 200여 호의 자영업밖에 수용할 수 없었는데 오늘날은 2,600여 호의 자영업 가게가 있는데 그중 74%가 조선족으로서 3,200여 명의 상인들을 수용할 수 있는 길림성 전체적으로도 으뜸으로 꼽히는 무역시장으로 발전하였다. 실내에는 조명, 수도, 난방장치가 구비되고 여러 가지 형태의 판매대들이 갖추어져 있어 상인들에게 편의를 제공해주고 있다.

연변의 통계자료에 의하면 서시장은 13가지 종류에 1만여 품종의 상품으로 판매대를 메우고 있다. 수만 가지 상품 가운데서 조선민족 용품이 60% 이상을 차지하여 민족적 색체를 보존하고 있다. 연변 통계에 의하면 서시장의 일일평균 인구유동량은 4만 명이고 명절과 휴가일에는 인구유동량이 7만~8만 명에 달하는 것으로 조사되었다. 출국용품을 사거나 노인들의 회갑, 아이들의 돌생일, 청춘남녀들의 결혼 등 축하일이 다가오면 서시장으로 달려가는 것이 습관으로 되었다. 또 주, 시에 손님이 오면 서시장을 소개하고 서시장을 돌아보게 하는 것이 상례로 되었다.

1985년도의 서시장의 관리비와 세금이 30만 위안이었다면 1990년도에는 600만 위안으로 늘어났다. 따라서 짧은 5년 사이에 20배나 상승한 것은 놀라운 일이 아닐 수 없다. 이어서 서시장의 1일간 상품교역액은 30만 위안으로 추정된다. 또한 1990년도의 연간교역액은 1억 2,400만 위안에 달하여 연길시 사회상품 판매총액의 20.9%를 차지하였으며 전국 각 현, 시 무역시장의 상품후원지로 되고 있다. 또한 서시장을 둘러싸고 있는 주위에 상업, 음식업, 복무업, 가공업 등 100여 개의 자영업 경영자들이 새로 늘어났으며 따라서 서시장은 실로 연변의 집체무역 중심으로 되고 있다. 즉 2,600여 호의 자영업, 집체경영호에 3,200여 명의 상인들, 오만가지 상품, 매일 모여드는 4만여 명의 상인들, 이 방대한 시장을 관리하는 관리인은 바로 72명으로 구성된 서시장 관리소의 직원들이다. 행정직 직원들을 제외하면 한 시장관리원이 60여 호의 자영업자들을 관리하고 있는 셈이다. 지금 서시장의 관리는 이미 전 성은 물론, 전국의 선진수준에 도달하고 있다.

서시장에서는 전국 12개 성의 40여 개 대중형 시장과 정보망을 건립했으며 따라서 매년 자영업자와 집체경영자들을 위해 1만여 건의 시장정보를 제공하고 있다. 그리하여 해마다 전국 혹은 전 주적인 제품전시판매회를 가지고 경제를 유통시키고 발전시키는 면에서 기여를 하고 있다.

### ② 연길백화점

| | |
|---|---|
| 대표자 | 서영태 |
| 주소 | 길림성 연길시 광명가 34호 |
| 설립일 | 1950년 |
| 주요 경영항목 | 백화, 편직물, 방직품, 문화용품, 시계, 철제품, 식료품, 술, 교통도구 |

연길백화상점은 연변조선족자치주에서 가장 큰 도매와 소매를 겸영하는 국영상점으로서 길림시에서도 상위그룹의 대형 상점 중의 하나이다. 이 상점은 1950년에 영업을 시작하였는데 그때는 연변조선족자치주에서 유일한 국영상점이었다. 현재 이 상점의 총경리는 서영태이며 주소는 길림성 연길시 광명가 34호에 있다.

현재 이 상점은 총건평이 1만 8,900m$^3$인데 그중 영업면적이 9,690m$^3$나 되며 종업원은 750명인데 그중 조선족 종업원이 80%이다. 이 상점에서는 6개의 상품부와 1개 도매부, 그리고 11개의 부서가 있다. 주요 경영항목은 백화, 편직물, 방직품, 문화용품, 시계, 철제품, 교통도구전기설비, 사탕과 술 등 도합 3만여 종에 달하며 1990년에는 고정자산이 815만 위안이나 되었다. 이 상점은 길림성 공상은행으로부터 특급 신용기업 칭호를 수여받았고 길림성 소비자협회로부터 소비자가 만족해하는 상점이란 영예를 수여받았으며 연속 6년간 자치주와 연길시 인민정부로부터 '계약을 중요시하고 신용을 지키는' 기업 칭호를 수여받았다.

현재 이 상점에서는 2만 2,400m$^3$에 달하는 18층 영업청사와 창고를 확충하고 있는데 확장 후 연길백화상점의 총건평은 4만 1,300m$^3$에 달할 것이며 그중 영업면적은 2만m$^3$나 될 것이다.

### ③ 연길소수민족상점

| | |
|---|---|
| 대표자 | 김학신 |
| 주 소 | 길림성 연길시 해방로 116호 |
| 설립일 | 1980년 |
| 주요 경영항목 | 가정용 전기기구, 방직품, 침직품, 복장 |

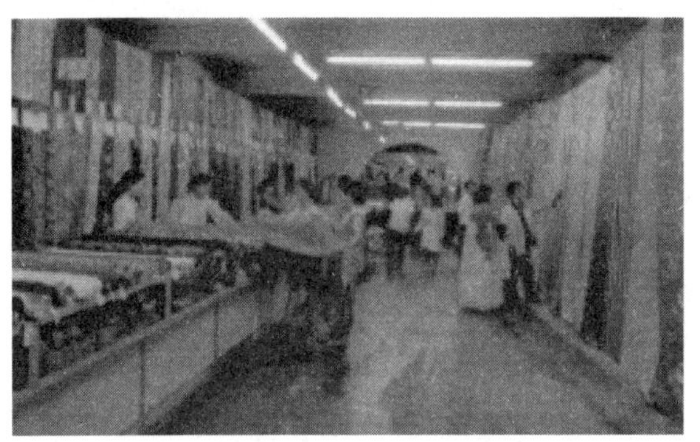

〈그림 Ⅲ-10〉 조선족 비단천 매대(1990)

1980년에 5명의 종업원으로 영업을 시작한 연길소수민족 상점은 현재 종업원이 100여 명, 건평이 5,200m³나 되는 규모가 비교적 큰 상점으로 발전되었다. 7층 건물로 구성된 영업청사의 1층부터 3층까지는 영업실이고 4층은 도매부이고 5층은 창고이며 6층은 사무실이고 7층은 회의실이다. 이 회사의 경리는 조선족인 김학신이며 주소는 길림성 연길시 해방로 116호에 위치하고 있다.

이 상점의 1년 소매액과 도매액은 도합 1,000만 위안으로 해마다 국가에 바치는 세금액은 50만 위안에 달하고 이윤액도 50만 위안이나 된다. 이 상점에서 경영하는 상품의 종류는 8,000여 종에 달하는데 주요한 상품은 다음과 같은 것들이다. 즉 가정용 전기제품으로는 국내외 각종 텔레비전, 녹화기, 방상기, 세탁기, 냉장고, 자전거 등이 있고 면직, 섬유 방직품으로는 고급 사지, 고급 라사천, 각종 섬유방직품, 면직 꽃천 등이 있으며 면직, 섬

유, 편직물로는 순털실, 기타 고급 섬유실, 고급 순털탄자, 면직 속내의, 적
삼, 면직 꽃벽보, 침대보 등이 있고 각종 복장류로는 조선족옷, 어린이옷,
각종 양복 등이 있다. 그리고 솜, 여러 가지 신발, 혼례이불, 고급화장품, 아
이장난감 등도 경영하고 있다.

이 상점에서는 국내에서뿐만 아니라 경영품종을 더 많이 늘이고 국제 간
의 상품교류 수준도 제고하기 위하여 최선의 노력을 경주하고 있다.

④ 연길시공급판매합작사연합사

| | |
|---|---|
| 대표자 | 김홍일 |
| 주 소 | 길림성 연길시 해방로 135-1호 |
| 설립일 | 1952년 |
| 주요 경영항목 | 토산물, 특산물, 과일, 농업생산자료, 물자회수, 일용잡화, 담배, 경공업품 |

〈그림 III-11〉 연길시공급판매합작사(1952)

연길시공급판매합작사연합사는 1952년에 창립되었으며 길림성 연길시
해방로 135-1호에 위치하고 있고 이 회사의 주임은 조선족인 김홍일 씨이
다. 이 회사 산하에 토산물, 과일, 농업생산자료, 물자회수, 일용잡화, 담배,
경공업품 중계판매 등 7개 직속 전업도매회사와 장백, 소영, 홍안, 연집, 의
란 등 5개 공급판매합작사를 두고 있다. 또한 60여 개의 서비스점이 시구와

교외구역 5개 향에 널리 분포되어 있으며 종업원은 1,200여 명, 고정자산이 1,500만 위안, 유동자금은 4,100만 위안이있다. 또한 부지는 11만m³, 건평은 3만m³이며 연간 판매총액은 7,000여만 위안이고 판매품목은 5,000여 종에 달하였다. 중국 전역 26개의 성, 시의 1,000여 개 공장과 업무관계를 갖고 있으며 농산물과 부업산품은 국내시장에서뿐만 아니라 멀리 일본, 동남아시아에서까지 널리 판매되고 있으며 주요 계열사와 주요 판매품목은 아래와 같다.

즉 연길시토산물회사는 주로 토산물, 특산물, 농산물, 부업산품, 축산물, 목화, 초약재, 화학공업품, 잡곡류 등의 도매와 소매를 하며 연길시과일부식물회사는 주로 건과, 토산물, 특산물, 농산물, 부산물, 부식물, 건채, 조미료, 수산품, 고기, 식료품, 들나물 등의 도매와 소매를 한다. 또한 연길시일용잡화회사는 주로 일용잡화, 일용백화, 가소물제품, 자기, 법랑제품, 엮음제품, 민용건축재료, 가정용전기기구, 철제가구, 목재가구 등의 도매와 소매를 하며 연길시경공업품중계판매회사는 주로 일용백화, 철제품, 교통용품, 전기제품, 화학공업품, 민용건축재료, 침직품, 방직품, 철제가구, 목재가구, 가소물제품, 법랑제품, 금은장식품, 복장 등의 도매와 소매를 한다. 그리고 연길시물자회수회사는 주로 폐기물자를 회수하며 연길시농업생산자료회사는 주로 농약, 화학비료, 농업용 박막, 소형 농기구, 민용 건축재료를 경영한다. 그리고 연길시담배회사는 담배를 독점 판매한다. 한편 장백, 소영, 홍안, 연집, 의란 등 공급판매합작사는 종합경영의 기업체로서 주로 농업생산자료, 일용백화, 철제품, 교통용품, 전기제품, 민용 건축재료, 침직품, 방직품, 문화용품, 아동장난감, 가소물제품, 농산물, 특산물, 초약재, 폐기물자 등을 판매한다. 따라서 연길시공급판매합작사연합사 계통의 12개 기업소는 우수한 경영방식, 질 좋은 상품, 최상의 서비스로 고객에게 봉사하고 있다.

### ⑤ 연길시광주상점

| | |
|---|---|
| 대표자 | 최용석, 신성만 |
| 주 소 | 길림성 연길시 신흥가 113호 |
| 설립일 | 1986년 |
| 주요 경영항목 | 진귀한 약재, 고급화장품, 미용미발용품 |

연길시광주상점은 길림성 연길시 신흥가 113호에 위치하고 있으며 진귀한 약재와 고급 화장품 그리고 미용이발용품과 설비를 경영하는 전문상점이다. 도매와 소매를 겸영하는 이 상점은 1986년에 개업하였으며 조선족인 최용석과 신성만 씨가 경리로서 상점을 경영하였다.

이 상점은 연길시에서 가장 번화한 서시장 동쪽에 자리잡고 있으며 영업면적이 500여$m^3$이고 종업원은 50여 명인데 대부분이 대학 및 중등전문학교 수준의 고급인력들이다. 이 상점에서는 주로 외국에 나가는 고객들을 위해 산삼, 꽃사슴녹용, 웅담, 사향 등 귀중한 약재를 판매하고 있는데 이 상품들은 질이 좋고 값이 싸서 자치주 내에는 물론 전국 각지 고객들의 호평을 받고 있다. 그밖에도 북경동인당제약공장과 연계를 맺고 이름 높은 동인당우황청심환 등 중성약도 겸해서 판매하고 있으며 약재와 중성약 품종은 무려 700여 종에 달하였으며 고급 화장품 판매 면에서는 연변에서 그 경영 역사가 가장 길고 서비스 또한 높아 고객들에게 사랑을 받고 있다. 따라서 이 상점에서는 국내의 유명한 고급 화장품은 물론 국외의 고급 화장품까지 수입판매하고 있는데 판매품종이 1,000여 종에 달해 많이 알려졌을 뿐만 아니라 미용이발용품과 설비로 하여 크게 호평을 받고 있다. 또한 미용이발센터는 그 규모가 클 뿐만 아니라 홍콩미용이발학원을 졸업한 미용이발사들의 수준 높은 솜씨로 유명하다.

### ⑥ 연길시백화도매점

| | |
|---|---|
| 대표자 | 최영구 |
| 주 소 | 길림성 연길시 해방로 102호 |
| 설립일 | 1952년 |
| 주요 경영항목 | 방직품, 침직품, 백화, 신발과 모자, 옷, 문화용품, 시계, 일용화장품, 가정용 전기기구 |

연길시백화도매점은 연변조선족자치주의 소재지인, 연길시의 번화한 상업거리인 해방로에 자리 잡고 있으며 사장은 조선족 최영구 씨이다. 이 도매점은 1952년 창립되었는데 60여 년간의 꾸준한 경영으로 상당한 규모를 가진 3급 도매기업체로 성장했으며 또한 연길시의 상품경제 발전에서 중요한 역할을 담당하고 있다.

이 도매점은 1990년 현재 종업원이 110명이고 고정자산은 200만 위안이며, 유동자금은 500만 위안, 연간 평균판매액은 3,000만 위안, 연간세금납부액은 150만 위안에 달한다. 이 도매점은 방직품, 침직품, 백화, 신발과 모자, 옷, 문화용품, 시계, 일용화장품 및 가정용전기기구 등 1만여 종의 상품을 판매하는 종합성적인 도매업체이다.

따라서 이 도매점은 연변 상품경제의 발전과 진흥, 사회수요에 대한 만족을 목표로 하고, 훌륭한 서비스를 전제로 하며 신상품과 우수한 제품이 많고 상품의 규격이 구비되며 가격이 공평하고 합리적인 것을 기초로 하고 있다. 또한 특색이 있는 일용화장품을 매개로 하여 전 주 각 현, 시 및 성 내외 상업기업체와 광범위하고 견고한 상품거래를 해오고 있다.

### ⑦ 연변백화회사광명상점

| | |
|---|---|
| 대표자 | 김옥석 |
| 주 소 | 길림성 연길시 광명로 67호 |
| 설립일 | 1985년 |
| 주요 경영항목 | 식료품, 백화, 전기기구, 편직물, 신발, 모자, 방직품 |

　연변백화회사광명상점은 도매와 소매를 겸영하는 종합 성상점으로써 연변조선족자치주의 소재지인 연길시의 중심에 자리잡고 있다. 이 상점은 건평이 500여m³에 달하는 3층 영업청사와 37만 위안의 고정자산, 53만 위안의 유동자금을 보유하고 있으며 종업원 76명에 의하여 해마다 400여만 위안의 판매액을 올리고 있다. 한편 이 상점에서는 식품류, 백화류, 전기류, 편직류, 신모자류, 방직류 등 6개 유형의 상품을 판매하는데 경영품종은 무려 4,000여 가지나 된다. 또한 상품도매부와 복장가공부 및 저축은행을 두고 있다.

　1985년도에 상점이 창업하면서부터 전체 종업원들은 전옥석 총경리의 경영이념에 따라서 신용제일, 품질제일, 고객제일원칙을 확고히 지키고 있으며 업무교류를 폭넓게 펼쳐서 뚜렷한 발전을 가져왔다. 또한 이 상점에서는 자치주 내의 여러 공장, 상점들과 정기적인 업무교류를 갖고 있는 외에 길림성 내 나아가서는 중국 전역의 여러 공장, 상점들과의 폭넓은 교류뿐만 아니라 지난해부터는 해외 일부 나라들과 무역관계를 맺고 업무교류를 활성화하고 있다.

### ⑧ 연변장백산특산물중계판매회사

| | |
|---|---|
| 대표자 | 김정일 |
| 주 소 | 길림성 연길시 하남가 광화로 164호 |
| 주요 경영항목 | 산삼, 녹용, 웅담, 웅담가루, 검정귀버섯, 영지버섯 |

　연변장백산특산물중계판매회사는 중국에서 제일 큰 특산물경영 기업체로서 이 회사에서 판매하는 산삼, 녹용, 웅담, 웅담가루, 검정귀버섯, 영지 등 50여 가지 제품은 국내는 물론 미국, 일본, 한국, 캐나다 등 20여 개 나라와 지역에까지 수출되고 있으며 고객들의 환영을 받고 있다. 이 회사는 "모든 고객을 성심으로 맞아들이고 근면으로 일류기업 목표를 달성하자"는 경영이념으로 '신용 제일, 손님 으뜸'의 기업이념을 일관되게 지키고 있는바

먼저 제품의 질을 엄격하게 검사하는 동시에 자치주급 약품검사 부문에 추가하여 다시 검사측정을 받아 합격된 것만 가공하고 포장하여 소비자들에게 내보낸다. 또한 제품의 판로를 넓히기 위하여 광주, 심수, 하문 등지에 소매점을 세웠다.

이 회사에서는 6년간 최선을 다하여 공장을 설치함으로써 놀라운 발전을 가져왔는데 건평이 1,700여$m^3$되는 영업청사 안에는 날마다 고객들로 붐비고 있다. 이 회사의 종업원수는 창업 시의 5명으로부터 70여 명으로 늘어났으며, 기업이익도 해마다 늘어나고 있는데 세금납부액을 예로 들면 1987년의 1.3만 위안으로부터 현재 100만 위안으로 늘어났다. 따라서 이 회사는 연변의 경제를 번영 발전시키며 더욱 많은 사회적 부를 창조하기 위하여 새로운 목표를 향해 돌진하고 있다.

### ⑨ 훈춘백화점

| | |
|---|---|
| 대표자 | 한연 |
| 주 소 | 길림성 훈춘시 정화가 문화로 |
| 주요 경영항목 | 철물도구, 식료품, 화장품, 대소백화, 약품, 침직품, 복장, 신발, 모자, 문체도구, 문화용품, 시계, 각종 천 |

훈춘시 정화가 문화로에 자리 잡고 있는 훈춘백화점은 40년의 경영역사를 갖고 있는데 초기의 훈춘종업원상점, 그 후에는 훈춘 3.8상점, 훈춘백화2상점, 훈춘백화상점으로 불리웠고 앞으로는 훈춘시 상업청사로 개칭될 것이다.

이 백화점의 조직으로는 재무회계과, 후근과 경리실, 공회조직이 있는데 종업원은 도합 78명이다. 이 백화점에는 철물도구조, 식료품조, 화장품조, 대소백화조, 시계조(금가락지, 석고상을 포함), 약품조, 침직품조, 복장조, 털실내의조, 가죽구두조, 고무신조(모자류), 문체도구조(악기, 운동기재, 사진기를 포함), 문화용품조, 통제상품조(가구류를 포함), 사지비단조, 순면직품조를 망라한 핵심

소조가 16개가 있으며 성 내외 200여 개 공장의 2급, 3급 도매부와 실무연계를 맺고 있으며 1만여 종의 상품을 판매하고 있다.

이 백화점의 연간판매액은 1,200여만 위안이고 세금납부액은 100여만 위안이다. 또한 이 백화점은 간부와 종업원들의 끊임없는 노력으로 길림성 상업계통의 모범복무업체로, 자치주 예비급 기업체로, 최우수상점으로 선정되었다.

# IV

연변조선족 기업의 경영활동과 네트워크 사례

전 장에서는 주로 근대 연변조선족 기업의 성장과정을 기존의 문헌을 통하여 알아보았다. 즉 중국 기업의 역사적 발전단계와 유형, 연변 향진기업의 발달과정과 지역분포, 근대 연변조선족 기업의 성장과정을 업종별 상장현황과 사례를 통하여 개관하였다. 이로서 해방이후 2000년도 이전까지의 근대 연변조선족 기업들의 경제환경과 경영활동들을 파악하였다. 이제 본 장에서는 연변조선족 기업의 경영활동과 네트워크 사례를 현지에서의 설문조사 및 조선족 기업 CEO와의 직접 면담을 통하여 수집한 자료들을 분석한 것을 중심으로 기술하였다. 이로써 연변조선족 기업의 근대와 현대인 2000년대 전후의 연변조선족 기업의 경영활동을 통한 성장과정을 파악할 수 있을 것이다.

## 1. 길림신원집단

### 1) 연변의 건설 · 무역업

#### (1) 건설업

2003년 현재 자치주 전체의 고정자산 투자액은 71억 7,000만 위안에 달했다. 그중 국유경제 단위에서 완수한 것이 33억 6,392만 위안 집체경제 단위에서 완수한 것이 4억 381만 위안, 개인투자 5억 1,210만 위안, 그리고 연합경영, 주식제 경영, 외자경영 등 여러 경제 유형의 투자액이 28억 8,611만 위안이었다.

자치주 전체의 고정자산 투자액 가운데서 기본건설 투자액이 32억 9,018만 위안, 부동산 개발투자액이 13억 7,636만 위안, 기술갱신 및 개조투자액이 9억 9,583만 위안에 달했다. 계속 끊임없이 발전하고 있는 기본 건설은 연변의 농업과 공업 생산능력을 현저히 제고시켰고 도시와 농촌의 양상이 새롭게 변모되게 했다.[1]

2003년 현재 자치주의 건축 기업체는 122개소로서 그중 국유건축 기업체가 22개소이고 도시 집체건축 기업체가 17개소, 그리고 기타 건축 기업체가 83개소이다. 건축 기업체 종업원은 2만 2,228명인데 그중 국유건축 기업체 종업원이 6,367명이고 도시 집체건축기업체 종업원이 3,746명 그리고 기타 건축 기업소 종업원은 1만 2,115명이다. 건축업 총생산액은 22억 5,726만 위안이며 건물 건축 시공면적은 270억 3,497만m$^2$이다. 1978년부터 연변에서 건축에 많은 인력, 자금, 장비를 투입해 전 자치주의 건축사에 남을 특징적인 건물들을 많이 지었다. 그중에는 훈춘 광산 건물, 훈춘 발전소, 연길 알루미늄 공장, 연길 맥주공장, 연길 난방시스템 공장 등과 같이 대공사를 진행한 결과 세워진 건물들도 있다. 특히 인민 대중의 경제, 문화 생활과 밀접한 연관을 갖고 있는 연길백화점, 연길국제무역청사, 연길애득백화점, 연변국제호텔, 연변백산호텔, 세기호텔, 신문중심대청, 전보대청, 박람대청과 같은 큰 건물들도 있다.

연변에는 현재 67개의 향, 진이 있다. 여기에 행정촌은 1,214개에 달한다. 근래 들어 농촌 경제가 신장됨에 따라 연변의 향촌 건설은 생기를 띠게 되었다. 농촌 어느 곳에나 벽돌로 지어진 새집들이 들어섰으며 예전의 초라한 초가집들이 많이 사라졌다. 또한 농촌도로와 공동시설들도 나날이 개선되고 있다. 2003년에만 해도 5,000여 세대의 새로운 주택이 들었다. 농촌주택 건축면적이 1,416만m$^2$이고 1인당 평균 거주면적은 935m$^2$이다. 촌마다 수돗물이 흘러들어가고 있으며 2,763개의 행정촌과 흩어진 부락 모두에 전기도 들어오게 되었다. 향과 진에는 모두 문화센터, 구락부, 도서관, 영화관, 위생소 등 문화·위생 시설들을 광범위하게 건설해 농민들의 문화생활과 건강에 큰 도움을 주고 있다.

---

1 　김숙련·김영림(2005), 앞의 책, pp. 54-63.

## (2) 무역업[2]

연변의 대외경제무역은 새 중국이 탄생된 초기에 이미 시작되었다. 대외 개방이 이루어지면서부터 대외경제무역은 비약적인 발전을 가져와 이미 대외무역의 경제주체 다원화, 상품구조 양질화, 수출상품 및 수출시장 다원화를 이룩했다. 2003년 자치주 대외무역 수출입 총액은 4억 1,000만 달러에 달했다. 그 가운데 수출 총액은 2억 8,000만 달러이고 수입 총액은 1억 3,000만 달러이다. 연간 계약 외자 항목이 124개, 그 총금액은 1억 달러인데 그중 실제 외자이용 총금액이 4,271만 달러에 달하였다. 이 총금액 가운데서 아시아 각국의 투자액이 80.1%를 차지하며 그중에서도 대한민국의 투자액이 68.7%를 차지하였다. 2003년 말까지 연변에 이미 등록된 외국상인 투자기업소가 604개소의 종업원은 1만 2,389명에 이르렀으며 등록자본 총액은 4억 1,928만 달러, 투자총액은 6억 8,817만 달러이다. 외국상인 투자기업소의 업종별 분포를 살펴보면 농업·임업·목축업·어업에 32개소, 채굴업에 4개소, 제조업에 445개소, 건축업에 8개소, 교통운수·창고 저장 및 체신업에 3개소, 도매 구입·소매 무역 및 외식 산업에 21개소, 부동산업에 8개소, 사회 서비스산업·위생·스포츠 및 사회복리업에 44개소, 교육·문화·예술 및 과학연구 부문에 3개소, 기타 업종에 36개소로 각 분야에 널리 퍼져 있다. 외상 투자 기업소의 연간 판매수입은 17억 5,772만 위안에 이르렀다.

현재 연변은 60여 개국과 무역거래를 하고 있으며 수출제품은 초기의 농산물 등 몇 가지 단일 품종과 원료 수출로부터 기계, 전기 설비, 방직물, 건축자재 등 수백 가지 품종으로 늘어났다. 수출상품도 정밀 가공과 부가가치를 높일 수 있는 가공 방향으로 발전했다. 이와 때를 같이해 연변의 대외기업 청부와 역무합작도 보다 큰 발전을 이룩했다. 2003년 한 해에 새로 조인한 대외기업 청부 및 역무합작 계약 항목이 20개, 계약총액은 4,247만 달러

---

2  김숙련·김영림(2005), 앞의 책, pp. 69-70.

에 달했다. 현재 1만 6,000명이 역무수출에 외국에 나가 농업, 건축업, 기계
가공, 바다수송 등 사업에 종사하고 있으며 연간 총수입은 6억5,000만 달러
에 이른다.

## 2) 길림신원집단 [3]

| 회사명 | 길림신원집단 | 대표자명 | 김창익 회장 |
|---|---|---|---|
| 소재지 | 연길시 장백로 393호 | 전화번호 | 0433-2825590 |
| 홈페이지 | www.ximyuan-group.com | 이메일 | ximyuan-group@hotmail.com |
| 회사형태 | 주식회사 | 업태 및 업종 | 건축, 제조, 무역, 부동산개발관리 |

| 자 본 | 창업 자본금 | 27만 위안 | 주식 출자 상황 | | |
|---|---|---|---|---|---|
| | | | 총주식수 | 주주수 | 대주주 |
| | 총자본 | 5억 위안 | - | - | 김창익 회장 (98%), 최춘란(아내) (2%) |

| 종업원수 | 조선족 | 675명 | ●모기업(길림신원집단실업유한회사) ●자회사(5개) |
|---|---|---|---|
| | 한 족 | 825명 | - 길림신원집단연길관업유한회사<br>- 길림신원집단연길병마개유한회사<br>- 길림신원집단연길부동산관리유한회사 |
| | 합 계 | 1,500명 | - 길림신원집단연길무역유한회사<br>- 길림삥촨실업주식유한회사 |

| 창 업 | 1990년 1월 | | | |
|---|---|---|---|---|
| 연간 매출액 | 2003년 | 2004년 | 2005년 | 2006년 판매목표 |
| | 4억 5,000만 위안 | 4억 5,000만 위안 | 4억 5,000만 위안 | 5억 2,000만 위안 |
| 사 훈 | 기술선도, 신용제일, 고객위상, 품질관리, 지속혁신 | | | |

---

3  2006년 1월에 저자가 직접 연변을 방문하여 길림신원집단 김창익 회장과 면담결과를 제
시하였다. 이로써 2006년 현재 연변의 조선족 기업에 대한 경영실태 및 네트워크 구축 현
황을 알 수 있을 것이다.

## (1) 회사개요

① 회사소개

길림신원집단의 태동은 1990년 연길병마개공장 창업이 시초이다. 그 이전에 김창익 회장이 국유집체기업인 화룡서성종합공장에서 근무하였던 것이 고향인 화룡에서 중학교를 졸업한 이후 첫 직장이었던 것이다. 그 후 화룡서성종합공장을 사직하고 27만 위안의 자본금으로 병마개공장을 창업한 것이 1990년 1월이었다. 그 후 1997년에 연길신원유한회사설립과 1999년 연길 부동산유한회사 설립, 이어서 2000년에는 연길시 신원관자료유한회사 설립 등 차례차례로 계열사들을 설립하여 2002년에는 모기업인 길림신원집단실업유한회사와 자회사인 5개의 기업, 즉 연길신원부동산개발유한회사, 연길관업회사, 연길신원병마개유한회사, 연길부동산관리유한회사, 연길무역유한회사 등 부동산개발, 건축시공, 관재료 관부속품 생산, 병마개 생산, 부동산관리, 국내외 무역 등 분야에 진출하여 1개의 모회사와 5개의 자회사를 통합하여 길림신원집단을 성공적으로 조직하였다. 현재 길림신원집단은 총자본금이 5억 위안이고 연간생산액은 3.6억 위안이며 연간 당

〈그림 Ⅳ-1〉 길림신원집단 전경

기순이익은 8,000여만 위안, 그리고 종업원은 조선족 675명과 한족 825명 등 1,500명의 대가족을 거느리고 있다. 길림신원집단의 미래의 비전은 관재료 관부속품 생산을 선진적 업종으로 발전시켜 나가며 글로벌화 세계화에 부응하여 고기술, 고품질, 고이익의 강점을 살려 연변 이외의 중국 대도시기업, 중국 진출 한국 기업, 그리고 해외의 외국기업들과도 네트워크를 구축하여 세계로 도약할 비전을 가지고 있다.

② 대표이사 약력

〈그림 IV-2〉 길림신원집단 김창익 회장

- 화룡출생(1955)
- 길림신원집단 회장
- 연길시 전국인민대표대회 상무위원회 의원
- 길림성 인민대표대회 대표
- 연길시 공상업연합회 부회장
- 연변자선총회 부회장

③ 회사연혁

- 1990년            연길병마개공장 창업
- 1995년            연길신원빌딩 사옥 신축
- 1997년 3월        연길신원유한회사 설립
- 1999년 3월        연길신원건설유한회사 설립 및 국가 3급 시공기업자
                    격 취득
- 1999년 12월       길림신원집단연길부동산유한회사, 길림신원집단연길
                    무역유한회사 설립
- 2000년 9월        길림신원집단연길관업유한회사 설립
- 2001년 8월        관업회사산품은 '연변 브랜드제품'으로 평가받았음
- 2002년 3월        연길시병마개공장을 연길시신원병마개유한회사로 개명
- 2002년 11월       관업회사가 연구개발한 '플라스틱케이싱 분수기'와 신
                    제품이 6개의 국가특허를 받았음
- 2002년 12월       신원브랜드 '케이싱 플라스틱 관접선' 제품이 '국가건
                    설부 중점추천제품'으로 평가받았음
                    '신원브랜드 난방관재료'가 '국가민족제품'으로 지정되
                    었으며 관업회사 또한 '국가민족제품 생산기업'으로 평
                    가받았음
- 2003년 3월        연길신원부동산개발유한회사 설립
                    할빈맥주집단과   합자하여   할빈맥주(연길)유한회사를
                    40%의 주식지분으로 설립하였음
- 2003년 7월        길림신원집단판매총회사 설립
                    '신원브랜드' 계열 관재료 제품이 '길림성 브랜드제품'
                    으로 평가받았음
- 2004년 3월        길림신원집단난방공정유한회사 설립

④ 회사조직도

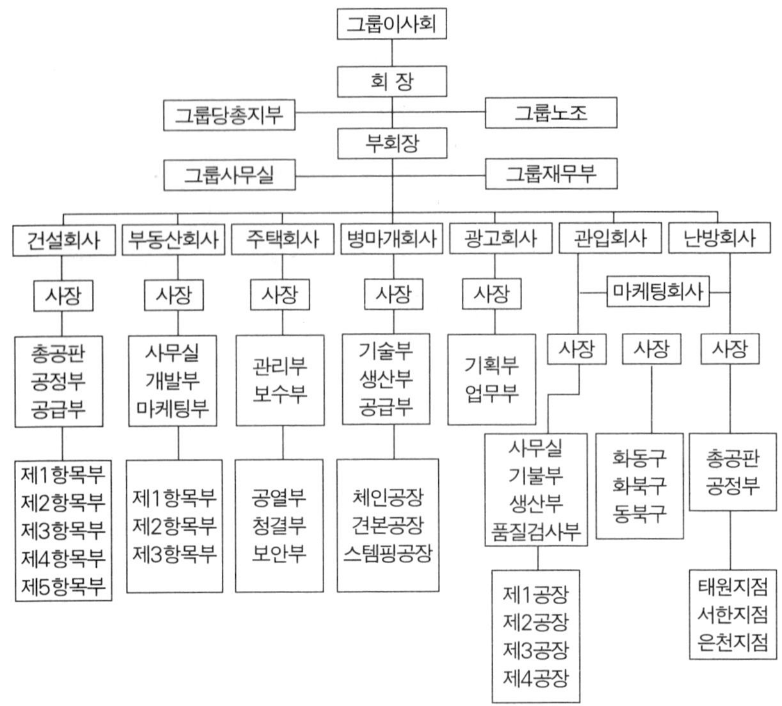


〈그림 IV-3〉 길림신원집단 조직도

⑤ 주요 계열사 및 사업내용

㉠ 길림신원집단실업유한회사

이 회사는 주로 아파트건축업에 종사하는 국가 3급 기업으로써 풍부한 기술역량과 선진적인 관리방법으로 연길시에서 제일 큰 아파트단지를 건설하였으며 따라서 주택건설업계에서도 '신원아파트'의 우수한 브랜드 가치를 나타내었다. 따라서 회사는 지금까지 80만$m^3$의 아파트를 건설하였으며 중국에서는 처음으로 '담보유통집'을 채택하여 국가로부터 인정을 받고 주민들로부터 호평을 받았다.

길림신원집단실업유한회사는 1995년에 설립되었으며 그의 전신은 연길

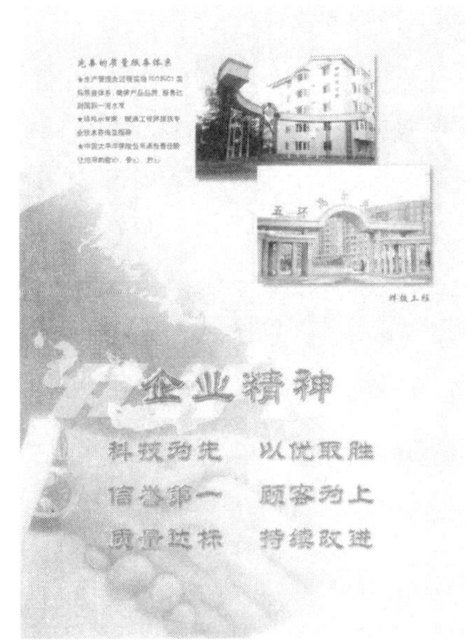

〈그림 Ⅳ-4〉 길림신원집단실업유한회사의 기업정신

시 건축설치공정처이다. 1999년 3월에는 회사의 이름이 연길신원건설유한
회사로 바뀌었으며 2002년에는 다시 길림신원집단실업유한회사로 개명되
었다. 2005년 현재 회사는 등록자본금이 5,180만 위안, 총자산이 2억 7,000
만 위안, 순자산이 1억 6,000만 위안, 연 건설면적이 약 10만$m^3$이며, 연 건
축업 매출액은 8,000만 위안이다.

회사에서 시공을 맡은 공정들은 여러 차례 '우수공정', '시공관리우수현
장', '모범현장' 등으로 평가받았으며 그중에서도 1997년에 시공을 맡아 건
축한 연변대학 인문학원 교학층사는 성 건축품질감독총회에서 '성 우수공
정'으로 평가되었다. 또한 1998년부터 2000년 사이에 건설한 '신원아파트'
는 품질이 우수하고 공정기간이 짧으며 환경녹화가 아름답고 지역 부동산
관리가 훌륭하다는 등등으로 광범한 소비자들의 사랑을 받아서 연변 지역
의 브랜드아파트가 되었을 뿐만 아니라 연길시 주택소비시장에서 가장 선
호하는 아파트가 되었다.

ⓛ 길림신원집단연길관업유한회사

길림신원집단연길관업유한회사는 길림신원집단실업유한회사와 연길시 신원병마개유한회사가 공동으로 출자하여 2000년 9월 4일에 설립한 제조기업이다. 회사의 등록자본금은 1,780만 위안이며 주 생산품은 플라스틱 관재료나 관부속품 등이다.

길림신원집단연길관업유한회사는 길림성 연길시 첨단 신기술 산업개발구에 위치하여 있으며 공장 생산구역 면적은 4만m³, 현대화 표준공장 건물은 2만 1,400m³, 각종 생산, 검증 등 설비가 320대(세트), 기업 총자산이 1만 1,748만 위안, 부채총액이 7,617만 위안, 총 투자액이 9,500만 위안, 연 생산량이 1만 6,000톤, 생산액이 2.1억 위안이다. 또한 길림신원집단연길관업유한회사의 현재 직원은 280명, 공정기술자는 30명이 종사하고 있으며 회사는 주로 국가특허제품인 케이싱 플라스틱 관접선과 냉온수용 플라스틱 관재료 및 부속품 등을 생산하며 당 회사에서 연구개발한 생산품은 중국 국가정책에 맞는 녹색환경보호형 케이싱 플라스틱 관접선이다.

이곳에서 연구개발한 케이싱 플라스틱 관접선 생산품은 국가실용신안특허를 얻었고 국가화학건설재료측정 중심의 품질검증과 국가 건설부의 과학기술성과평가를 통과하였으며 국가경제무역위원회에서 수여한 국가전략신제품증서를 획득하였다. 당 회사는 또 XLP-A 난방용 플라스틱관 재료,

〈그림 IV-5〉 길림신원집단연길관업유한회사

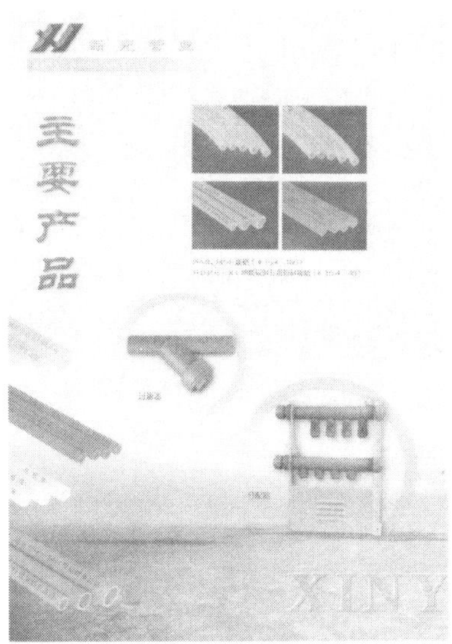

〈그림 Ⅳ-6〉 길림신원집단연길관업유한회사의 주요생산품

분배기 및 PP-R, PP-B 플라스틱관 재료 등을 연구제작 생산하였는데 이러한 제품들은 모두 한국에서 수입한 선진설비 및 우수한 원재료로 생산되었으며 그 품질은 국가화학건축재료측정센터의 검증을 통과하였다.

또한 이 회사는 이전에 ISO-9001 품질관리체계의 인증을 통과하였으며 조만간에 ISO-14000 환경관리체계 인증과 ISO-18000 직업건강안전체계 인증을 통과하게 될 것이다. 이곳에서 생산하는 모든 제품은 국가화학건축재료 측정센터에서 품질을 검증하고 국가과학원환경위생센터가 검증하여 합격한 녹색환경보호제품이며 태평양보험회사에서 책임보험을 담당하였다. 현재 이 회사는 상하냉온수 운수배관, 난방관 및 관접선 등 부속품 생산과 판매가 일원화된 완전한 제품생산·판매체계를 구축하였다.

ⓒ 연길시신원병마개유한회사

1990년에 연길시신원병마개유한회사의 전신인 연길시병마개공장이 설립되었으며 이어서 2002년에는 연길시신원병마개유한회사로 명칭이 바뀌

〈그림 IV-7〉 연길시신원병마개유한회사

었다. 회사의 등록자본금은 420만 위안이며 총자산은 1,400만 위안, 연생산액은 400여만 위안이고 직원은 32명이며 그중에 장애자 직원이 17명이 있는 연변자치주에서 유일한 병마개 생산을 통한 사회복지기업이다. 이 회사는 주로 각종 병마개를 생산하는데 연간생산량이 2억 개이며 연간판매수입이 600만 위안이고 연 이윤이 130만 위안이다.

연길시신원병마개유한회사는 1996년과 1997년 두 차례에 걸쳐서 기술개혁을 단행하였으며 2002년에는 또 성공적으로 기업개혁을 완성하여 전반적으로 현대적 관리시스템을 도입함으로써 기업으로 하여금 점차 진일보된 발전궤도에 들어서게 하였다. 또한 1996년의 기술개혁 성과로 이윤이 25만 위안 증가하였으며, 1997년의 기술개혁을 통하여 또 한 번 제품의 생산원가를 낮추어 15만 위안의 이윤 증가를 가져왔다. 현재, 이 회사는 연면적 2,800m$^3$의 현대화된 표준 공장건물을 갖고 있으며 훌륭한 관리체계와 선진적인 과학기술을 도입하여 품질을 높이고 고객만족을 위하여 생산경영활동에 종사하여 미래의 더 큰 발전을 위하여 든든한 기초를 마련하였다.

ⓔ 길림신원집단연길무역유한회사

이 회사는 주로 국내외 물자무역을 한다. 즉 길림신원집단 내 각 계열사의 국내외 물자무역을 맡고 있을 뿐만 아니라 시장수요에 부응하여 성공적

〈그림 Ⅳ-8〉 길림신원집단연길부동산관리유한공사

으로 각 항 국내외 무역을 완성하여 무역액이 해마다 증가하고 이익이 큰 폭으로 늘어났다.

### ⑫ 길림신원집단연길부동산관리유한회사

길림신원집단연길부동산관리유한회사는 1999년에 설립되었으며 길림신원집단에 소속되어 있는 3급 부동산 관리회사로서, 등록자본금은 312만 위안이고 고정자산은 850만 위안이며 현재 회사에서 관리하는 부동산 관리 범위는 신원아파트와 재정국주택지역, 그리고 삼화경찰아파트 등 종 30만 $m^3$에 달한다. 또한 20여 만$m^3$의 주택지역에 대한 부동산관리를 맡고 있는데 그 지역의 주민은 2,200여 호에 달하며 현재 연길시에서 제일 큰 부동산 관리지역이다. 이 회사는 선진적인 관리모델을 도입하여 관리하여 방대한 지역민들에게 쾌적하고 편리한 주거환경을 제공하였다.

### ⑬ 길림뼁촨실업주식유한회사

1958년도에 연길시맥주공장이 설립되었으며 그 후에 뼁촨맥주가 탄생하였다. 즉 2003년 4월에 할빈맥주집단이 뼁촨맥주의 주식을 흡수하여 할빈맥주(연길)유한회사가 설립되었다. 그 당시 회사의 자산 총액은 1만 3,700만 위안이고 등록자본금은 7,251만 위안이며 연 생산능력은 9만kL이고 연 창출 이윤액은 5,900여 만 위안이다.

〈그림 IV-9〉 길림뻥촨실업주식유한회사 전경

〈그림 IV-10〉 길림뻥촨실업주식유한회사 생산라인

2004년 5월에는 세계 제1브랜드인 백위맥주, 즉 전 세계에서 제일 큰 미국의 맥주집단인 AB회사가 중국 맥주업계에서 최대 규모의 치열한 기업인 수합병 후 할빈맥주집단을 흡수하였다. 뻥촨맥주는 이때부터 짧은 기간 내에 제2차 질적 도약을 실현하였으며 이로부터 하나의 특수한 브랜드로 자리 잡았다. 또한 회사는 고품질의 뻥촨맥주를 빚어내기 위하여 연속 2년에 걸쳐서 7,000여만 위안에 달하는 자금을 투자하여 생산라인과 공장 생산구역환경을 개조하고 정미한 상표와 안전 전용 병으로 바꾸어 뻥촨맥주의 품질이 내면으로부터 외부에 이르기까지 모두 대폭적으로 비약을 가져오게 하였다. 2004년 말 현재 미국 AB집단의 중국 지역 10여 개와 자회사의 제품품질 평가비교 중에서 뼹촨맥주가 1등을 하였으며 이로써 미국 AB집단 총본부 국제양주전문가로부터 최고의 평가를 받았다.

이 회사는 주로 맥주를 생산하고 있으며 각종 맥주의 연 생산량은 7.5만 톤이고 그 생산액은 1.5억 위안에 달한다. 뼹촨맥주는 길림성 대표브랜드 제품이고 전국 맥주업계에서 처음으로 중국규칙표준지표의 인정을 통과하였으며 주요 제품으로는 '뼹촨' 일반 병맥주, 고급 병맥주, 고급 드라이맥주, 드럼통맥주와 캔맥주 등이 있다. 뼹촨맥주는 연변뿐만 아니라 나아가 전국 10여 개 성·시에 판매되고 있으며 한국, 북한, 러시아에 까지 수출이 되고 있다.

## (2) 경영자와의 인터뷰

### ① 경영자의 개인적 · 사회적 배경

김창익 회장의 고향은 화룡시이며 1955년생이다. 현재는 길림신원집단 회장이자 연길시 전국인민대표대회 상무위원회 의원이며 길림성인민대표대회 대표이다. 이 외에도 많은 사회적 직책들이 있지만 김창익 회장이 내세우는 것은 연변자선총회 부회장을 맡고 있다는 것이다. 이는 기업의 이익을 사회에 환원하는 사회적 기업을 실천하고 있음을 의미한다.

김회장은 고향인 화룡에서 중학교를 졸업하고 1990년에 국유집체기업인 화룡서성종합공장에 근무하다가 집체기업을 사직하고 그해에 사영기업인 병마개공장을 27만 위안의 자본금을 들여서 설립하였으며 2005년도까지 병마개공장 사업을 계속하였다. 한편 김회장은 미래를 예측할 때 연길시의 건축수요가 많을 것으로 예상하였다. 즉 연길시 시민들의 아파트에 대한 수요가 가히 폭발적이 될 것이라는 예측을 하고 1994년도에 부동산개발회사를 설립하였으며 동시에 맥주회사도 창업하였다. 따라서 이러한 미래 예측에 대한 경제인식은 집체기업에 근무하면서 배운 마인드였다.

〈그림 IV-11〉 길림신원집단 삥촨맥주공장 전경

## ② 회사의 발전과정

김창익 회장은 아파트를 지으면서 한국의 전세 개념을 도입하였는데 근본목적은 한국과는 다른 정책을 제시하여 아파트가 필요한 주민들에게 싸고 좋은 아파트를 제공하는 것이었다. 즉 아파트 가격의 48%만을 전세금으로 받아 재산(아파트)은 신원집단 소유이고 전세자는 사용자인 주민들로, 회사와 사용자가 상생할 수 있는 좋은 제도이다. 또한 삥촨맥주의 경우 처음 맥주회사를 설립하여 한국의 OB맥주인 하이트와 합자를 하려고 2002년과 2003년에 걸쳐서 10차례 정도 한국 OB맥주회사를 방문하였으나 결국 합자에 실패하고 나중에는 미국 맥주회사와 합자하여 생산을 하였다. 그렇게 하여 생산된 맥주인 삥촨맥주는 80%는 연변시장에 판매를 하며 나머지 20%는 한국과 북한에 수출하였다. 삥촨맥주는 동북3성에서 가장 인기 있는 맥주이며 판매 또한 가장 많이 되었는데 평균 1년 이익금은 약 2,700만 위안 정도였다. 김 회장이 회사를 설립할 때마다 필요한 기술들은 한국에서 들여오곤 하였는데, 예를 들면 길림신원집단연길관업유한공사를 2002년도에 설립하고 관을 생산하는 데 필요한 기술들을 한국에 1,000만 위안을 지불하고 들여왔다. 즉 온돌파이프, 접속구, 분배기, PVC를 생산하는 데 필요한 기술들이다. 또한 이러한 제품을 생산하는 데 필요한 설비는 한국 돈 50억

원을 투자하여 한국에서 수입해왔다. 이러한 생산시설이나 생산되는 제품들은 길림성 내에서는 제일 우수하다고 자부하며 생산된 제품들의 대부분은 동북3성으로 판매되고 있다.

③ 타 회사와의 차별화 전략

기업경영상 김창익 회장의 업적 중 하나를 소개하자면 다음과 같다. 즉 1994년에 부동산개발회사를 설립하여 주택개발건설을 시작하였으며 1998년도에는 연길시 및 전국에서 처음으로 '담보유통경제적용주택' 정책을 내놓았는데, 즉 주택의 수요자인 주민은 집값의 48%에 달하는 금액을 보증금으로 납입하면 2~8년간 주택사용권을 얻을 수 있게 하였는데 이는 기존의 주택에 대한 수요자인 주민들의 생각의 틀을 바꾸었다. 따라서 이 제도는 주민들로 하여금 작은 경제적 부담으로 주택수요에 대한 높은 만족도를 갖게 하여 주택시장의 새로운 바람을 일으켰으며 많은 주민들로부터 호평과 인기를 끌었다. 현재 '담보유통주택'은 이미 연길시 주택소비시장에서 하나의 모범사례가 되었으며 여러 아파트건설업체들의 벤치마킹 대상이 되었다.

④ 경영자의 가치관과 기업문화

김창익 회장은 경영자의 가치관과 기업문화에 대해서 다음과 같이 자신의 생각을 털어놓았다.

"우리 길림신원집단은 사영기업그룹이 아니고 사회적 기업이라고 불러주기를 원한다. 왜냐하면 길림신원집단의 계열사인 연길시신원병마개유한회사의 경우 전체직원 32명 중 장애가 있는 직원 17명이 자활의지로 근무함으로써 연변자치주에서 유일한 병마개 생산을 통한 사회복지기업이다."

김 회장은 현재 길림신원집단에 근무하고 있는 종업원들에 대한 복지정책에 대해서도 언급하였다.

"회사에 근무하는 직원들은 주인의식이 필요하다. 즉 노임을 받기 위해서 출근하지 말고 자발적으로 주인의식을 가지고 출근하여 열심히 일을 하면 회사의 모든 혜택이 종업원들에게 돌아간다."

김 회장은 이어서 근무하는 직원들의 구체적인 복지정책에 대해서도 설명하였다. "우리 신원그룹에서는 근무하는 직원들이 정년퇴임 후 늙어서도 편안한 삶을 누릴 수 있도록 양로원을 지어주며 회사부담 의료보험도 넣어주고 있다. 또한 10년 이상 근무한 장기 근속자에게는 아파트를 저렴한 가격으로 제공해주고 있으며 또한 기술습득을 위해서 중국의 국내나 한국, 일본 등 해외로 단기 연수도 보낸다. 직원들에게 교육에 투자하여 실패한 경험으로는 대학을 가지 못한 직원들을 선별하여 모든 비용을 회사 부담으로 대학을 보냈는데 결국은 실패하였다."

김창익 회장은 정책을 이용해서 돈을 번다고 한다. 즉 연길시 재정수입의 5%를 신원그룹에서 집행할 수 있도록 연길시 및 길림성 관계자들과 인적 네트워크가 잘 되어있다고 한다. 김 회장은 현재 연길시 국회상임위원(인민대표: 국회상임위원)이자 길림성국회의원으로서 기업경영과 정치활동을 열심히 하며 길림신원그룹에서 1년에 납부하는 세금만 하여도 4,000~5,000만 위안이나 된다고 한다. 길림신원집단이 갈수록 규모가 커지다 보니까 기업경영에 대한 모든 권한은 계열사 사장들에게 이양하고 본인(김창익 회장)은 대외적인 활동에 주력하고 있다고 한다.

⑤ 회사의 강점

김창익 회장은 회사의 강점을 다음과 같이 얘기했다.

"길림신원집단은 자체적인 성장 동력으로 발전하기도 하지만 주로 사회적 신용으로 발전한다. 즉 길림신원집단 계열사에서 생산한 제품이나 서비스는 고객들에게 만족을 줌으로써 '신원'이란 이름 자체가 브랜드 가치와 아울러서 고객들로부터 신용의 대명사로 불리고 있다. 따라서 사업자금이 부족할 경우에는 다른 기업들에게서 자금지원을 자발적으로 해줄 정도로 시장에서 신뢰성을 쌓았다." 이어서 김 회장은 또 다른 이야기 하나를 들려주었다. "2005년에는 신원집단에서 명품아파트 1,100세대를 지었는데 인

기리에 잘 팔렸다. 그런데 기업을 계속 확장하다 보니 자금력이 부족했는데 길림신원집단의 사회적 위치와 신용도를 믿고 한국 기업인이 자금을 지원해주었다. 한편 연길아파트시장에 한국의 '한신아파트'가 진출하여 아파트를 지었으나 현지화에 실패하였다. 그 당시 내가 한신아파트 관계자에게 조언을 많이 했었다. 한신이 실패한 이유 중 한 가지는 보일러 설치비용이 신원아파트 보다 6배나 더 지출되었기 때문이었다. 즉 한국은 2m 50cm인데 중국은 2m 80cm인 문화적인 차이를 잘 알지 못하고 또한 무시하여 중국에서 한국식으로 아파트를 건설하다보니 결국은 실패하고 말았다."

⑥ 기업의 성장전략

김창익 회장은 "길림신원집단은 현재 연길시 시장에서 매년 30%씩 성장하고 있다. 그러나 이러한 급성장이 결코 좋은 현상만은 아니다. 왜냐하면 기업이 무너지는 이유 중의 하나는 자기 능력보다 초과달성했을 때이다. 따라서 성장률이 높고 목표를 초과달성할 때는 전문경영인이 필요할 때라고 생각한다. 왜냐하면 연변에서 성장하는 것은 한계가 있으므로 전문경영인의 능력을 통하여 중국 대도시로, 세계로 뻗어 나가야 되니까. 그러기 위해서는 중·장기적으로 한국의 큰 기업들과 합자를 희망한다."라고 말하면서 길림신원집단의 글로벌화에 대한 비전을 내비쳤다.

⑦ 한상 네트워크에 대한 의견

김창익 회장에게 한국과 한국 기업에 대한 생각을 물었다. 별로 언급하고 싶지 않은 표정이었으나 몇 마디로 함축하여 한국 기업을 나타내었다. "여러 업종의 회사를 창업하고 나서 새로운 아이디어나 신기술을 도입하기 위하여 한국에 70번이나 왕래하였으며 또한 기업을 경영하는 과정에서 한국이나 중국에서 한국인들에게 많이 당하였다. 아마도 한국에서 중국에 들어오는 기업들은 한국에서 부도가 나서 사업능력이 없는 기업들이 들어오는 것 같다."라는 말을 계속 이어가는 김 회장의 표정에서 글로벌 한상네트워크를 구축하기 위해서는 넘어야 할 산이 많음을 느꼈다.

⑧ 한상 네트워크의 필요성

김창익 회장은 한국 기업에 많이 당한 좋지 않은 기억들이 있음에도 불구하고 모국인 한국에 대한 애정만은 변함이 없는 듯했다.

"한국이 발전해야 중국에서 조선족들의 위상이 올라가고 큰소리 치고 살 수 있다. 한국 기업들이 중국에 진출해서 성공하기를 원한다. 그리고 한국 기업들이 도움이 필요하면 언제든지 앞장서서 도울 준비가 되어 있다."라고 모국인 한국에 대한 애정을 나타내었다. 한편 길림신원집단은 한국의 LG에서 원재료 등을 수입했으며 미국의 AB맥주회사와 합자를 통하여 뻥촨맥주를 생산했던 것으로 나타났다. 한국의 대학생들을 길림신원집단에 채용할 생각이 있느냐는 질문에 한국 직원과 중국 직원의 노임 차이가 15~20배 정도 되기 때문에 꼭 필요한 경우가 아니면 채용할 계획이 없는 것으로 응답하였다. 마지막으로 김창익 회장에게 향후계획을 물었다. "한국의 기업과 합자를 하여 수력발전소를 건설하는 것이 첫 번째 계획이며 그동안 사업을 하느라고 심신이 지쳐서 이제는 건강도 좀 챙겨야겠다는 것이 두 번째 계획이라고 밝혔다."

## (3) 경영활동 및 네트워크 현황

길림신원집단실업유한회사의 경영활동 및 네트워크 현황을 설문조사를 통해서 알아본 결과는 다음과 같다.

① 중국 내 기업 및 해외(한국 포함)기업 또는 대학(연구소) 등과의 네트워크

㉠ 중국 내에 있는 '조선족 기업'과의 네트워크

길림신원집단은 경영활동을 하면서 동일업종 네트워크를 가장 많이 활용하고 있으며 다음으로는 동일상품을 생산하는 기업들과의 네트워크를

많이 활용하는 것으로 조사되었다. 그러나 대부분의 중소기업에서 많이 활용하는 네트워크인 혈연 네트워크는 활용하고 있지 않은 것으로 나타났다. 왜냐하면 가족 및 친인척 등 혈연 네트워크를 활용하였더니 종업원들 상호 간의 위화감 조성 등 폐단이 많았던 것으로 밝혀졌다. 길림신원집단은 연변이나 연변 외의 지역, 즉 하얼빈이나 심양, 북경, 청도, 상해 등에서 경영활동을 하고 있는 조선족 기업과 상호협력이나 교류관계가 있는지를 물었다. 응답결과에 의하면 길림신원그룹은 상호협력이나 교류관계가 있는 조선족 기업이 있는데 주로 원재료나 제품 조달 및 민족상품을 매도나 매수 시 상호협력이나 교류를 하고 있는 것으로 나타났다. 한편 조선족 기업과의 상호협력이나 교류의 비중은 보통(많지 않음)이며 또한 상호협력이나 교류의 성과도 크게 만족스럽지도 나쁘지도 않은 보통 수준인 것으로 밝혀져 있다.

　ⓛ 중국 내에 있는 '한국 투자기업'과의 네트워크

　중국 내에는 현재 약 5만여 개(흑룡강신문사 자체조사)의 한국 투자기업이 진출해 있으며 이러한 기업들은 동북3성을 비롯하여 북경, 청도, 상해, 천진, 위해 등지에 진출하여 있고 이들은 대부분 현지에서 기업을 경영하는 중국조선족 기업들과 합자, 합작 등 인적 · 물적 네트워크를 구축하고 있다. 그러나 길림신원집단이 중국 내에 있는 한국 투자기업과 상호협력이나 교류를 한 적이 있는지를 묻는 질문에 '없다'라고 응답하였으며 상호협력이나 교류관계가 없는 이유는 업종이나 생산되는 상품이 한국 투자기업과 관련이 없는 것으로 나타났다.

　ⓒ 한국에 있는 '한국 기업'과의 네트워크

　길림신원집단은 한국에 있는 기업과 사업상 상호협력이나 교류를 한 적이 있는 것으로 응답하였으며 상호협력이나 교류를 했던 대상은 첫째로 원재료나 제품의 조달이며 다음으로는 기술제휴였던 것으로 조사되었다. 즉 예를 들면 길림신원그룹은 플라스틱 관을 생산할 때 한국에서 수입한 원재료와 기술 및 선진적인 설비를 활용하여 생산하는 것으로 나타났다. 한편 길림신원그룹은 한국에 있는 기업과 상호협력이나 교류의 비중은 별로 많지 않으나(작은 편임: 30% 정도) 그 성과는 만족(70%)했던 것으로 조사되었다. 한편, 길림신원그룹 김창익 회장에게 한국에 있는 기업과 상호협력이나 교류의 장애요인이 무엇인지를 묻는 질문에 김회장은 한국인과 중국인 간의 가치관이나 경제의식의 차이가 가장 큰 장애요인이라고 응답하였다. 즉 이러한 가치관이나 경제의식의 차이에다 상호협력이나 교류의 과정에서 사기 등에 의한 상호불신에 의한 벽이 교류의 장애요인인 것으로 나타났다.

그렇다면 이렇듯 조선족 기업과 한국 기업 간에 가치관이나 경제의식의 차이에 대한 불신의 벽을 허물고 상호협력이나 교류를 활성화하기 위한 방안이 무엇인지를 묻는 질문에 김 회장은 "한국인과 중국인 간의 가치관의 차이를 줄여서 상호이해의 폭을 넓히는 길만이 상호협력이나 교류를 활성화하는 방안"이라고 응답하였다.


㉣ '중국이나 기타 외국에 있는 기업'과의 네트워크

길림신원그룹은 중국 기업(한족 기업)과는 원재료나 제품조달과 사업정보의 교환 측면에서 상호협력이나 교류를 하며 중국 내에 있는 외국기업과는 교류가 없는 것으로 응답되었다. 또한 해외에 있는 외국기업(한국 기업 제외)과는 원재료나 제품조달, 기술제휴, 사업정보 교환, 합자나 합작 등에서 상호협력이나 교류를 하며 중국이나 해외에 있는 화상기업과는 상호협력이나 교류가 없는 것으로 조사되었다.


㉤ 대학(연구소), 정부기관, 금융기관, 단체와의 네트워크

길림신원그룹 김창익 회장에게 중국 및 한국 대학(연구소)과의 산학협력관계가 체결되어 있는지를 물었다. 응답결과에 의하면 길림신원그룹은 연변대학과 산학협력관계가 체결되어 있는데 예를 들면 연변대학 내에 조선족 기업 회장들의 모임인 '연변대학 동사회'가 있으며 이 모임은 연변대학의

건물건축이나 발전기금을 모금하여 연변대학을 돕는 모임인데 김창익 회장도 그동안 연변대학에 50만 위안을 발전기금으로 기부했다고 한다.

길림신원그룹의 김창익 회장은 향후 '기술개발'이나 '교육서비스' 부문의 산학협력체계를 원하는 것으로 응답하였다. 즉 길림신원그룹에서 필요로 하는 기술들을 연변대학이나 중국의 대학들과 산학연계를 통하여 개발하거나 기업을 경영하는 데 필요한 지식 및 직원들에 대한 교육 등 교육서비스가 필요한 것으로 나타났다.

김창익 회장은 중국 내에 민족금융기관의 설립이 필요하다고 생각하고 있는 것으로 응답하였다. 이는 연변뿐만 아니라 심양, 북경, 청도, 상해 등 중국의 대도시에서 기업을 경영하는 조선족 기업인들의 간절한 소망인 듯하다. 본 연구자가 중국 5개 도시의 기업인들에게 설문을 한 결과에 의하면 85% 이상의 조선족 기업인들이 민족금융기관의 설립을 원한다는 응답결과가 나왔기 때문이다. 왜냐하면 중국의 조선족 기업인들은 사업을 하는 데 필요한 자금을 주로 가족이나 친인척들로부터 조달하기 때문이다.

길림신원그룹의 김창익 회장은 현재 연변기업협회 부회장을 맡고 있는데 연변은 다른 지역과는 달리 독립된 조선족 기업들만의 조직이 없으며 조선족 기업과 한족기업들의 모임인 연변기업협회가 있을 뿐이며 연변의 조선족 기업들은 연변기업협회에서 한족 기업인 및 조선족 기업인들과 인적 네트워크를 구축하고 있는 것으로 나타났다. 한편 김창익 회장이 연변기업협회 부회장으로 활동하여 길림신원그룹의 기업신용도가 상승하는 사업활동상의 도움이 되는 것으로 응답되었다.

길림신원그룹은 한국상회나 코트라 등 기업관련단체와 상호교류가 없다고 응답하였으며 향후에는 연변 진출 한국 기업의 조직인 한국상회나 코트라 등과 교류를 추진하겠다고 하였다.

길림신원그룹의 김창익 회장은 기업활동에 '온라인 화상 네트워크'를 전혀 활용하고 있지 않으며 향후 재외한인기업의 포털사이트인 '한상 네트워크'가 구축이 되면 가장 먼저 얻고 싶은 정보 1순위로는 중국 및 해외시장

개척에 관한 정보이며 다음으로는 자본유치와 투자에 관한 정보를 얻고 싶은 것으로 응답되었다.

② 중국 내 기업 및 해외(한국포함)기업과의 수출(기술이전),
　　수입(기술도입), 투자에 관한 네트워크


㉠ 중국 내 기업 및 해외(한국 포함)기업과의 수출 및 기술이전

길림신원그룹은 한국 및 북한과 수출을 하고 있으며 최근 3년간 수출실적을 보면 2003년도에는 북한에 맥주를 600톤(120만 위안) 수출하였으며 2004년도에는 맥주를 북한에 1,000톤(200만 위안), 한국에 100톤(20만 위안)을 수출하였다. 그리고 2005년도에는 전체 수출액 1,800톤(360만 위안)중에서 200톤(40만 위안)은 한국에 나머지 1,600톤(320만 위안)은 북한에 수출한 것으로 조사되었다.

길림신원그룹의 주요 수출품은 맥주이며 맥주를 한국과 북한 등에 수출할 때는 바이어가 회사를 직접 방문하여 수출 상담을 하기 때문에 경쟁관계를 느끼지 못한다고 응답하였다. 한편, 길림신원그룹은 중국 내 기업 및 해외(한국 포함)기업에 자사기술을 이전한 적이 없다고 응답하였다.


㉡ 중국 내 기업 및 해외(한국 포함)기업과의 수입 및 기술도입

길림신원그룹은 한국의 LG로부터 자사제품 제조에 필요한 원재료를 수입하고 있는 것으로 응답하였다. 즉 난방용 플라스틱 관재료 등을 생산하는 데 필요한 화학재료를 한국의 한화나 LG로부터 수입하여 생산하고 있는 것으로 나타났다. 한편 길림신원그룹의 최근 3년간 수입실적을 보면 2003년도에는 400톤(480만 불)의 원료를 수입했고 2004년도에는 800톤(960만 불), 2005년도에는 1,500톤(1,800만 불)의 원료를 수입한 것으로 조사되었다.

길림신원그룹은 한국의 기업으로로부터 기술을 도입하고 있으며 길림신원그룹이 도입하는 기술의 형태는 '기술공정'인 것으로 나타났다. 즉 길림신

원그룹은 한국의 한화나 LG로부터 원재료와 기술을 도입하여 난방용 관 등을 생산하는 것으로 응답하였다.

ⓒ 중국 내 기업 및 해외(한국 포함)기업과의 투자

길림신원그룹은 중국 내 기업 및 해외(한국 포함)기업과의 투자를 하고 있지 않으며 향후 한국에의 투자를 고려하고 있지 않다고 응답하였다. 이는 길림신원그룹의 김창익 회장이 그동안 한국 기업으로부터 당한 섭섭함과 실망 때문일 수도 있으며 한편으로는 한국에 투자할 만한 실력이 안 되어서일 수도 있다. 아무튼 건전하게 잘 성장해가는 길림신원그룹 같은 조선족 기업들을 통하여 한민족 기업이 서로 상생할 수 있도록 한상 네트워크를 구축해야할 것이다.

**(4) 경영활동과 네트워크 구축 분석 및 시사점**

길림신원그룹은 사업상 동일업종이나 동일상품 생산 기업들과의 네트워크를 많이 활용하고 있으며 혈연 네트워크는 활용하고 있지 않은 것으로 나타났다. 또한 중국 내에 있는 조선족 기업들과는 원재료나 제품조달 시 네트워크를 활용하며 그러나 교류의 비중은 많지 않은 것으로 조사되었다. 즉 길림신원그룹은 같은 조선족 기업 간의 네트워크가 활성화되지 않는 이유는 활발한 네트워크를 할 만한 실력 있는 조선족 기업이 많지 않기 때문인 것으로 판단된다.

한편 길림신원그룹은 중국에 진출해 있는 한국 투자기업과는 네트워크가 없는 것으로 나타났다. 필자가 오랫동안 연구해온 경험에 의하면 중국조선족 기업과 한국 투자기업과는 가장 강한 연대의 네트워크가 구축되어 있는 것으로 조사되었는데 길림신원그룹처럼 실력 있는 조선족 기업이 한국 투자기업과의 네트워크가 전혀 없다는 응답결과에 대해서는 의외라는 생각이 든다. 물론 인터뷰 시 김창익 회장이 한국 투자기업으로부터 사업상 많은 손해를 입고 힘들었다는 속마음을 전달한 적이 있었는데 그런 과거의 좋지 않는 경험으로 인하여 한국 투자기업과의 네트워크가 원활하지 않은 가 하는 판단이 된다.

길림신원그룹은 한국에 있는 기업들 예를 들면 LG나 OB맥주 등과의 네트워크가 구축되어 있으나 상호협력이나 교류의 비중은 많지 않은 반면에 성과는 만족했던 것으로 조사되었다. 즉 중국에 진출해 있는 한국 투자기업보다는 한국에 있는 한국 기업과의 네트워크가 더 원활하고 활성화되어 있는 것으로 나타났다.

수출이나 수입의 측면에서 보면 길림신원그룹은 한국 및 북한과 수출을 하고 있으며 수출의 비중을 보면 한국보다는 북한에 수출하는 비중이 더 큰 것으로 나타났다. 또한 수입의 측면에서 보면 한국의 LG나 한화와 같은 대기업과의 네트워크가 비교적 잘 구축되어 있는 것으로 판단된다. 길림신원그룹의 대내외적인 이러한 네트워크 구축에 대한 분석에 의하면 한국 기업과 조선족 기업 간의 네트워크를 활용하여 사업상 서로 상생하기 위해서는 서로 간의 문화적, 언어적 차이와 가치관과 경제의식의 차이를 극복하고 상생하는 마음을 가져야 상호 간에 윈윈할 수 있을 것이라는 판단이 선다.


## 2. 연변국제무역대하유한책임공사

### 1) 연변의 서비스업

#### (1) 상업[4]

해방 후 연변의 상업은 많은 발전을 가져왔다. 특히 나라에서 개인 상업에 대한 정책 허용범위를 넓히고 개혁개방을 실시한 1980년부터 상업이 신속한 발전을 이루어 상품이 풍부하고 매매가 활발한 국면이 조성되었다. 2003년 말에 이르기까지 자치주 안의 상업, 무역 분야의 도매 및 소매 단위

---

4    김숙련 · 김영림(2005), 앞의 책, pp. 66-67.

가 485개소, 종업원 인구는 1만 1,795명이 되었다. 그중 국유 경제단위는 195개소, 종업원 4,550명이고 도시 집체 경제단위는 147개소, 종업원은 1,533명이며 기타 경제단위는 143개소, 종업원은 5,712명이었다. 이 외에 여관, 외식산업 및 기타 여러 가지 대중 서비스업 단위가 287개소이고 종업원 인구는 7,236명에 달하였다. 그중 국유 경제단위가 132개소이며 도시 집체경제 단위가 59개소, 기타 경제단위가 96개소이다. 2003년도 전 자치주 사회 소비물자 소매 총액은 74억 6,000만 위안에 달하며 그중 도·소매 무역업이 66억 2,000만 위안이고 외식산업이 8억 3,000만 위안, 기타 대중서비스 산업이 1,000만 위안이었다. 한편 시장 무역도 활발한 양상을 나타냈는데 연변의 도시와 농촌 곳곳에서 층집식 시장, 밀폐식 시장, 막식 시장, 정원식 시장을 볼 수 있는데 이런 시장들은 수백 개에 이르렀다. 따라서 자치주 전체 시장의 연간 무역 총거래액이 무려 43억 3,000만 위안에 달할 정도로 시장경제가 성장하였다.

연변에서는 제일 큰 종합성 시장이 바로 연길시의 서시장으로서 도시 중심가에 자리 잡고 있는 이 시장의 총 면적은 7만 2,300m$^3$나 된다. 시장에는 4,100여 개의 상가 매대와 7,800여 명의 경영자(주로 자영업자)들이 있으며 경영 품종은 1만 2,000여 가지이고 하루 평균 유동인구는 연간 8만 명, 연간 매상고는 7억 3,000만 위안에 달하였다. 상업경제의 끊임없는 발전에 따라 연변의 개체 경영자는 우후죽순처럼 늘어났다. 2003년 말까지는 전 자치주의 개체 상공업자는 6만 5,461세대, 개체업 종업원은 10만 3,099명이 되었다. 그 가운데서 도매 구입, 소매 무역과 외식 산업 및 기타 사회 서비스산업에 종사하는 개체 경영자는 5만 6,507세대로서, 8만 8,611명에 이르렀다.

### (2) 관광업[5]

연변의 관광업은 1980년대부터 본격적으로 시작되었지만 그 발전 속도

---

[5]　김숙련·김영림(2005), 앞의 책, p. 71.

는 아주 빨랐다. 특히 1998~2002년은 연변의 관광업이 가장 빨리 발전한 시기로 관광 기초시설 건설과 관광제품 개발에 혁신적인 진전이 이루어짐에 따라 '접대형'으로부터 '산업형'의 관광사업 구조 전환을 실현했다. 이 5년 사이에 연변을 찾아온 국내외 관광객은 778만 3,000명이고 관광 경제 총수입은 27억 9,000만 위안에 달하며 1998년 이전의 5년 합계보다 각각 33퍼센트와 149퍼센트 성장했다. 2003년에 들어서서 '사스'의 영향으로 말미암아 연변의 관광업은 큰 충격을 받았지만 길림성 내에서는 여전히 최고 수준을 유지해 연길 해외 관광객 접대 인수는 현재까지 12만 1,000여 명, 외화 수입은 2,330만 달러를 기록했다. 현재까지 195만1,000여 명의 국제 관광객이 연변을 찾았으며 이에 따른 관광수입은 11억 7,000만 위안에 달했다.

## 2) 연변국제무역대하유한책임공사[6]

| 회사명 | 연변국제무역대하유한책임공사 | 대표자명 | 최정금 회장<br>( 1956년생 ) | | |
|---|---|---|---|---|---|
| 소재지 | 길림성 연길시 인민로 81호 | 전화번호 | 0433-2913444<br>(HP)13304436666 | | |
| 홈페이지 | www.ybguomao.com | 이메일 | guomao@ybguomao.com | | |
| 회사형태 | 주식회사 | 업태 및 업종 | 상업, 관광업, 가공업, | | |
| 자본 | 창업<br>자본금 | 50만 위안 | 주식 출자 상황 | | |
| | | | 총주식수 | 주주수 | 대주주 |
| | 총자본 | 7억 2,000만 위안 | - | 31명 | 최정금 회장(70%)<br>이사들(30명, 30%) |
| 종업원수 | 조선족 | 300명 | | | |
| | 한 족 | 1,500명 | 합계 1,800명 | | |
| | 기 타 | 0명 | | | |

---

6   2006년 1월에 저자가 연변국제무역대하유한책임공사를 방문하여 최정금 회장과의 면담을 통하여 연변조선족 기업의 상업 및 관광업에 대한 경영활동과 네트워크를 파악하였다. 이로써 당시 연변조선족 기업의 정황을 알 수 있을 것이다.

| 창 업 | 1992년 8월 | | | |
|---|---|---|---|---|
| 연간매출액 | 2003년 | 2004년 | 2005년 | 2006년 |
| | 5억 6,000만 위안 | 6억 5,000만 위안 | 7억 6,000만 위안 | 8억 위안 |
| 사 훈 | 이상 추구, 신창조 | | | |

## (1) 회사개요

① 회사소개

연변국제무역대하유한책임공사는 1992년 8월 28일에 창립되었고 연길시 중심의 변화한 지역에 위치하여 있으며 길림성 10대 상업성 기업 중 하나이다. 회사에는 현재 1,800여 명의 직원이 소속되어 있으며 세 번의 확장공사를 통하여 건축면적이 4.5만m³에 달하며 영업면적이 3.5만m³이다. 또한 거래품목은 10만여 종에 달하고 고정자산은 7.8억 위안이며 연 매출액은 3억 위안 이상이다. 따라서 연변국제무역은 이미 연변지구의 상업에 있어서 선도기업으로 자리 잡았으며 또한 여러 차례 국가나 성, 주로부터 표창을 받은 연변기업계의 모범 기업군이다.

연변국제무역은 또한 주 내의 주요 현이나 시에서 합병, 매수 및 부동산 상인과 합작하는 방식을 통하여 훈춘, 도문, 안도, 돈화 등 지역에서 대형 쇼핑상가를 건설하였다. 즉 2002년 12월에는 연변국제무역마트 훈춘지점을 개업하였는데 그 영업면적이 1.5만m³에 달하였다. 또한 2003년 11월에는 연변국제무역마트 도문지점이 개업되어 그 건축면적이 8,000m³에 달하였으며 또한 안도지점, 돈화지점 등의 개업으로 규모가 점차 확대되었다.

신국제무역광장은 2004년 3월에 개업하였는데 이는 연변국제무역빌딩 이후 연길에서 개업한 또 하나의 대형 상가이다. 연길시 상업 황금지역에 위치한 신국제무역광장은 복장, 가구용품 등을 위주로 경영하며 소비자의 수요를 만족시키는 현대식 백화점으로서 국제무역빌딩과 서로 다른 지역에서 경영하며 계속적인 사회수요에 부응한다. 신국제무역광장은 현재 중국 내에서 비교적 선진적인 상업 컴퓨터관리 시스템을 도입하여 선진적인 엘리베이터 및 소방 시스템과 중앙에어컨 시스템이 잘 갖추어져 있는 하나의 현대화된 지능형 상업빌딩이다.

〈그림 IV-12〉 연변국제무역대하유한책임공사 전경

〈그림 IV-13〉 신국제무역광장 전경

② 대표이사 약력
- 연길 출생(1956. 2. 23)
- 한족고등학교 졸업

- 중학교 교원(안도, 4년)
- 상업에 종사(1976)
- 연길종합상가 사장(1984)
- 연변국제무역대하유한책임공사 회장(1992)

〈그림 Ⅳ-14〉 연변국제무역대하유한책임공사 최정금 회장

### ③ 회사연혁

- 1992년 8월      연변국제무역대하유한책임공사 창립
- 1998년      연변국제무역 체인마트 개업
- 1999년      국제무역마트 돈화지점 개업
- 2002년      국제무역마트 훈춘지점 개업
- 2003년 5월      국제무역마트 안도지점 개업
- 2003년 11월      국제무역마트 도문지점 개업
- 2004년 3월      연변신국제무역 개업
- 2005년 8월      신합작연변국제무역 휘남점 개업
- 2005년 11월      신합작연변국제무역 이수점 개업
- 2006년 3월      연변국제무역가락쇼핑광장 개업
- 2006년 7월      신합작연변국제무역 상지점 개업
- 2007년 1월      신합작연변국제무역 왕청점 개업
- 2007년 8월      연변국제무역 하남쇼핑광장 개업

④ 주요 계열사 및 사업내용

㉠ 연변국제무역 체인백화점

연변국제무역 체인백화점은 1998년에 첫 번째 체인백화점을 오픈한 이후 계속적인 확대발전에 힘입어 현재 54곳의 체인백화점이 오픈되어 있으며 배송센터의 협조에 의하여 원활한 배송이 이루어지고 있다. 체인백화점은 연길시 및 주 내의 각 현시에 분포되어 원활한 규모화 · 조직화에 의하여 경영이 잘 이루어지고 있다.

따라서 2002년 12월에는 경영면적 1만 5,000m³의 연변국제무역 훈춘지점을 설립하고 2003년 11월에는 면적 8,000m³의 연변국제무역 도문지점을 설립하였으며 이어서 안도지점, 돈화지점을 설립하였고 또한 2007년 8월에는 연길시 원항쇼핑광장을 인수하여 연변국제무역 하남쇼핑광장을 새롭게 설립하였다.

〈그림 IV-15〉 연변국제무역 체인백화점 내부전경

• 안도국제무역: 연변국제무역 안도지점은 1999년 7월에 개업하여 안도현 명월진의 인구가 밀집한 상업지역에 위치하였다. 2003년 4월 28일에 안

〈그림 Ⅳ-16〉 연변국제무역 안도지점 내부전경

도지점은 전체적으로 리모델링을 통해 경영범위를 확장하여 다시 개업하였으며 현재 안도현에서 규모가 제일 큰 대형 쇼핑광장이다.

안도지점의 총 영업면적은 4,000m³이며 1층은 주로 음식, 건강식품, 시계, 가방 등을 판매하고 2층은 주로 가전제품, 주방용품 등을 판매하며 3층은 주로 침구, 가구, 커튼 등을 판매한다. 안도지점의 종업원수는 100여 명이며 또한 안도지점은 연변국제무역의 전통을 이어받아 신용과 품질은 최고로 한다는 서비스 지침으로 안도현 사람들에게 가격이 저렴하고 품질이 좋은 상품을 제공하여 안도현의 경제발전을 위해 큰 공헌을 하고 있다.

• 도문국제무역: 연변국제무역 도문지점은 도문시 해방로와 태평거리의 교차로에 있으며 도문시의 상업 황금지대에 놓여있다. 연변국제무역 도문지점은 원래 도문시 백화점 이였는데 2002년에 도문시 정부의 적극적인 협조하에 연변국제무역이 도문시 백화점을 인수하여 새롭게 리모델링하였다. 새로 리모델링된 연변국제무역 도문지점은 총 면적이 8,000m³이고 영업면적은 6,000m³이며 총 투자액은 1천 500만 위안이고 직원은 150명이다. 또한 영업품목은 10만여 종이고 도문시에서 경영규모가 제일 크며 서비스가 잘 되어 있는 대형 쇼핑광장이다.

〈그림 IV-17〉 연변국제무역 도문지점 내부전경

• 하남국제무역: 2005년 초에 연변국제무역은 거액의 자금을 들여서 연길시 원항쇼핑광장을 인수하였다. 2005년 8월에는 연길시 원항쇼핑광장을 연변국제무역 하남쇼핑광장으로 이름을 변경하고 개업하였다. 쇼핑광장은 자하 1층으로부터 자상 5층의 규모로 총 면적은 5만$m^3$이고 영업품목으로는 식품, 슈퍼, 화장품, 패션, 가전제품 등이다. 쇼핑광장은 시설이 완비되고 인테리어가 고급스러우며 연길시 하남상권의 중심지대에 있다.

〈그림 IV-18〉 연변국제무역빌딩 하남쇼핑광장 전경

#### ㉡ 연변국제무역 체인편의점

연변국제무역 체인편의점은 1998년 첫 번째 분점이 개업된 이래 부단히 확대발전하여 현재 80개의 분점을 갖고 있으며 총 영업면적이 1만 5,000m$^3$에 달한다. 마케팅 네트워크는 전 주 각 현시에 분포되어 있으며 주로 식품, 백화, 가정생필품 등 1만 여종의 상품을 취급한다. 편의점은 '고객만족과 성실봉사'를 경영목표로 하고 '스스로 봉사, 상품완비, 가격저렴'을 서비스방식으로 삼고 있다. 이러한 발자취는 이미 연길시의 주요 조직구와 상업지역에 분포되어 있으며 왕성한 발전 추세를 나타내고 있다. 회사는 또한 화룡, 용정, 돈화 등지에 비교적 큰 규모의 슈퍼마켓을 오픈하였으며 그 지역의 주민들이 구매활동을 하기에 편리하도록하여 고객만족도가 높아지고 있다.

〈그림 Ⅳ-19〉 연변국제무역 체인편의점 내부전경

#### ㉢ 연변국제무역 민속촌

연변국제무역 민속촌은 연길시 모아산 부근에 위치하고 있다. 민속촌은 총면적이 60만m$^3$이고 건축면적은 2,000m$^3$이며 조선족 민속풍속, 음식문화, 특색문화예술 프로그램, 스포츠 등의 항목으로 된 연길시에서 규모가 제일 크고 시민들이 제일 즐겨 찾는 관광휴양지 중의 하나이다. 따라서 연변국제무역 조선족민속촌은 국내외 여행객들에게 조선족 전통민속을 알리는 창구역할을 하고 있다.

〈그림 IV-20〉 연변국제무역 남계농장

〈그림 IV-21〉 연변국제무역 민속촌

㉣ **남계농장**

　면적이 15만m³나 되는 남계농장은 산수가 수려한 연길시 연집향에 위치하고 있으며 풍부한 임야와 관광자원을 갖추고 있다. 이곳에는 봄 여름 가

〈그림 IV-22〉 남계농장

〈그림 Ⅳ-23〉 연변국제무역 정채가공공장에서 생산한 반찬

을은 꽃과 나무가 풍성하고 겨울에는 천지가 은색으로 뒤덮여 있어 사시사철 아름다운 경치를 즐길 수 있다.


ⓛ 연변국제무역 정채가공공장과 관리식품공장

연변국제무역 정채가공공장은 전통적인 가공기술과 현대 공정기술을 도입하여 조선족 특색의 반찬을 생산하고 있다. 이는 맛 좋고 신선하며 영양이 풍부해서 다년에 걸쳐 많은 고객들로부터 호평을 받고 있으며 가정에서와 관광상품으로 인기리에 판매되고 있다. 또한 연변국제무역 관리식품공장은 조선족 특색 식품인 개고기 보신탕을 생산 개발한다. 보신탕은 신선한 개고기를 원료로 하여 전통의 가공법과 현대의 제작공법을 이용해서 생산함으로써 신선하고 영양이 풍부하여 보양효과가 뛰어나다. 이 제품은 연변 시민들의 사랑을 받고 있으며 성 내외에서도 소비량이 많다.


⑤ 연변국제무역 최정금 회장의 경영활동과 마인드

최정금 회장은 1976년부터 상업에 종사하게 되었다. 1984년에는 연길종합상가의 사장을 맡았으며 1992년에는 연변국제무역대하유한책임공사의 회장을 역임하게 되었다. 지난 15년 동안 최정금 회장은 피나는 노력을 통하여 자신의 운명과 기업의 운명을 같이 하고 자신의 청춘을 사업활동에 모두 바쳤다. 그리고 시대의 흐름에 따라 개혁개방의 대조류가 그녀의 재능을 발휘할 수 있도록 돕기 시작하였다. 치열한 경쟁의 사회환경은 그녀를 승부욕이 강하고 엄격한 성격의 사람으로 만들었다.

연변국제무역대하유한책임공사는 가정생필품 등 일용잡화를 취급하는 종합상점이어서 경쟁력도 크지 않고 경제적인 효과도 높지 않은 사업이었다. 그러나 최정금 회장은 회장으로 취임한 이후 경영관리체제를 개혁, 정비하여 판매망을 원활하게 하고 경영활동범위를 확장시켰다. 그리고 경영책임제를 실시하여 각 개인마다 목표를 할당해서 스스로 책임을 지게 하였다. 업무상의 장려금과 복리에 대한 예우는 판매액 및 공헌도에 따라서 정하였으며 부지런한 사람은 장려하고 게으른 사람은 처벌하는 식의 방법을 도입하여 직원 상호 간의 경영의식을 유발시켰다. 이렇게 함으로써 기업은 점차 활기를 띠게 되었는데, 즉 판매망을 활발히 하기 위해 장춘, 길림, 목단강, 돈화, 조양천 등지에 자체관리 시스템을 두게 하였다. 결과적으로 작은 종합상점이 큰 매매를 활발하게 하게 되었고 적응능력과 경쟁능력을 높여서 판매액은 점차 증가하게 되어 기업의 이익도 눈에 띄게 증대되었다. 최고경영자인 최정금 회장은 도량과 식견을 갖추고 있으며 패기가 있고 시대를 앞선 의식을 가진 인물이다. 그녀는 일찍이 시장조사를 통해서 연길시의 유동인구부터 주민들의 구매력까지 파악하였으며 또한 훈춘의 지역개발에서부터 연길국제공항의 확장까지 파악하였다. 이러한 모든 노력은 시장을 형성하고 경제활동을 촉진하는 데 적극적인 영향을 끼치게 되었다.

최정금 회장은 오래된 관리방식을 과감히 타파하고 관료식 상업제를 배제시켰다. 따라서 현재 국제무역대하유한책임공사는 복장가공공장, 가구공장, 소파공장 등을 계열사로 두고 있으며 또한 조선민속 관광촌을 건설하였고 훈춘에 오락센터를 개업하였다. 또한 최정금 회장은 기업의 종합적인 서비스 능력을 향상시키기 위하여 양어장과 동물사육장 및 농부산품생산기지를 건설하였다. "일하기 싫으면 그만둬라, 일하려면 뭔가를 이루어내라." 최정금 회장은 이렇게 말하고 있고 이렇게 해내고 있다. 몇 년간의 고

난을 통해서 국제무역대하유한책임공사는 번창의 길로 들어서게 되었다. 그러나 최정금 회장은 이러한 업적에 만족하지 않고 1992년 초에 경영의사 결정을 통하여 국제무역대하를 확장시켰고 연변국제무역과 연변 주가 함께 발전하는 길을 도모하였다. 지난 하반기부터 그녀는 경영책임제를 추진하여 권력을 분권화하였다. 따라서 경영실적이 좋으면 본사에 납부하는 이익이 많을 것이고 보수도 많을 것이다. 그러나 경영이 부실하면 본사에 납부하는 이익도 적을 것이고 당연히 보수도 적을 것이다. 그녀는 직원 상호간의 적극성을 도모하였고 국가, 기업, 개인이 모두 이익을 누릴 수 있도록 사회주의에서 인정하고 있는 사회주의 상업신모델을 창조하였다. 또한 경제적인 효율과 사회적인 효율도 제고하였다. 또한 그녀는 엄격하게 자신을 관리하고 청렴하게 생활하였으며 명예와 이익만을 추구하지 않아서 모든 면이 직원들의 모범이 되었다.

최근 최정금 회장은 연길시로부터 판매계통 최우수 경영자라는 평가를 받았고 지난해에는 자신이 이끄는 기업인 연변국제무역대하유한책임공사가 '전국신용우수기업'과 '길림성 10대 우수기업'에 선정되는 쾌거도 이루었다.

## (2) 경영자와의 인터뷰

① 회사의 일반현황

Q 회사 형태는?

A 주식회사 형태로 백화점이다. 연변 자치주 내에 슈퍼마켓도 80개 정도 가지고 있다. 규모 면에서 보면 현급은 1만 2,000m$^3$ 정도이고 나머지는 200m$^3$ 정도이며 대부분 체인점이다.

Q 사업 시작할 때 자본금은?

A 조그마한 상점이었다. 50만 위안 정도이다. 현재 총자본금은 7억 2,000만 위안 정도이다. 1979년 4월 16일에 창업했으며 주식회사로는

1995년부터이다.

Q 주식비율은?

A 주식비율은 70%가 내 소유이다. 나머지 30%는 이사진들이 가지고 있다. 이사들은 약 30명 정도인데 주주는 9명이다.

Q 종업원수는?

A 1800명이다. 그중 조선족은 300명 가량이고 나머지는 한족이다.

Q 매출액은?

A 2005년도에는 7억 6,000만 위안이었으며 2006년도에는 8억 위안이었다. 그전 실적을 보면 2004년도에는 6억 5,000만 위안이었고 2003년도에는 5억 8,000만 위안 정도이었다.

Q 사훈은?

A '신용제일'이다.

② 사업동기 및 회사의 발전과정

Q 사업동기는?

A 처음에는 교원을 했었다. 중학교 교원으로 4년 있었다. 한족 고등학교 졸업했었다. 교원은 농촌(안도)에서 했었다. 1956년 2월 23일 생이다. 원래는 교원이었는데 집이 어렵고 어머니, 아버지가 병환에 계시니까 지체 없이 돌아왔다. 원래는 교원을 계속 하고 싶었는데 부모님이 편찮으시니까 부모도 돌봐야 하고 형제들도 돌봐야 해서 1976년도에 연길에 올라와서 상업에 종사했다. 처음에는 조그마한 잡화점에 출근했다. 공소사 아래에 있는 집체기업이었다. 한 20명 되는 직원을 데리고 있었다. 1년 반 정도 종업원으로 근무했다. 1년 반 뒤에 부사장으로 진

급했다. 부사장하면서 구매담당을 계속 10년 정도 했다. 전국 각지 안 가본 곳이 없다. 다닐 때는 집이 가난하니까 좌석에 앉지도 못하고 입석을 사서 서서 가기도 하고 화장실에 사람이 없을 때는 깔개를 깔고 앉고 기차가 한가할 때는 빈자리에 앉기도 하면서 다녔다. 10년 동안 호텔에도 못가고 지하목욕탕에 가서 목욕하고 자면서 다녔다. 팔지 못한 물건들은 밀차를 밀고 다니면서 팔았다. 또한 기차 타고 다닐 때는 상품을 머리에 이고 다니면서 팔았다. 그때는 작은 상점이라 차도 없어서 밀차를 밀고 다니면서 팔았다. 1981년도부터 90년까지 그렇게 했다. 1992년도 4월 26일에 연길에 왔는데 여기 왔을 때는 건물을 미처 짓지 못했었다. 그때는 건물을 완공하지도 못하고 실내 장식도 전혀 없는 상태였다. 그 상태에서 빚이 1,720만 위안이었다. 원래 나는 주공소사(공급합작사라고 사회주의 체제에서 존재했던 것, 요즘으로 말하면 백화점) 소속이었는데 선거를 통해 뽑혀서 파견 나온 것이다. 오고 싶다고 오는 것이 아니었다. 조직에서 당원이니까 너는 이거 해야된다 하면 무조건 복종해야 하는 명령식이었다. 그러니까 이 빚도 반드시 본인이 갚아야 한다 했다. 이 때문에 고생을 너무 많이 했다. 빚쟁이들 때문에 집을 19번이나 이사를 해야 했다.

연변에서는 그때 은행에서 대출을 받으려면 은행장을 계속 쫓아다녀야 했다. 그러니까 1992년도 4월 20일에 백화점을 맡은 후 한 7년간은 얼굴에 화장품을 발라본 적이 없었으며 은행 대출을 받으려고 은행장 집에 가서 청소도 해주고 김치도 담가주고 하여 이런 걸로 은행장을 감동시켰다. 내가 농촌에서 교사를 하면서 여유시간이 있으니까 밥을 잘 지었는데 그래서 그걸로 감동시켰다. 남의 신발도 닦아주고 청소도 해주고 김치도 담가주고 하니까 이 사람들이 감동해서 대출도 해주더라. 이게 다 장춘이나 북경에 있는 농업은행이나, 공상은행에서 있었던 일이었다. 이렇게 하다 보면 어떤 은행장 집에서는 안 들여보내 주는 경우가 있었다. 이럴 때는 새벽 5시부터 밖에서 기다렸다. 그때부터 기다리면 그분들이 아침 6시 20분경에 나온다. 그때 나오면 같이 1시간 동안 걸어 다니면서 사정을 이야기하였다. 이런 식으로 한 달 두 달 다니니까 그분들이 감동해서 조금씩 대출을 해주려는 마음을 보이더라. 그래서 그때 2,000만 위안 정도 대출을 받았다. 이래서 1992년 8월 28일에 백화점 문을 열었다. 즉 넉 달 동안 2,000만 위안의 돈을 조달할 수 있었다. 그런데 이렇게 해서 겨우 백화점을 오픈하고 나니까 상품을 들여올 돈이 없더라. 그래서 생각한 결과 자영업자들을 백화점으로 들어오게 했다. 그러나 그때 당시만 해도 우리 같은 집체기업에 개인들이, 그러니깐 자영업자들이 들어오는 게 인상이 좋지 않았다. 그래서 그랬는지 국영기업에서 어떻게 자영업자들을 들어오게 하느냐고 하면서 직원들의 반대가 심했다. 그런데 그러고 싶어서 한 게 아닌데, 돈이 없어서 방법이 없어서 한 건데. 그렇게 문을 열었는데 자금이 없어서 빚쟁이들이 계속 오니까 3년 기간 동안 19번을 이사했다.

### ③ 가정환경

Q 가정환경 및 기업성장과정은?

A 지금 생각해보면 일찍부터 구매담당 일을 했던 것이 내게 도움이 많이 됐던 것 같다. 첫째는 우리 집이 아주 가난했던 것이 내게 도움이 됐었던 것 같다. 어렸을 적을 생각해보면 우리 아버지가 결핵 환자였고, 오빠는 늑막염이었다. 아버지 형제들은 7남매였는데 우리 집이 제일 못살았다. 엄마가 벌어서 생활이 유지되었다. 지금도 생생하게 생각나는 것은 겨울에도 고무신을 신고 다녔기 때문에 그때 당시에 발에 동상이 걸렸었는데 지금까지도 발 상태가 좋지 않다. 식사 때 밥은 아버지밖에 못 드리니까 나머지 식구들은 부대죽, 무, 감자 같은 걸로 끼니를 때웠다. 그래도 어머니께서 가마니나 광주리 같은 것을 짜서 팔아서 생활을 유지하였다.

형제는 5형제인데 그중에 내가 셋째이다. 위로 언니와 오빠가 하나

씩 있고 아래로 남동생 둘이 있다. 그때는 나도 새끼를 꼬아서 어머니를 도왔으며 남들 놀 때 놀지도 못했다. 그러다 보니 학교 다닐 때는 친구도 없었다. 왜냐하면 맨날 거지 같은 옷만 입고 다니니까 다들 말 걸기도 싫어하고 그랬다. 그래도 소학교 졸업할 때 학습성적이 우수하다고 중국학교에 보내주더라. 중국학교에 보낸 학생은 전교에서 3명밖에 없었다. 그때는 왜 내가 뽑혔는지 몰랐다. 중국학교에 갔을 때도 우리 가정생활이 곤란했다. 그래서 학교에 다니는 동안에도 다른 활동은 하지 못하고 공부밖에 몰랐다. 그래서 4년 반 만에 졸업하고 하향해서 교사 생활을 했는데 수학을 가르쳤다. 어문하고 정치 과목은 할 수가 없었다. 왜냐하면 조선족 학교 다니다가 중국한족학교 가니까 언어소통이 잘 안 되어서 포기하고 수학, 물리, 화학, 러시아어만 공부를 해서인지 수학하고 러시아말은 잘했다. 그래서 교원할 때 수학선생이었는데 수학을 잘한 것도 도움이 많이 되었던 것 같다. 왜냐하면 숫자에 있어서는 나를 속이지 못한다.

1983년도에 무슨 일이 있었냐 하면 업무경리를 담당한 후 그때 돈으로 5만 2,000위안으로 TV를 구매하러 갔는데 사기를 당했다. 사기를 친 사람은 사천성 사람인데 나를 믿게 해놓고 사기 치고 도망쳤다. 그때 우리 아들이 생후 10개월이고 아파서 병원에 입원했었는데 이 일 때문에 병원도 못 가봤다. 그때 당시는 지금하고는 사고방식이 좀 달랐다. 즉 백화점 일을 완수하지 못하면 당에 미안하고 인민에 미안하다는 정치관념이 딱 박혀 있었다. 그러니까 머릿속에는 우리 아이나 우리 부부가 중요한 게 아니라, 당에서 맡겨준 백화점 일을 제대로 해내지 못하면 나는 죽어야 된다고 생각해서 유서까지 썼다. 즉 백화점 일을 해결하지 못하면 나는 죽을 테니까 우리 아이를 부탁한다고 남편 앞으로 유서까지 썼다.

그러고서 사천성에 가서 석 달 동안 오막살이 집에 여자 혼자 있으면서 사기 친 사람을 백방으로 수소문하고 찾으러 다녔다. 그러면서 은행장을 찾아가서 그 사람이 맡겨 놓은 물건을 담보로 대금을 빌릴 수 있는 방법을 찾았다. 그래서 행장 집에 찾아가서 스무날 있었다. 행장 집에 있는 동안 밥도 해주고 김치도 담궈주고 해서 행장을 감동시켰다. 결국은 행장이 어떻게 하면 그 돈을 해결해줄 수 있는가라고 물었다. 결국은 그 행장이 1만 5,000위안을 빌려주고 나머지는 나에게 사기 쳤던 사람의 물건, 즉 자전거 부품, TV 부품, 녹음기 부품으로 3만 7,000위안을 충당해줬다. 이것이 넉 달 열흘 만의 일이었다. 그 후 부품들을 집으로 가져온 남편을 불러서 그것을 조립해서 내가 마당에서 팔았다. 그때 남편이 부대에 근무했기 때문에 매월 받은 월급을 저축한 돈이 2,000위안 정도 있었는데 그 돈을 투자하여 부속품들을 제품으로 완성한 후 조립해서 팔았서 4,000위안의 이익을 남겼다. 그중에 2,000위안은 남편한테 갚고 나머지 2,000위안은 회사에 들여놨다. 이것을 해결하고 나니까 정신분열증이 왔다. 그래서 2년간은 아무 일도 하지 못했다.

이런 일이 있으니까 회사 경영은 안 시키고 당에서 노조위원장을 시키더라. 그것을 한 1년 반 했다. 그 후에 또다시 당에서 발령을 받았는데 원래 부사장에서 정사장으로 진급을 시키더라. 그리하여 회사에 출근하니까 직원들이 정신병자가 와서 사장을 한다고 하면서 말을 안 듣더라. 거기다가 내가 출근해서 지나가면 정신병 환자가 어떻게 사장질을 하냐면서 침을 뱉더라. 그때 직원이 한 30명 됐는데 다 나를 따돌렸다. 한 명도 내 편이 없었다. 그래서 혼자서는 문을 못 여니까 물건을 들고 다니면서 팔았다. 그렇게 한 20일을 하니까 조금씩 사람들이 모여들면서 한 10명 정도 되니까 문을 열었다. 그때의 이런 일들이 모든 어려움을 이겨내는 기반이 됐다고 생각한다.

내가 죽을 생각을 두 번 했는데 또 한 번은 언제 했냐하면, 1994년도에 이 백화점 확장공사를 하는 중에 건물을 짓는 사람들의 부주의로 불이 났다. 그때 나는 백화점 내에서 손님과 식사를 하고 있었는데 불이 났다고 하는 거다. 그때 내 생각에 이 국제무역빌딩은 내 목숨이라고 생각했다. 그런데 불이 났다고 해서 밖에 나가서 보니 검게 연기가 나고 온통 아수라장이었다. 그때 나는 내 목숨과 같은 이 백화점이 불이 나서 다 타는구나 생각하고 11층으로 올라가서 뛰어내리려고 하는 찰나에 어느 직원이 황급히 나를 부르면서 건물 사이에 있는 칸막이만 탔으니 내려오라는 것이었다. 이렇게 두 번 자살기도를 했다.

Q 자서전 같은 자료는 있는가?

A 나는 원래 인터뷰도 잘 안한다. 지금 이게 처음 하는 거다. 아직은 갈 길이 멀다고 생각한다. 내 길에 대해 아직도 확신이 서지 않아서 이런 얘기도 잘 안 한다. 직원들 앞에서 딱 한 번 이야기한 적은 있다.

④ **가족사항**

Q 아드님은?

A 일본에서 유학 중이다. 미국에서 인증하는 컴퓨터 프로그램 공정사 자격증을 받았다. 지금 일본에서 취직해도 3만 위안은 받을 수 있다고 하는데 아들의 목표는 그게 아닌 것 같다. 3년 정도 공부를 더 하고 영어까지 마스터하면 1년에 100만 위안도 넘게 받을 수 있는 곳으로 취직할 수 있다고 한다. 그래서 아들이 부탁하기를 3년간만 학비를 지원해주면 그 뒤로는 완전히 독립해서 스스로 헤쳐 나가겠다고 하더라. 그동안 아들 문제로 아들과 많이 다투고 힘들었다. 왜냐하면 일본에 유학 가서 1년이 지나니까 아들은 자기 힘으로 생활해보겠다고 하더니 공부는 않고 계속 일을 해서 돈을 버는 데만 열중하더라. 한 2년 동안 그랬는데 진짜 내 돈은 1전도 안 쓰더라. 내가 그것이 걱정돼서 석 달 동안 출근도 못하고 계속 앓아누웠다. 일본에 있는 아들도 너무 고민하다가 병이 들어서 병원에 다녔다. 내가 아플 때는 고집을 꺾지 못하다가 아들이 병이 나니까 생각이 바뀌더라. 그래서 내가 먼저 통화

를 했다. 이제부터 네가 하고 싶은 대로 하라고, 건강이 최고니까, 니 생각대로 하라고 했다.

그런데 그렇게 석 달 정도 지내고 나니까 돈 좀 보내달라고 전화를 하더라. 무엇 때문이냐고 했더니 이번에 와세다 대학에 시험을 보겠다는 거다. 그래서 네가 공부도 안했는데 어떻게 시험을 보려고 하느냐면서 안 된다고 했더니 나더러 신경 쓰지 말고 지켜보라고 하면서 이번에 기어코 한 번 해보겠다고 하는 거다. 그래서 시험을 쳤는데 안 됐지. 안 되니까 석 달 더 공부하고 세 개의 대학을 더 쳤는데 세 개 대학 중에 지금 다니는 대학이 아니고 그전에 일반대학 합격통보가 먼저 왔는데 아들이 그 대학을 다니면서 다시 시험을 쳐보겠다 하더라. 그때 당시에는 컴퓨터 전문학교를 다니면서 2년 후 졸업을 하고 계속해서 2년을 더 다녀서 4년을 다니면 대학교 졸업장을 준다고 했는데 그때 나에게 상의하더라. 대학을 가면 좋겠는가 컴퓨터를 2년 더 배우면 좋겠는가 하고. 그래서 나는 컴퓨터는 2년만 하고 명문대로 편입을 해서 다니는 것이 좋겠다고 했다. 그런데 20일 후에 명문대학에서 합격했다고 연락이 왔더라. 그래서 현재는 법정대학 안에서 경영전략을 배우고 있는데 그거 하면서 컴퓨터는 계속 하고 있다. 중학교 1학년 때부터 컴퓨터는 쭉 해왔다.

⑤ 사원 복지제도

Q 사원들에 대한 복지는?

A 연변 기업들 중에서는 잘 하고 있는 편이다. 우리 회사는 직원들에게 거주문제를 해결해주는데, 즉 직원들에게 아파트를 한국 평형으로 13~15평짜리를 마련해서(인민폐로 7만 위안, 한국 돈으로 1,000만 원 정도) 200만 위안 정도만 내고 입주하게 하고 있다. 그런데 이러한 기준도 자기 실적에 따라서 어떤 직원들은 거저 입주하게도 하고 어떤 직원들은 돈 좀 지불하고 입주하게 하면서 집을 분배한다. 일단 거주할 수 있는 집

이라는 큰 문제를 해결해주니까 직원들도 나를 진심으로 위하고 따른
다. 그리고 민속촌에는 양로원도 있는데 집 60채를 구입하여 노인들
이 활용할 수 있도록 하고 있다.

⑥ 회사의 강점과 약점

Q 회사의 강점은?

A 체인점이 많다는 것인데 각 시에 체인점이 80개나 된다. 지난달 18일
에는 길림성 휘남시에다가 공소사 합작 사람들의 힘을 빌려서 즉 그
사람들은 돈을 내고 우리는 인력을 지원해서 슈퍼마켓 1,600m$^3$ 한 개
를 오픈했다. 또한 이번 달에는 3층까지 있는 4,000m$^3$ 슈퍼마켓 한 개
를 오픈할 계획이다.

Q 약점은?

A 직원들의 복무태도 문제이다. 즉 서비스의 질 저하 문제이다.

Q 개선은?

A 난제다. 3년 동안 노력했는데 잘 안 된다. 연변 지역의 조선족들은 한
국에 많이 나가고 하여 그런 식으로 유동이 심하니까 교육시키면 나가
고 교육시키면 나가고 하는 것이 문제이다.

⑦ 기업의 성장전략

Q 성장전략은?

A 희망이 크다. 북경하고 합작을 했다. 즉 북경의 공소합작사하고 합작
을 했다. 중국공소사총사가 연합한 것이다. 앞으로 3년간 길림성 내에
한 1,000개의 슈퍼마켓을 오픈할 예정이다. 즉 중국에는 농촌 잘 꾸리
기 정책이라 해서 1농촌합작사 1개를 꾸리는 데 1년에 1,000위안씩 거
저 보조해준다. 즉 자금을 그분들이 다 대니까 우리는 부담이 없다. 왜

냐하면 그분들은 경영을 할 줄 모르니까 우리는 인력을 지원해주고 경영을 해준다. 수익 측면에서는 우리는 벌면 되고 못 벌어도 별 부담이 없다.

Q 고객만족 서비스는?

A 지난 2001년부터 2004년까지 연속 4년 동안 소비자만족 백화점으로 뽑혔다. 즉 우리 회사는 길림성 합동을 중히 여기고 신용을 지키는 기업, 정부 공소사 계통에서 목명복무 시범단위이며 국가스타급 신용상업기업에 적합한 기업이다.

⑧ 글로벌 네트워크

Q 현지 진출 한국 기업과 관련은?

A 아직은 없다. 한국분들의 도움을 많이 받는다. 우리가 한국 상품을 사와서 팔기는 하는데 투자 측면에서의 관계가 현재는 없다. 처음에는 한국 기업이 연길 민속촌 등에 투자했고 이익이 나니까 다 돌려주고 철수했다.

Q 해외진출계획 및 사업승계 여부?

A 해외에 진출할 계획은 없으며 아들에게도 사업을 물려줄 생각은 없다. 사업체는 우리 가족 외의 사람에게 물려줄 생각이다. 아들은 아들대로의 일을 하게 할 것이다. 딱 3년만 도움을 주고 그 후로는 유산도 주지 않을 거라고 말했다. 유산은 그때 가서 봐야 하겠지만, 아들한테 주지 않을 것만은 확실하다.

Q 조선족 기업이나 한국 기업, 다른 외국기업과의 교류는?

A 교류하지 않는다. 단지 제품의 교류만이 있을 뿐이지 인간관계상의 교류는 현재는 없다.

Q 직원교육은?

A 미국, 캐나다 같은 곳에 내보낸다. 작년 같은 경우에는 한국에 30명 정도 갔다왔다. 교육 측면보다는 관광 삼아 견학하고 오라고 한다. 간부들은 외국에 많이 나가봤다. 견문을 넓히는 의미에서 자주 내보낸다.

## (3) 경영활동 및 네트워크 현황

연변국제무역대하유한책임공사의 경영활동 및 네트워크 현황을 설문조사와 면담을 통해서 알아본 결과는 다음과 같다.

① 대학(연구소), 정부기관, 금융기관 등 단체와의 네트워크

연변국제무역은 대학이나 정부기관과 상호협력관계가 체결되어 있는데 주로 경영자문을 받거나 대학이나 단체에서 강연 등을 하는 것으로 나타났다. 또한 정부기관이나 단체 등의 네트워크를 통해서 한국 등 외국으로 직원들을 견학을 보내는 것으로 조사되었으며 또한 연변국제무역의 최정금 회장은 향후에도 기업을 경영하는 데 필요한 경영자문을 원하는 것으로 응답되었다. 설문조사에 의하면 연변국제무역의 최정금 회장은 '민족금융기관'의 설립이 필요하다고 응답하였는데 이는 연변의 조선족 기업인들뿐만 아니라 심양이나 북경, 청도, 상해 등 중국에서 기업을 경영하는 조선족 기업인들의 염원인 듯하다. 왜냐하면 중국 조선족 기업인 대상 설문조사 결과에 의하면 응답자의 80% 이상이 민족금융기관 설립을 원하고 있는 것으로 나타났기 때문이다.

한편, 연변국제무역의 최정금 회장은 '여성기업가협회'에 참여하고 있으며 인적 네트워크 구축에 도움이 되는 것으로 응답되었다.

최정금 회장은 중국 진출 한국 기업의 조직인 한국상회나 코트라 등 기업 관련 단체와는 상호교류가 없으며 향후에도 상호교류를 추진하지 않겠다고 응답하였다. 또한 기업활동을 하면서 '온라인 화상 네트워크' 등 인터넷상의 정보매체를 전혀 활용하지 않고 있는 것으로 나타났다.

② 중국 내 기업 및 해외(한국 포함)기업과의 수입 및 기술도입에 관한 네트워크

연변국제무역의 최정금 회장은 주로 한국에서 수입을 하고 있으며 주요 수입품의 성격은 일반 판매를 위한 완제품이나 부분품인 것으로 나타났다. 즉 최정금 회장은 백화점인 연변국제무역이나 각 시에 펴져 있는 80개의 슈퍼마켓에서 판매를 할 완제품이나 부분품을 주로 한국에서 수입해오는 것으로 나타났다.

한편 연변국제무역의 최근 3년간 수입실적을 보면 2003년부터 2005년까지는 매년 100만 위안씩 수입을 하였으며 해마다 수입량을 계속 늘려갈 계획이라고 한다. 또한 1997년도부터 지금까지의 수입품 총액은 약 1,000만 달러 정도 될 것이라고 추정하였다.

③ 중국 내 기업 및 해외(한국 포함)기업과의 투자에 관한 네트워크

연변국제무역의 최정금 회장은 북한에 약 80만 위안 정도의 투자를 하고 있다고 응답하였다.

현재 한국에의 투자는 전무하며 향후에도 한국에의 투자를 고려하고 있지 않은 것으로 나타났다.

## (4) 경영활동과 네트워크 구축 분석 및 시사점

연변국제무역은 창업한지 20여 년이 되었으며 현재는 연변의 대표적인 서비스업체이다. 이 회사의 최고경영자인 최정금 회장은 조선족 기업인으로서 유통업에 35년 동안 종사해온 전문 경영인이다. 이 회사는 현재 연길에 대형 백화점인 연변국제무역대하유한책임공사와 신국제무역광장을 경영하고 있으며 연변의 각 현과 시에 100여 개의 체인점과 슈퍼마켓을 경영하고 있는 대형 유통업체이다. 연변국제무역의 백화점 및 체인점에서 판매하는 대부분의 상품들은 한국에 있는 한국 기업이나 중국에 진출해 있는 한국 기업으로부터 수입해서 판매를 하고 있는 것으로 나타났다. 연변국제무

역이 창업하여 지금까지 한국으로부터 수입하여 판매한 상품의 누계액만도 1,000만 달러에 이르는 것으로 조사되었다. 지금까지 연변국제무역은 수입의 측면에서 한국에 있는 기업 또는 중국 진출 한국 기업과 강한 연대의 네트워크가 구축되어 있으며 투자의 측면에서는 북한과 네트워크가 구축되어 있는 것으로 밝혀졌다. 그리고 일본, 미국, 캐나다 등의 외국과는 약한 연대의 네트워크가 구축되어 있는 것으로 나타났다. 한편 연변국제무역은 민속촌을 조성하여 민족고유의 전통문화를 보존하고 이어가는 것으로 보인다.

연변국제무역의 경영활동과 네트워크 구축을 분석해볼 때 연변 지역을 벗어난 글로벌한 네트워크를 구축하고 있지는 않으며 또한 미래에도 현재보다 더 확장된 상품이 한국에서 수입해온 상품이어서 한국의 중국 내수시장 확장정책에 일익을 담당할 수 있으리라 기대된다. 따라서 연변국제무역과의 중국 한상 네트워크를 구축하여 한국 상품의 중국 판매처 또는 대리점으로써의 역할을 담당하게 하여 상생할 수 있는 방안을 강구하는 재외동포 정책을 세우는 것이 필요하다고 판단된다.


## 3. 연길장흥의상제조유한공사


### 1) 연변의 제조업


#### (1) 방직업

방직공업은 연변에서 역사가 비교적 오래된 업종이다. 해방 후 특히 1990년대 후반부터 크게 발전해 현재 면사 방직, 아마 방직, 모방직, 화학섬유, 날염 및 각종 복장 가공을 주체로 하고 부류가 완비된 공업체계를 형성해 연변 중심산업의 하나가 되었다. 지금 연변에는 28개의 방직기업이 있는데 그중 한국인이 운영하는 기업이 12개소이다. 방직업종의 기업에는

'용두' 기업체가 3개소이며 규모가 가장 큰 기업체는 훈춘에 자리 잡고 있는 길림쌍방울방직유한회사이다. 이 회사는 한국인 개인자본 기업체로서 기업체의 등록 자본이 5,900만 달러로 1,295명의 종업원이 채용되어 있다. 길림쌍방울에 버금가는 기업체는 갑을연길방직유한회사이고 등록자금이 642만 달러이다. 세 번째로 규모가 큰 기업체는 연변금룡아마방직주식회사로 총 주식자본이 2,000만 위안이다. 2003년에 연변 방직업종에서는 9,118톤의 실과 636만m의 천을 생산했으며 공업 총생산액 10억 3,771만 위안이라는 성과를 올렸다.

## 2) 연길장흥의상제조유한공사[7]

| 회사명 | 연길장흥의상제조유한공사 | | | 대표자명 | 한경애 사장 | |
|---|---|---|---|---|---|---|
| 소재지 | 길림성 연길시 건공가 연룡로 용해골목 10호 | | | 전화번호 | 0433-2831668 | |
| 홈페이지 | www.cx-clothing.com | | | 이메일 | hanshi987@hanmail.net | |
| 회사형태 | 중한합작회사 | | | 업태 및 업종 | 제조업 (아동니트 편직) | |
| 자본 | 창업자본금 | 80만 위안 | 주식 출자 상황 | | | |
| | | | 총주식수 | 주주수 | 지분비율 | |
| | 총자본 | 2,000만 위안 | - | 한경애<br>한국 | 70%<br>30% | |
| 종업원수 | 조선족 | 150 명 | | | | |
| | 한족 | 350 명 | 합계 ( 500 명 ) | | | |
| | 기타 | . 명 | | | | |
| 창 업 | 2003년 5월 22일 | | | | | |
| 연간매출액 | 2003년 | | 2004년 | | 2005년 | |
| | 1,000만 위안 | | 1,200만 위안 | | 2,000만 위안 | |
| 사훈 | 성실과 신용을 기초로 품질을 통한 발전을 이룩하자 | | | | | |

---

7　2005년 1월에 연길장흥의상제조유한공사를 방문하여 한경애 사장과 면담한 내용이다. 연길의 대표적인 제조업체로서 중국 전역에 네트워크를 구축하고 있으므로 연변조선족 제조업체의 현황을 알 수 있는 자료로서 의미가 있다.

### (1) 회사개요

① 회사소개

조선족 여성기업가 한경애 사장이 경영하는 연길장홍의상제조유한공사가 생산하는 의류제품이 중국 내 유명 브랜드인 항원상(恒源祥) 브랜드에 힘입어 판매가 급증하고 있다. 한경애 사장은 원래 연길시 제2백화점의 직원이었는데 개혁개방의 기회를 타서 지난 1985년에 사직하고 사업을 시작했다. 처음 창업 시 1,800위안을 가지고 시작한 털실, 침직 판매가 20년이 지난 오늘에 와서는 직원이 500명, 고정자산이 2,000만 위안에 달하는 대규모 사업체로 바뀌었다. 회사에서는 주로 편직물을 취급하는데 아동니트, 스웨터, 면, 아크릴 등 모 내의 계열제품을 생산, 판매하고 있다. 2003년의 매출액이 1,000만 위안이며 2004년에는 1,200만 위안, 2005년에는 2,000만 위안에 달하는 매출액을 올렸는데 그중 50% 이상이 한국, 일본, 대만 등의 지역에 수출되고 있다. 그리고 2003년 5월에는 한국 니트하우스주식회사와 합작하였는데 중국 측이 70%의 지분을 가지고 있고 한국 측은 30%의 지분을 가지고 있으며 회사의 규모는 1만m$^3$의 부지면적과 8,000m$^3$의 건축면적, 그리고 400여 대의 생산설비 및 500여 명의 직원을 보유하고 있다. 회사는 2,000만 위안의 고정자산과 1,300만 위안의 연 생산액, 그리고 130만 달러의 외화수입 실적이 있는 대형 방직기업이다.

그런데 회사가 급성장하게 된 배경은 2004년 4월에 중국 내 유명기업인 항원상 그룹과 브랜드 생산가맹업체 계약을 체결하고 난 후부터였다. 항원상 그룹은 중국 내 양모생산 1위 기업으로 70여 개 가맹업체를 갖고 있으며 중국 내에 5,800여 개의 매장을 갖고 있는 의류업계의 선두주자이다. 연길장홍의상제조유한공사는 1년 동안의 까다로운 협상을 거쳐서 2004년 4월부터 자체 제품에 항원상 브랜드를 부착할 수 있게 되었다. 따라서 매 건당 일정액의 브랜드 값인 로열티를 지불하는데 디자인 개발, 고객유치 등에서 독자적인 경영권을 획득했다. 장홍의상제조유한공사는 주로 5~15세 사이

〈그림 Ⅳ-24〉 연길장흥의상제조유한공사 전경

의 아동 니트를 생산하는데 제품이 동 업계에서도 평균 한 벌당 20위안 더 비싸게 판매되고 있는데도 미처 폭증하는 수요를 감당하지 못할 정도이다. 그런데도 항원상 그룹의 중국 내 70개 어린이 매장 중 5개밖에 공급을 못하고 있다. 현재 장흥의상제조유한공사의 생산량은 연 35만 장 정도이며 2005년에는 100만 장, 그리고 2008년까지 연 200만 장의 생산계획을 세우고 있다.

회사의 비약적인 성장비결에 대해 한경애 사장은 첫째 유명 브랜드 활용, 둘째 독특한 디자인, 셋째 품질보장이며 기업을 경영하면서 느끼는 애로사항으로는 원자재 가격이 거의 고정되어 있는 현 실정에서 원가절감과 생산효율을 높이려면 선진적인 설비개선이 필요하고 지역의 생산업체들과의 제휴를 통한 규모의 경제화 생산이 뒷받침되어야 한다는 것이다. 또한 문턱이 높은 정부대출을 포함한 다양한 자금조달 방법도 적극 활용하는 데 고심하고 있다고 한다.

## 상해항원상의류유한회사

항원상은 77년의 유구한 역사를 가진 브랜드인데 1927년 출생인 항원상 창업자인 심래주(沈萊舟) 사장이 지은 브랜드 이름으로 '항원상(恒源祥)'은 길이 번창할 것이라는 뜻이 담겨져 있다. '항원상'은 단지 상해에 많은 전통적인 가게 중의 하나가 아니라 오늘날 시장경제하의 브랜드 경영의 대명사이기도 하다. 12년 이래 독특한 경영패턴으로 세계에서 제일 큰 캐시미어실 제조상(绒线

制造商)이 되었을 뿐만 아니라 방직, 침직, 복식 등 3대 산업 영역으로 발전하여 그 아래에 수백 개의 연맹체공장, 4,000여 개의 판매망, 2,000여 가지 품종에 달하는 방직류 종합그룹회사로서 1999년 항원상 브랜드의 무형자산은 약 5,000만 위안밖에 되지 않았지만 현재 그 평가가치는 6억 위안에 달하였다.

　　1998년에 성립된 항원상 의류회사는 6년간의 발전을 거쳐 장대한 브랜드 실력과 독특한 판매 전략으로 시장을 획득하였으며 주로 남성의류, 여성의류와 아동복 및 의류부품 등 4대 항목을 경영한다.

연혁

| | |
|---|---|
| 1998년 8월 | 의류회사 창업 |
| 1999년 9월 | 항원상 아동복 중국 10대 우수아동복 명예획득 |
| 2000년 1월 | 의류회사는 모침직(毛針織)과 의류제작의 두 회사로 분리 |
| 2001년 6월 | 회사 내부 재고에 대하여 전면적으로 데이터베이스 관리 실시 |
| 2002 | '소비자에게 가장 환영받는 10대 남성의류 브랜드'를 획득 |
| 2002년 1월 | 캐시미어 회사 설립 |
| 2002년 3월 | 화동대학과 합작하여 중국 남성 체형 데이터베이스 제작 |
| 2003년 1월 | 의류와 방직이 정식으로 합병하여 항원상 방직의류사업부 설립 |
| 2004년 1월 | 항원상 의류가 원 의류방직에서 벗어나 정식으로 독립적인 사업부를 설립 |
| 2004년 7월 | 항원상 아동복이 의류회사에서 분리 |

〈그림 Ⅳ-25〉 연길장흥의상제조유한공사와 상해항원상의류유한회사 간의 브랜드 합작식

② 대표이사 약력

- 돈화 출생(1958)
- 연길문화고등학교 졸업
- 연길시 제2백화점 근무(1985)
- 연길장흥의상제조유한공사 사장(2003)


③ 회사연혁

- 1986년 　　　　편직기를 구입하여 사업을 시작함
- 1990년 　　　　한국의 거래처로부터 주문요청
- 1993년 　　　　연길 오충스웨터가공부를 설립(생산설비 40여 대, 직원 50여 명, 30여 종의 스웨터 계열의 제품생산)
- 1994년 　　　　연길시 오충스웨터가공부는 연길시 상림편직물유한공사를 매입, 연간생산능력 10만여 건으로 전량 한국으로 수출
- 2003년 　　　　연길시 백맥주공장을 매입하여 연길연흥봉제유한공사로 개편, 공정과 설비시설의 확대 및 한국과 일본의 선진 생산기술 도입
- 2003년 5월 　　연길연흥봉제유한공사는 한국 M.K니트하우스주식회

〈그림 IV-26〉 연길장흥의상제조유한공사 한경애 사장

사와 합작하여 연길장흥봉제유한공사 설립

- 2003년 12월　　중국북경대륙항성인증센터의 심의통과와 ISO9001: 2000 국제품질인증을 획득
- 2004년　　　　설비 200여 대 늘림(설비 총수 500여 대, 생산액 1,300만 위안, 생산능력 60만 건, 연간 57만 6,000달러의 외화수입)
- 2004년 4월　　연길장흥봉제유한공사의 제품에 중국 내 양모생산 1위 기업인 항원상 브랜드 부착 합의
- 2007년　　　　중국 광저우 동관에 가공기지를 설립
- 2009년 8월　　연길시 개발구에 4만m$^3$의 부지면적을 매입하여 향후 2~3년 내에 대형 현대화 방직생산기업을 건설할 계획이므로, 이로써 집단화·규모화 생산을 실현하여 연 생산능력이 200만 건에 달할 것으로 예상됨.

④ 회사조직도

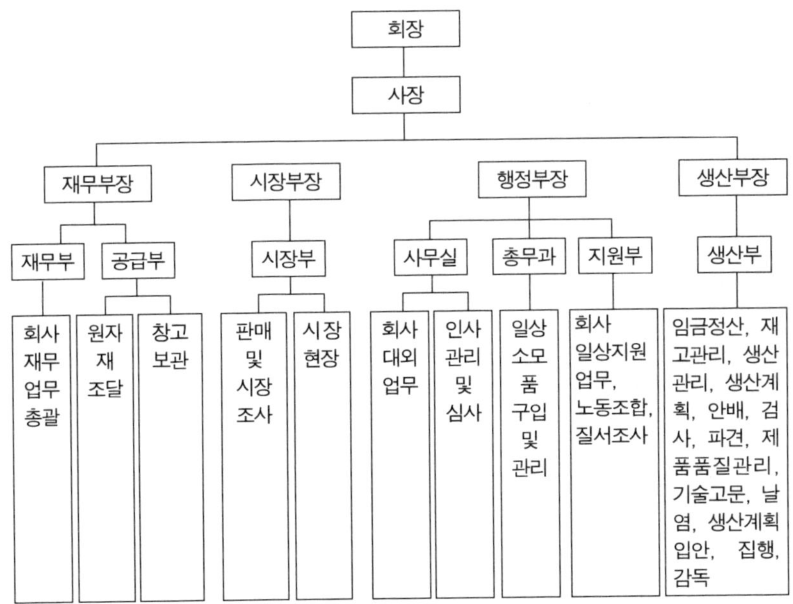


〈그림 Ⅳ-27〉 연길장흥의상제조유한공사 조직구조

## (2) 경영자와의 인터뷰

### ① 사업동기와 만족도

사업을 시작한지는 벌써 20여 년 전, 그러니까 1984년도인데 그때 한 회장은 연길시 제2백화점의 직원으로서 상점의 편직팀의 책임자로 일하고 있었다. 근무했던 백화상점 내에서는 끈기와 성실한 직장생활로 인해 많은 직장동료, 선후배로부터 사랑을 받았다. 그러나 타고난 독립심 때문인지 자의 반 타의 반으로 직장을 떠나 창업의 길로 들어서게 되었다. 그때의 시대상은 중국의 개혁개방의 열풍이 아직 가라앉지 않고 시장경제체제에 의해 창업열풍이 최고조에 달하던 때인지라 한 회장 또한 자연스럽게 창업의 대열에 들어서게 되었던 것이다.

### ② 경영자의 개인적 · 사회적 배경

한 회장의 고향은 돈화시로서 어렸을 적 그리고 초등학교 시절까지는 고향인 돈화에서 살았으나 중학교 때부터는 돈화를 떠나서 연길시에서 생활하게 되었던 것이다. 사업상 필요한 개인적 · 사회적 인맥은 거의 없는 편인데 사업에서 성공할 수 있었던 것은 개인적 · 사회적 배경보다는 국가의 지원정책에 힘입은바 크다. 즉 사업에 필요한 토지나 건물 세제지원 등을 정부에서 적극적으로 지원해줌으로써 발전할 수 있었다고 당당하게 말을 이어갔다.

### ③ 회사의 창업과 발전과정에 대해서

한 회장은 창업을 하고자 하였으나 창업자금이 없어서 고민하던 중에 아버지께서 직장을 퇴직하면서 모아놓았던 1,800위안의 돈을 손에 쥐어주어서 어렵사리 사업을 시작하게 되었다. 처음엔 건물이나 기계 등 설비가 없어서 제품을 생산하는 일은 생각지도 못하였다. 따라서 한 회장은 얼마 안 되는 돈을 마련하여 남방의 절강, 가흥 등지에서 털실스웨터를 구입하여 연길시장에 판매하는 일부터 시작하였다. 이렇듯 남방에서 스웨터를 구입하여 북방인 연길시장에서 판매하는 일을 하는 동안 한 회장은 단순한 영업활동이 자기에게 충분한 이익을 가져다주지 못한다는 것을 깨달았다.

어느 한해던가 한 회장은 남방에 상품을 구입하러 다니면서 스웨터나 니트 등을 생산하는 민영방직공장을 본적이 있었는데 그때 머릿속에 이런 생각이 떠올랐다고 한다. '내가 연길에서 머나먼 이곳 남방까지 와서 이익도 많이 나지 않는 제품을 구입하여 판매를 할 것이 아니고 차라리 북방인 연길에다가 방직공장을 차려서 제품을 생산하여 판매를 한다면 이익도 많이 가져올 수 있고 남방까지 구입하러 다녀야 되는 번거로움을 덜 수 있을 텐데.'라고.

그 후 한 회장은 밤낮을 기리지 않고 창업에 골몰하였으며 창업할 기회를 기다리고 있었다. 당시 연길시에서는 직접 스웨터 등을 생산하는 방직공장은 많지 않았으나 추운 북방의 날씨 탓인지 방직공장에서 스웨터를 생산하여 시장에 공급을 계속해도 폭발적인 수요에는 감당하지 못할 정도로 호황을 누리고 있었으며 한 회장 역시 지금이 창업해야 할 최적의 시기임을 알고 있었다. 그리하여 2003년 5월에 그동안 모아두었던 자금과 2대의 중고 일본방직기를 구입하여 창업하기에 이르렀다. 창업을 하였지만 한 회장 자신뿐만 아니라 주위의 사람들도 일본방직기를 설치하여 스웨터를 짜는 기술을 알지 못해서 밤낮으로 고생이 심했지만 부단히 노력한 끝에 고품질의 스웨터를 생산하기에 이르렀다. 따라서 이곳에서 생산된 스웨터는 연길시 등에서 선풍적인 인기를 끌기 시작하였다. 그리하여 창업한지 2년 후에는 스웨터 방직기가 2대에서 20대로 늘어났으며 직원은 창업 당시 4명에서 20여 명으로 불어나 성공가도를 달리기 시작하였다.

이렇듯 시류에 힘입어 생산과 판매를 거듭한 결과 회사는 비약적으로 성장하였으며 연길장흥의상제조유한공사에서 생산한 스웨터는 연변자치주 시장에서 최고의 제품으로 평가받아서 소비자들로부터 가장 사랑받는 제품들이 되었으며 또한 한국에서의 주문수량도 비약적으로 늘어났다.

1991년도에 들어서서 한경애 회장은 다시 한 번 재도약을 위하여 회사를 혁신할 결심에 이른다. 즉 동종회사들과의 치열한 경쟁에서 살아남고 계속적인 수요창출을 위해서는 공장을 확장하고 선진설비와 기술을 도입하여 좋은 품질과 다양한 제품을 생산하여 소비자들의 기호에 맞춤으로써 고객만족을 가져오리라 생각하였다. 따라서 600여만 위안을 투자하여 공장설비를 확장하고 한국과 일본에서 선진적인 최신설비를 도입하였으며 한국의 일류 디자이너를 초빙하여 제품을 개발하고 또한 사내의 기술자들을 남방의 큰 회사에 보내어 학습하게 하는 등 끊임 없이 노력한 결과 연길장홍의 상제조유한공사 자체의 '니트하우스' 브랜드를 개발하였다. 그 결과 한국과 일본 의류상들의 주문이 폭주했으며 외화수입도 급증하였다.

한 회장의 질풍노도 같은 사업수완은 여기에서 그치지 않았다. 그녀는 3년 후 연길시에 있는 상린방직품유한회사를 인수하여 연간 10만 벌 이상 생산하는 기업이 되었으며 이러한 제품들은 전량 한국으로 수출하여 연변주에서 외화를 가장 많이 벌어들이는 기업의 대열에 들어섰다. 한경애 회장은 "지금까지 우리 회사가 승승장구할 수 있었던 것은 중국의 개혁개방 이래 시장경제체제하에서 소비자 수요의 욕구를 충족시킬 수 있는 제품을 생산하여 끊임없이 공급하고 또한 제품의 질을 높이기 위하여 더 좋은 생산시설과 기술로 좋은 제품을 생산하여 판매하였으며 한편으로는 우리보다 앞선 선진적인 기술을 도입할 수 있는 모국인 한국이 있기 때문에 가능하지 않느냐"하는 생각이 든다고 하면서 모국인 한국에 감사함과 자부심을 나타내었다.

한경애 회장은 그 후 2003년 3월에는 185만 위안을 투자하여 연길장백향 맥주공장을 인수하고 기업을 개편하여 연길영홍제의유한회사로 명명하였으며 2003년 5월에는 한국 니트하우스주식회사와 합작하여 연길장홍의상제조유한공사를 설립하기에 이르렀다. 이때 회사의 현황을 보면 공장건물 8,000m³와 400여 대의 설비, 2,000여만 위안의 고정자산, 500여 명의 직원, 60만 벌의 연간 생산능력을 가진 대형의 모방직기업으로 발전하였다.

기업의 규모가 계속적으로 확대됨에 따라 해외시장의 수출을 유지함과 동시에 13억을 대상으로 판매가 가능한 국내시장으로 관심을 돌리기 시작하였다. 그리하여 심양과 하얼빈에 연길장홍의상제조유한공사의 제품을 판매할 판매대리점을 개점하였으며 나아가 2004년 4월에는 정식으로 상해 항원집단과 합작조인식을 맺고 '항원상' 브랜드를 사용하기로 합의함에 따라서 연길장홍의상제조유한공사는 '항원상' 아동복 생산기지로 되었다. 그리하여 한경애 회장은 북경, 하얼빈, 심양 등 6개 성급 대리상을 개발하고 또한 매 1개의 성급 대리상은 20여 개의 구역대리상으로 발전하여 입체적인 연쇄 판매망을 형성하였다.

④ 경영자의 가치관과 기업문화

한경애 회장은 제조회사의 생산직 여공으로부터 출발하여 20여 년간의 노력과 고생 끝에 오늘날 장홍의상제조의 회장이 되었다. 오늘이 있기까지 한 회장의 수많은 땀과 눈물, 고생과 실패가 밑거름이 되었기에 가능한 일이었다.

한 회장이 말하는 다음 4가지 기업 관련 가치관은 오랜 경험에 의한 결정체이다. 첫째, 창업에 성공하기 위해서는 과감한 도전정신이 있어야 한다. 둘째, 대기업으로 한 발 한 발 다가가기 위해서는 끊임없는 변화와 혁신을 위한 사고방식을 가져야 한다. 셋째, 사회적으로 훌륭하고 존경받는 기업이 되기 위해서는 고객들에게 성실하고 신용을 지키며 제품의 품질을 높여야 한다. 넷째, 연구 개발을 통한 기술향상은 기업이 영속하기 위한 선결조건이다.

한 회장은 위의 4가지 기업경영에 대한 가치관과 아울러서 종업원 관리 등 연길장홍의상제조유한공사의 기업문화에 대해서 언급하였다. 즉 종업원들은 가족 같은 생각을 가지고 집안의 애경사가 있을 때 종업원들에게 사회보험가입 등 복지 측면에서 지원을 해주고 있으며 명절 때에는 월급 외에 보너스를 주고 휴가를 주어서 재충전을 할 수 있게 지원을 해주고 있다. 그리고 공회(한국의 노동조합)는 아직 결성되어 있지 않다고 언급하였다.

⑤ 경영상 애로점

연길장흥의상제조유한공사의 경영상의 애로점을 묻는 질문에 한 회장은 "현재 제품을 생산하는 설비가 낙후되어 있으며 원자재를 조달받을 수 있는 조달처가 없다. 그리고 회사가 성장하다보니 지금이 많이 필요한데 자금을 조달하는 데 어려움이 있다"면서 은행에서도 자금을 조달하기가 어렵다고 하였다. 따라서 필요한 자금들은 합자를 하고 있는 한국 기업이나 해외로 수출시 거래처로부터 조달하고 있다고 자금조달의 어려움을 토로하였다. 이에 대해 필자가 중국조선족 기업인들에게 설문조사를 하였을 때 응답자의 80%가 기업경영상 자금조달의 어려움이 가장 큰 애로사항이라고 하면서 민족금융기관 설립을 강력히 원하는 응답의 결과가 나왔었던 것을 기억하였다.

⑥ 경영상 노하우

"우리 회사는 타 경쟁회사의 제품보다 차별화된 디자인이 강점이다. 왜냐하면 오랫동안 한국의 오더를 맡다보니까 한국으로부터 개발되고 세련된 디자인을 들여와서 제품을 생산하다보니 디자인 수준이 높은 편이고 제품의 품질 또한 높다. 예를 들면 똑같은 오더를 다른 지역의 공장에 주어보면 결과적으로 생산량만 많을 뿐이지 품질 면에서는 본사에서 생산하는 것이 더 우수함을 느낀다."

⑦ 기업의 내·외적 환경변화(인건비 상승, 외부경쟁 심화, 직원복지 장려 등)에 대한 대처방안

"연길에서는 연중 오더가 몰릴 시기나 겨울철 등 성수기에 인력을 구하기가 어렵기 때문에 자연적으로 인건비의 상승이 있기 마련이다. 이때 타 기업들의 동향을 살펴보면 인력이 필요 시(특히 여름) 인건비를 더 주고 인력을 유치하는 경향이 있지만 우리 회사는 타사에 비해서 숙식 제공이나 복지 측면이 상대적으로 잘되어 있기 때문에 따로 인건비를 유동적으로 조절하

지 않고 일정하게 유지해도 인력의 조달에 큰 어려움을 느끼지 않는다."

⑧ 향후 지속적인 발전을 위한 모색 방안
"현재 중국이나 한국으로부터의 오더량이 너무 많기 때문에 공급해야 할 제품생산을 풀로 가동해도 공급을 완벽히 해내지 못할 정도이다. 따라서 2008년까지를 회사가 한 단계 더 성장할 수 있는 기회의 기간으로 보고 설비개선을 통한 생산력 증대에 회사의 역량을 집중시킬 계획이다."

⑨ 연변이나 심양 등 동북3성에 진출한 한국 기업과의 관련성 및 제휴 가능성
"우리 회사가 현재 자본이나 기술, 생산설비 등이 부족하여 밀려드는 오더량을 제대로 공급을 충분히 못해주는 상황인데, 기회가 된다면 연변이나 심양에 진출한 한국 기업들과 합자나 합작을 통하여 제품생산을 충분히 함으로써 매출증대를 도모할 수 있기를 기대한다."

## (3) 경영활동 및 네트워크 현황

① 경영활동
한경애 회장과의 면담 및 설문조사를 통하여 연길장홍의상제조유한공사의 경영활동에 대해서 알아본 결과는 다음과 같다.

• 연길장홍의상제조유한공사는 앞으로의 성장을 위해 기업경영 과정에서 중점을 두어야 할 분야로 해외진출과 기술개발, 자금확보, 인력확보 및 종업원 훈련, 원가절감과 구조조정을 중요하거나 매우 중요하게 생각하고 있는 것으로 조사되었다. 한편 마케팅 활동과 관련해서는 신제품 개발 및 기존제품 개량과 유통경로를 중요하게 생각한다고 응답하였다.
• 이 회사의 주력제품인 니트의 원가 비중을 보면 재료비 33.4%, 노무비

13.6%, 경비 18.7%, 브랜드 13.8%로서 재료비의 비중이 가장 높은 것으로 나타났다. 한편 이 회사는 원가절감을 위해서 첨단설비의 도입을 고려하고 있으며 공정관리 강화에 관심을 기울이고 있는 것으로 조사되었다.

- 이 회사의 인적자원관리의 측면에서의 응답결과를 보면 다음과 같다. 즉 이 회사는 종업원을 채용할 때 연고채용과 공개채용을 병용하고 있으며 공개채용을 할 때는 신문이나 잡지, 정보지 등에 광고를 하거나 정부 운영의 직업소개소에서 소개를 받는 것으로 나타났다. 또한 이 회사는 생산성 향상 및 능력개발에 있어서 종업원에 대한 교육훈련을 매우 중요하게 생각하고 있는 것으로 조사되었다. 그리고 종업원들에 대한 임금 결정 시 능력이나 성과를 100% 반영하는 것으로 응답되었다.

- 당사가 종업원 복지에 대해서 자발적으로 실시하고 있는 것을 보면 첫째, 식당 및 식비를 부담해주고 있으며 다음으로는 회사 부담의 사회보험 가입과 교육비 지원, 기숙사 제공 등이 있는 것으로 나타났다. 한편 이 회사는 종업원 상호 간의 원활한 의사소통을 위하여 사내 상조회가 조직되어 있으며 이를 회사 차원에서 지원해주고 있는 것으로 조사되었다.

- 당사의 정보화 정도를 보면 다음과 같다. 즉 이 회사의 업무 중 전산화가 가장 잘 갖춰진 부서를 보면 생산관리 부문과 영업관리 부문이며 기업을 경영하는 데 있어서 인터넷상의 정보는 보통으로 활용하며 홈페이지도 가지고 있는 것으로 나타났다. 이 회사에서 보유하고 있는 홈페이지의 주요 용도로는 제품전시 및 주문 처리와 회사 내 구성원 간의 정보공유에 활용하고 있는 것으로 응답되었다.

- 당사는 중국 진출(연변이나 심양) 한국 기업에 연 5회 정도 제품 및 원료를 납품하고 있으며 최근 1년 동안에 한국에 니트를 수출하였으며 이는 전체 매출액 중에서 한국 수출액이 40% 정도 되는 것으로 조사되었다. 또한 한국으로 수출 시 결제가 매우 중요하다고 응답하였는데 이는 회사의 성장에 의하여 필요한 자금의 적기조달 지연으로 자금의 압박을

받음으로서 제때에 결제가 되기를 바라는 바람으로 풀이된다.

- 당사는 최근 1년 동안 한국으로부터 수입을 한 적이 있으며 수입하는 제품으로는 주로 복장을 제조하는 필요한 특수 부자재인데 이는 전량 한국에서 수입하는 것으로 나타났다. 한편 이 회사는 한국으로부터 원부자재를 수입할 경우 첫째, 제품의 품질을 최우선적으로 고려하며 다음으로는 시장의 성장가능성과 납기를 중시하는 것으로 조사되었다.

- 연길장흥의상제조유한공사의 투자 측면을 보면 다음과 같다. 이 회사는 현재 한국에 있는 기업과 합자형식의 투자를 하고 있으며 현재의 투자금액은 15만 위안 정도이고 합자비율은 조선족 기업인 연길장흥의상제조가 70%의 지분을 그리고 나머지 30%를 한국 기업이 가지고 있다. 한편 당사는 향후에도 한국에 투자할 생각이 있으며 업종으로는 의류나 액세서리, 가방 등인 것으로 응답되었다.

## ② 네트워크 현황

- 연길장흥의상제조유한공사의 중국 내에서의 사업장 네트워크를 보면 다음과 같다.

  첫째, 상해항원상의류유한회사와의 브랜드 생산가맹업체로서 네트워크가 구축되어 있으며 중국 대도시인 북경, 하얼빈, 심양 등 6개 지역에 성급 대리상을 개점하였으며 또한 매 1개의 성급 대리상마다 20여 개의 구역 대리상을 개점하여 입체적인 판매네트워크를 구축하였다.

  둘째, 연변이나 심양에 진출해 있는 한국 기업에 제품이나 원료를 연 5회 정도 납품함으로써 중국 진출 한국 기업과의 네트워크도 구축되어 있는 것으로 나타났다.

- 해외 네트워크로는 한국에 있는 기업과의 네트워크이다. 즉 한국에 있는 기업과 합자를 통하여 원재료를 수입하고 있으며 또한 총 수출액의 40%를 한국에 수출하고 있는 것으로 나타남으로써 이 회사는 한국에 있는 기업과 수입과 수출로써 네트워크가 구축되어 있는 것으로 조사

되었다.

## (4) 경영활동과 네트워크 구축 분석 및 시사점

• 우선 경영활동의 측면에서 보면 연길장흥의상제조유한공사의 중국에서의 기업의 위치를 보면 인구가 겨우 30여만 명이 조금 넘은 소도시인 연길에 위치해 있어서 기업의 성장에 한계가 있는 듯이 보인다. 그러나 한경애 회장의 경영마인드가 글로벌화되어 있고 진취적이어서 기업이 처한 환경과 성장과는 별 관련이 없어 보인다. 즉 한경애 회장은 기업 경영 과정에서 가장 중점을 두어야 할 분야로서 해외진출과 기술개발, 자금 및 인력확보, 종업원 훈련, 원가절감과 구조조정을 중요하게 생각하여야 한다.

• 연길장흥의상제조유한공사는 80여 년의 유구한 역사를 가진 상해항원상의류유한회사와의 브랜드 부착 합의를 가짐으로써 기업이 한 단계 더 성장할 수 있는 기회를 가졌으며, 중국 진출 한국 기업과의 네트워크를 통하여 제품 및 원료의 납품과 또한 한국에 있는 기업과의 네트워크를 통하여 전체 매출액의 40%를 한국에 수출을 하고 있다. 또한 의류를 생산하는 데 필요한 원부자재를 전량 한국에 있는 기업과의 네트워크를 통하여 수입하고 있는 것으로 밝혀졌다. 그리고 중국 내수시장의 확장을 위하여 중국의 각 성 및 구역에 20여 개의 대리점 네트워크를 구축하여 제품을 판매하고 있는 것으로 나타났다.

  결과적으로 연길장흥의상제조유한공사는 한족 기업인 항원상과의 짠시가 잘 구축되어 있으며 대리점 또한 많고 한국에서 진출한 기업이나 한국에 있는 기업과의 네트워크가 잘 구축되어 있음으로써 한국 기업의 중국 내수시장을 확장하는 데 윈윈전략을 구사할 수 있을 것이다.

# V

연변 조선족 기업의 경영활동과
네트워크 실태

## 1. 설문조사 개요

### 1) 조사 목적

본 설문조사[1]의 목적은 연변조선족 기업의 경영실태에 대한 기초조사를 토대로 한국에 있는 기업 또는 연변 진출 한국 기업 및 해외한상기업, 외국 기업 그리고 중국 기업과 연변조선족 기업과의 상생(相生)을 위한 방안을 강구하기 위한 것일 뿐만 아니라 중국의 경제발전 실현을 위해 연변조선족 기업의 역할을 극대화하고 연변 진출 한국 기업의 성공률을 높이는 데 있다. 본 조사는 또한 연변조선족 기업의 경영활동과 네트워크에 대한 최초의 현지조사연구로서 매우 큰 의의를 갖는다.

### 2) 조사 내용

조사지역은 중국 내에 조선족이 밀집해 있는 연변조선족자치주의 시나 현을 선정하였다. 조사대상은 조사지역 내의 조선족 기업으로 하였다.

조사항목은 조사대상 기업의 일반현황, 부문별 경영활동, 수출·수입·투자 기업의 네트워크 등 크게 4가지 항목으로 구성하였다. 일반 현황에 관한 내용은 업종, 주력제품, 종업원수, 매출액, 자본금, 순이익, 경영 애로사항 등으로 구성되어 있으며 경영활동에 관한 내용은 마케팅, 판매촉진, 경영실태, 자금사정, 원가, 종업원 복지, 노동조합, 생산계획, 정보시스템 등으로 이루어져 있다. 그리고 수출·수입·투자와 이어서 기업의 네트워크에 대하여 조사하였다. 즉 중국 내 조선족 기업, 중국 내 한국 투자기업, 한국에 있는 중국 기업이나 기타 외국기업, 대학(연구소), 정부기관, 금융기관,

---

1   설문조사는 2005년 2월에 연변조선족 기업의 경영활동에 대해서 조사 자료를 수집하였으며 그리고 2006년도 1월에는 연변조선족 기업의 네트워크에 대해서 설문조사하여 수집한 자료를 분석하여 제시하였다.

단체 등에 대하여 설문하여 자료를 수집하였으며 설문지 내용의 구체적인
항목들은 다음과 같다.

〈표 V-1〉 설문지 내용의 구체적인 항목

| 구 분 | 분석단위 | 조 사 내 용 |
| --- | --- | --- |
| 연변<br>조선족<br>기업의<br>경영활동 | 일반 현황 | • 인적사항　　• 회사 형태　　• 업종별 현황　　• 주력제품<br>• 종업원수　　• 경영 애로사항　　• 경영상 중점사항 |
| | 경영활동 | • 마케팅 활동　• 판매촉진 활동<br>• 경영실태(매출액, 자본금, 당기순이익)　　• 자금조달<br>• 최근 3년간 자금사정　• 주력제품의 원가비중<br>• 원가절감 방법　• 종업원 채용방식　• 종업원 교육<br>• 임금결정 요인　• 종업원 복지<br>• 공회 유무(공회활동, 교섭 정도)　• 종업원과 의사소통수단<br>• 생산계획　• 주력제품(서비스) 품질수준　• 재고관리<br>• 업무별 정보화 정도　• 인터넷 정보 활용정도<br>• 홈페이지 유무(용도 등) |
| | 수출,<br>수입,<br>투자 | • 수출<br>　- 제품 및 원료납품 여부(빈도)<br>　- 최근 1년간 한국 수출 여부<br>• 수입<br>　- 최근 1년간 한국으로부터 수입 여부(제품명, 수입요인)<br>• 투자<br>　- 현재 투자형태<br>　- 재중 한국 기업과 합자 및 합작 유무(투자방식, 투자비율,<br>　　투자동기, 만족도)<br>　- 한국에 투자경험 유무(투자업종, 투자요인, 만족도)<br>　- 한국에 투자계획 유무(투자업종, 투자정보 입수경로) |
| 연변<br>조선족<br>기업의<br>네트워크 | 중국 내<br>조선족 기업 | • 경영활동상 가장 많이 활용하고 있는 네트워크<br>• 중국 내 조선족 기업과의 상호협력이나 교류관계<br>• 중국 내 조선족 기업과의 상호협력이나 교류의 장애요인<br>• 중국 내 조선족 기업 상호 간 협력이나 교류를 활성화하기 위한<br>　방안 |
| | 중국 내<br>한국 투자기업 | • 한국 투자기업과의 상호협력이나 교류 여부<br>• 한국 투자기업과의 상호협력이나 교류의 장애요인<br>• 한국 투자기업과의 상호협력이나 교류 활성화 방안 |
| | 한국에 있는<br>기업 | • 한국에 있는 기업과 상호협력이나 교류 여부<br>• 한국에 있는 기업과 상호협력이나 교류의 장애요인<br>• 한국에 있는 기업과 상호협력이나 교류를 활성화하기 위한 방<br>　안 |

(계속)

| 구 분 | 분석단위 | 조사 내용 |
| --- | --- | --- |
| 연변<br>조선족<br>기업의<br>네트워크 | 중국이나<br>기타 외국기업 | • 중국 기업과의 교류 내용<br>• 중국 내 외국기업(한국 투자기업 제외)과의 교류 내용<br>• 해외 외국기업(한국 기업 제외)과의 교류 내용<br>• 화상기업과의 교류 내용 |
| | 대학(연구소),<br>정부기관,<br>금융기관,<br>단체 | • 중국 및 한국대학(연구소)과의 산학협력관계 체결 여부<br>• 민족금융기관 설립의 필요 여부<br>• 사업상 참여하는 단체나 조직<br>• 한국상회나 코트라 등 기업 관련 단체와 상호교류 여부<br>• 기업활동에 온라인 화상 네트워크 활용정도<br>• 온라인 한상 네트워크 구축 시 원하는 정보 |
| | 대표자<br>인적사항 | • 성명　• 연령　• 성별　• 고향 |

## 3) 조사 설계

연변자치주 조선족 기업에 대한 설문조사는 구체적이고 개별적인 면접을 통해 이루어졌다. 설문조사의 구체적인 과정은 다음과 같다.

첫째, 설문조사는 연변조선족자치주에 있는 흑룡강신문사 연변지사의 협조하에 연구자가 조선족 기업을 직접 방문하여 개별 설문지 작성을 통해 이루어졌다.

둘째, 현지 방문 면담조사는 연변조선족자치주의 흑룡강신문 연변지사장과 연변조선족 기업가협회의 협조하에 본 연구팀이 조선족 기업을 직접 방문하여 최고경영자와의 개별 면담을 통해 기업의 성장과정과 경영실태 및 네트워크 등을 파악하였다.

셋째, 현지를 방문한 본 연구팀에 의해 사전 설문조사 교육을 받은 흑룡강신문 연변지사의 현지조사원과 연변 지역의 대학생들이 사전표본을 기준으로 조사를 진행하였다.

## 4) 표본 설정

① 모집단: 연변조선족자치주의 조선족 기업

② 표본의 크기는 총 110부이며 연변조선족 밀집지역 인구비례에 따라 구분하여, 5개 지역 그리고 22개 업종을 표본으로 선정하였으며 구체적인 연구대상 지역과 표본수는 아래와 같다.

〈표 V-2〉 연구대상지역(연변) 표본설계

| 업종 | 지역 | 연변 |
|---|---|---|
| 서비스업 부문 | 음식업 | 5 |
| | 숙박업(호텔, 모텔 포함) | 5 |
| | 자동차 정비, 전자 · 전기 수리업 | 5 |
| | 건설 및 토목업 | 5 |
| | 운송 · 배달 서비스업 | 5 |
| | 여행사 | 5 |
| | 무역업 | 5 |
| | 금융, 보험, 부동산 | 5 |
| 제조업 부문 | 음식가공 | 5 |
| | 섬유 및 의류, 완구 | 5 |
| | 가구 및 설비, 주방용품 | 5 |
| | 화학, 유류, 고무, 피혁제품 | 5 |
| | 금속 및 합금 | 5 |
| | 전기 · 전자 · 기계 기구제조 | 5 |
| | 운송장비 | 5 |
| 도소매업 부문 | 의류 · 액세서리 · 가방전문점 | 5 |
| | 가구점 | 5 |
| | 잡화점 및 백화점 | 5 |
| | 식료품 및 제과점 | 5 |
| | 철골 및 건축자재 | 5 |
| | 전자 · 전기제품 판매점 | 5 |
| | 주류 판매점 | 5 |
| 합 계 | | 110 |

각 항목에 대한 변동사항은 다음과 같은 방법으로 조정하였다.

- 각 업종별·지역별, 즉 연변조선족 자치주의 각 시나 현의 표본수를 기본으로 하여 조사한다.
- 각 지역에서는 상황에 따라 업종별 표본수는 기본 조사수를 크게 벗어나지 않는 범위 내에서 조정한다.
- 조사표 중 5개 이상의 업종이 조사 불가능할 때에는 연구당사자와 연락하여 재조정한다.
- 조사 불가능 업종이 5개 미만일 때에는 그에 해당하는 설문지를 남아 있는 여타 업종에 배분(기본적으로 평균배분)한다.
- 개별 업종의 표본수는 요구한 수의 2배수를 초과하지 않도록 한다.
- 상기 분류에 포함되지 않은 것은 추가로 분류하여 기재한다.

## 5) 실사 설계

| | |
|---|---|
| **면접원 선정** | 흑룡강신문사 연변지사 담당자와 연변 지역 대학생으로서 조사대상 지역 출신이거나 그 지역에 연고가 있는 사람을 면접원으로 선발하였다. |
| **면접원 훈련 및 연습면접** | 조사연구에 대한 연구목적, 조사내용, 조사방법, 그리고 조사지역에 대해 설명회를 갖고 설문지 내용에 대한 숙지사항을 테스트하기 위해 모의면접을 실시하였다. |
| **면접진행·및 면접원 통제** | 현지 조사책임자가 각 조사대상 지역에서 1일 간격으로 질문지를 배부, 회수, 검토하는 방법으로 면접원에 의해 발생될 수 있는 오차를 줄이도록 하였다. |
| **검증조사** | 본 연구단의 중국 실무책임자인 전임연구원이 연변 방문 시 완성된 질문지 중 조사대상 지역별로 10%를 무작위로 추출하여 직접 방문 및 전화 검증하였다. 허위나 조작이 발견될 경우 해당 설문지를 무효화하였고 예비표본에서 재조사를 실시하였다. |
| **실사기간** | •2005년 2월 1일 ~ 4월 30일: 연변조선족 기업 경영활동<br>•2006년 1월 1일 ~ 3월 31일: 연변조선족 기업 네트워크 |

## 6) 자료 처리

중국 연변조선족자치주의 각 시, 현 등 지역별로 조사된 설문지를 조사책임자가 회수하여 한국으로 우송한 후 본 연구소에서 통합, 엑셀 프로그램 등을 이용하여 설문응답 코딩 후 SPSS 통계패키지를 이용, 통계 처리하였다.

### (1) 자료처리 과정

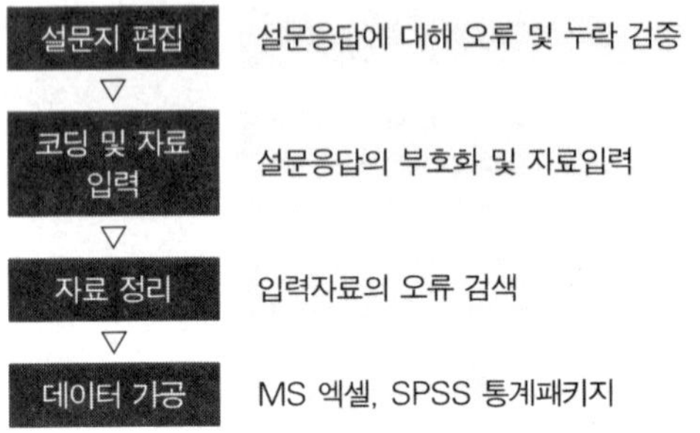


### (2) 표본의 가중치

표본선정에 대한 모든 자료는 연변조선족자치주 조선족 밀집지역의 인구특성에 맞게 지역별 및 직업별 조선족 분포수, 업종별 기업 분포수를 토대로 표본수를 선정하였으며, 표본수 선정에 대한 기초자료는 『중국민족통계연감』 각 연도, 주중한국대사관, 재외동포재단, 외교통상부 등의 통계자료에 근거했다.

### (3) 결과 요약

- 표에 나타난 값은 모두 백분율로 산출하였다.
- 점수화가 가능한 응답에 대해서는 평균점수를 산출하여 계산하였다.
- 각 문항에 대해서 응답 수와 조사결과 집계표가 제시되었다.
- 무응답이나 오기(誤記)에 대해서는 산출에서 제외하고 별도항목을 선정하여 기록하였다.

## 2. 연변조선족 기업의 경영활동

### 1) 일반현황

#### (1) 인적사항

설문조사대상 연변조선족 기업인 99명 중 무응답 13명을 제외한 86명(100%) 응답자 중에서 남자가 55명으로 64%를 차지하였으며 여자는 31명으로 36%를 차지하였다. 응답결과에 의하면 남자가 여자에 비하여 더 높은 비율을 차지하였으나(64%) 여자도 결코 낮지 않은 것으로 나타났다(36%).

한편 연변조선족 기업인의 연령대를 보면 응답자 67명 중 40대가 39%, 50대가 34%, 30대가 19%를 차지함으로써 연변조선족 기업인들은 대부분 40~50대(73%)인 것으로 나타났다.

〈표 V-3〉 연변조선족 기업 경영자의 인적사항

(단위: %)

| 구 분 | | 응답수 | 비 율 |
|---|---|---|---|
| 성별 | 남 | 55 | 64 |
| | 여 | 31 | 36 |
| | 합 계 | 86 | 100 |
| | 무응답 | 13 | |
| 연령 | 20대 | 1 | 1 |
| | 30대 | 13 | 19 |
| | 40대 | 26 | 39 |
| | 50대 | 23 | 34 |
| | 60대 이상 | 4 | 6 |
| | 합 계 | 67 | 100 |
| | 무응답 | 32 | |

#### (2) 회사 형태

연변조선족 기업의 회사 형태를 보면 응답자 88명(100%) 중 독자기업이 56명으로 64%를 차지하며 합자기업은 12명으로(14%), 합작기업은 5명으로 6%를 차지하는 것으로 조사되었다.

〈표 V-4〉 연변조선족 기업의 회사 형태

(단위: %)

| 구 분 | 응답수 | 비 율 |
|---|---|---|
| 독 자 | 56 | 64 |
| 합 자 | 12 | 14 |
| 합 작 | 5 | 6 |
| 기 타 | 15 | 17 |
| 응답수 | 88 | 100 |
| 무응답 | 11 | |

결과적으로 연변조선족 기업의 회사 형태는 대부분이 독자기업(64%) 인 것으로 나타났다.

### (3) 업종별 현황

연변조선족 기업의 업종별 현황을 보면 응답자 97명(100%) 중 서비스업에 54명으로써 56%를 차지하며 제조업은 38명으로 39%를 차지하고 도소매업은 5명으로 5%를 차지하는 것으로 나타났다. 결과적으로 연변조선족 기업의 업종은 반 이상이 서비스업이며 다음으로 제조업과 도소매업 순인 것으로 조사되었다.

한편 서비스업 중에서는 기타(50%)를 제외한 나머지 중에서 음식업이 29%로 가장 많은 비중을 차지하였으며 다음으로 건설 및 토목업(7%)과 무역업(7%)인 것으로 나타났다. 제조업 부문에서는 기타(58%)를 제외한 나머지 중 음식가공이 24%를 차지하였으며 다음으로는 섬유 및 의류, 완구(8%)와 전기 · 전자 · 기계 기구 제조(6%)인 것으로 조사되었다. 도소매 부문에서는 기타(80%)를 제외한 나머지 부문 중에서 의류 · 액세서리 · 가방전문점(20%)이 가장 큰 비중을 차지하는 것으로 응답되었다.

결과적으로 연변조선족 기업의 업종별 현황을 종합해보면 서비스업, 제조업, 도소매업 순인 것으로 나타났으며 서비스업 중에서는 음식업에 가장 많이 종사하며 제조업 중에서는 음식가공업에 그리고 도 · 소매업 중에서는 의류 · 액세서리 · 가방전문점 업에 주로 종사하는 것으로 나타남으로써 연변조선족 기업이 아직은 선진국형 기업 모형에 진입하지 못하고 있는 것으로 조사되었다.

〈표 Ⅴ-5〉 연변조선족 기업의 업종별 현황

(단위: %)

| 구 분 | | 응답수 | 비율 |
|---|---|---|---|
| 서비스업<br>부문 | 음식업 | 16 | 29 |
| | 숙박업(호텔, 모텔 포함) | 0 | 0 |
| | 자동차 정비, 전자·전기 수리업 | 1 | 3 |
| | 건설 및 토목업 | 4 | 7 |
| | 운송 배달 서비스업 | 2 | 4 |
| | 여행사 | 0 | 0 |
| | 무역업 | 4 | 7 |
| | 금융, 보험, 부동산 | 0 | 0 |
| | 기 타 | 27 | 50 |
| | 소 계 | 54 | 100 |
| 제조업<br>부문 | 음식가공 | 9 | 24 |
| | 섬유 및 의류, 완구 | 3 | 8 |
| | 가구 및 설비, 주방용품 | 1 | 2 |
| | 화학, 유류, 고무, 피혁제품 | 1 | 2 |
| | 금속 및 합금 | 0 | 0 |
| | 전기·전자·기계 기구제조 | 2 | 6 |
| | 운송장비 | 0 | 0 |
| | 기 타 | 22 | 58 |
| | 소 계 | 38 | 100 |
| 도소매업<br>부문 | 의류·액세서리·가방전문점 | 1 | 20 |
| | 가구점 | 0 | 0 |
| | 잡화점 및 백화점 | 0 | 0 |
| | 식료품 및 제과점 | 0 | 0 |
| | 철골 및 건축자재 | 0 | 0 |
| | 전자·전기제품 판매점 | 0 | 0 |
| | 주류 판매점 | 0 | 0 |
| | 기 타 | 4 | 80 |
| | 소 계 | 5 | 100 |
| 합 계 | | 97 | |
| 무응답 | | 2 | |
| 총 계 | | 99 | |

### (4) 주력제품

연변조선족 기업의 주력제품 매출 의존도를 보면 응답기업 72개(100%) 중 32개 기업(44%)이 100% 의존한다고 응답하였으며 17개 기업(23%)은 90~99% 의존하는 것으로 나타났다. 또한 11개 기업(15%)은 80~89% 의존하는 것으로 응답되었다. 결과적으로 응답기업 72개 중 60개(82%) 기업이 주력제품에 대한 매출 의존도가 80% 이상인 것으로 조사되었다. 이는 연변조선족 기업의 주력제품에 대한 매출의존도가 높음으로써 주력제품의 매출추이에 따라 재무구조도 취약해질 수 있음을 나타낸다. 따라서 신제품을 개발하여 주력제품에 대한 매출의존도를 분산시킬 수 있는 제품개발에 대한 정책을 써야할 것이다.

〈표 V-6〉 주력제품 매출비중(매출 의존도)

(단위: %)

| 구분 | 응답수 | 비율 |
| --- | --- | --- |
| 50% 미만 | 2 | 3 |
| 50~59% | 2 | 3 |
| 60~69% | 4 | 6 |
| 70~79% | 4 | 6 |
| 80~89% | 11 | 15 |
| 90~99% | 17 | 23 |
| 100% | 32 | 44 |
| 합 계 | 72 | 100 |
| 무응답 | 27 | |

### (5) 종업원수

연변조선족 기업은 종업원수가 20~50명(34%)이 가장 많은 비중을 차지하고 있으며 다음으로 10~20명(29%)인 것으로 나타났다. 즉 연변조선족 기업의 63%가 종업원이 50명 미만인 것으로 조사되었다. 또한 50명 이상 500명 미만도 전체의 33%나 차지하였으며 극히 일부이기는 하나 500명 이상 1,000명 미만도 3%를 차지하는 것도 응답되었다.

결과적으로 연변조선족 기업들은 종업원 규모로 볼 때 50명 미만이 63%

〈표 V-7〉 종업원 수

(단위: %)

| 구분 | 응답수 | 비율 |
| --- | --- | --- |
| 10~20명 | 27 | 29 |
| 20~50명 | 31 | 34 |
| 50~100명 | 14 | 15 |
| 100~500명 | 17 | 18 |
| 500~1,000명 | 3 | 3 |
| 1,000명 이상 | 0 | 0 |
| 합 계 | 92 | 100 |
| 무응답 | 7 | |

를 차지함으로써 아직은 중소기업 수준을 벗어나지 못한 기업이 많은 것으로 조사되었다.

한편, 연변의 조선족 기업들은 종업원을 채용할 때 대부분 조선족을 채용하는 것으로 나타났다. 설문조사 결과에 의하면 전체 종업원 중 조선족 종업원의 비율이 90% 이상이라고 응답한 기업이 33%이며 70~90% 미만이라고 응답한 비율은 25%, 50~70% 미만이라고 응답한 비율은 22%인 것으로 조사되었다. 결과적으로 연변조선족 기업들은 전체 종업원 중 조선족 종업원을 반 이상 채용하는 비율이 80% 이상인 것으로 응답되었다. 결과적으로 연변은 조선족자치주이므로 다른 지역에 비하여 조선족 종업원의 비율이 높은 것으로 보인다.

〈표 Ⅴ-8〉 조선족 비율 (단위: %)

| 구 분 | 응답수 | 비 율 |
|---|---|---|
| 10% 미만 | 2 | 2 |
| 10~30% | 10 | 11 |
| 30~50% | 5 | 6 |
| 50~70% | 19 | 22 |
| 70~90% | 22 | 25 |
| 90% 이상 | 29 | 33 |
| 합 계 | 87 | 100 |
| 무응답 | 12 | |

### (6) 경영 애로사항

연변조선족 기업인을 대상으로 기업을 경영하면서 애로사항이 무엇인지를 설문하였다. 응답결과에 의하면 매출액 감소나 인건비 상승, 기술수준의 약화, 인력부족, 세금부담, 노사분규, 자금부족, 환경오염에 관련된 질문에 전혀 심각하지 않음(매출액 감소 29%, 인건비 상승 36%, 기술수준의 약화 53%, 인력부족 35%, 세금부담 29%, 노사분규 63%, 자금부족 24%, 환경오염 54%) 또는 그저 그렇다(매출액 감소 38%, 인건비 상승 34%, 기술수준의 약화 24%, 과잉경쟁 35%, 인력부족 37%, 세금부담 42%, 노사분규 22%, 자금부족 37%, 환경오염 25%)인 것으로 응답됨으로써 연변의 조선족 기업들은 경영 애로사항이 보통이거나 전혀 심각하지 않는 것으로 나타났다. 단지 과잉경쟁에 의한 경영 애로사항에서는 '심각함'이 23%이고 '매우 심각함'이 9%나 되는 것으로 나타남으로써 연변조선족 기업들에게는 과잉경쟁을 심각(32%)하게 받아들이고 있는 것으로 조사되었다.

〈표 Ⅴ-9〉 연변조선족 기업의 경영애로사항　　　　　　　(단위: %)

| 구 분 | | 응답수 | 비 율 |
|---|---|---|---|
| 매출액<br>감소 | 전혀 심각하지 않음 | 23 | 29 |
| | 심각하지 않음 | 14 | 18 |
| | 그저 그렇다 | 30 | 38 |
| | 심각함 | 8 | 10 |
| | 매우 심각함 | 4 | 5 |
| | 합 계 | 79 | 100 |
| | 무응답 | 20 | |
| 인건비<br>상승 | 전혀 심각하지 않음 | 26 | 36 |
| | 심각하지 않음 | 12 | 16 |
| | 그저 그렇다 | 25 | 34 |
| | 심각함 | 7 | 10 |
| | 매우 심각함 | 3 | 4 |
| | 합 계 | 73 | 100 |
| | 무응답 | 26 | |
| 기술수준의<br>약화 | 전혀 심각하지 않음 | 35 | 53 |
| | 심각하지 않음 | 7 | 11 |
| | 그저 그렇다 | 16 | 24 |
| | 심각함 | 5 | 8 |
| | 매우 심각함 | 3 | 4 |
| | 합 계 | 66 | 100 |
| | 무응답 | 33 | |
| 과잉경쟁 | 전혀 심각하지 않음 | 16 | 21 |
| | 심각하지 않음 | 9 | 12 |
| | 그저 그렇다 | 27 | 35 |
| | 심각함 | 18 | 23 |
| | 매우 심각함 | 7 | 9 |
| | 합 계 | 77 | 100 |
| | 무응답 | 22 | |

(계속)

| 구 분 | | 응답수 | 비 율 |
|---|---|---|---|
| 인력부족 | 전혀 심각하지 않음 | 17 | 35 |
| | 심각하지 않음 | 6 | 12 |
| | 그저 그렇다 | 18 | 37 |
| | 심각함 | 5 | 10 |
| | 매우 심각함 | 3 | 6 |
| | 합 계 | 49 | 100 |
| | 무응답 | 50 | |
| 세금부담 | 전혀 심각하지 않음 | 20 | 29 |
| | 심각하지 않음 | 12 | 17 |
| | 그저 그렇다 | 29 | 42 |
| | 심각함 | 6 | 9 |
| | 매우 심각함 | 2 | 3 |
| | 합 계 | 69 | 100 |
| | 무응답 | 30 | |
| 노사분규 | 전혀 심각하지 않음 | 34 | 63 |
| | 심각하지 않음 | 6 | 11 |
| | 그저 그렇다 | 12 | 22 |
| | 심각함 | 2 | 4 |
| | 매우 심각함 | 0 | 0 |
| | 합 계 | 54 | 100 |
| | 무응답 | 45 | |
| 자금부족 | 전혀 심각하지 않음 | 18 | 24 |
| | 심각하지 않음 | 10 | 13 |
| | 그저 그렇다 | 28 | 37 |
| | 심각함 | 15 | 20 |
| | 매우 심각함 | 4 | 6 |
| | 합 계 | 75 | 100 |
| | 무응답 | 24 | |
| 환경오염 | 전혀 심각하지 않음 | 36 | 54 |
| | 심각하지 않음 | 7 | 10 |
| | 그저 그렇다 | 17 | 25 |
| | 심각함 | 3 | 5 |
| | 매우 심각함 | 4 | 6 |
| | 합 계 | 67 | 100 |
| | 무응답 | 32 | |

### (7) 경영상 중점사항

연변조선족 기업들에게 경영상 가장 중점을 두고 있는 사항이 무엇인지를 물었다. 설문조사 결과에 의하면 경영상 중점을 두고 있는 1순위는 기술개발(89%)이며 다음으로는 사업확장 및 판로개척(87%), 인력확보 및 종업원훈련(84%), 자금확보(81%) 순인 것으로 나타났다. 반면에 원가절감과 구조조정(74%), 환경오염(73%), 해외진출(60%)은 상대적으로 덜 중요하게 생각하고 있는 것으로 조사되었다.

이는 연변조선족 기업들이 기업의 지속적인 발전과 매출의 증가를 위해서는 기술개발의 중요성을 인식하는 것으로 조사되었으며 또한 지속적인 매출의 증대를 위해서는 사업확장의 중요성을 체득한 것으로 나타났다. 그러나 연변조선족 기업들은 원가절감을 통한 매출증대나 경쟁력 확보 등에 대해서는 덜 중요한 것으로 인식하고 있으며 또한 아직까지는 환경오염이나 해외진출에 대해서 구체적으로 생각하고 있지 않는 것으로 조사되었다.

한편 노사화합에 대해서는 중국에서는 공회가 각 회사마다 의무적으로 설립하도록 되어 있어서 공회의 역할이 크므로 기업경영상 노사관계가 크게 걸림돌이 되지 않는 것으로 나타났다.

〈표 V-10〉 연변 조선족 기업의 경영상 중점사항 (단위: %)

| 구분 | | 응답수 | 비율 |
|---|---|---|---|
| 사업확장 및 판로개척 | 전혀 중요하지 않음 | 2 | 4 |
| | 중요하지 않음 | 2 | 4 |
| | 그저 그렇다 | 3 | 5 |
| | 중요함 | 30 | 53 |
| | 매우 중요함 | 19 | 34 |
| | 합 계 | 56 | 100 |
| | 무응답 | 43 | |
| 해외진출 | 전혀 중요하지 않음 | 4 | 16 |
| | 중요하지 않음 | 0 | 0 |
| | 그저 그렇다 | 4 | 16 |
| | 중요함 | 10 | 40 |

(계속)

| 구분 | | 응답수 | 비율 |
|---|---|---|---|
| 해외진출 | 매우 중요함 | 7 | 28 |
| | 합 계 | 25 | 100 |
| | 무응답 | 74 | |
| 기술개발 | 전혀 중요하지 않음 | 0 | 0 |
| | 중요하지 않음 | 1 | 3 |
| | 그저 그렇다 | 3 | 8 |
| | 중요함 | 16 | 43 |
| | 매우 중요함 | 17 | 46 |
| | 합 계 | 37 | 100 |
| | 무응답 | 62 | |
| 자금확보 | 전혀 중요하지 않음 | 0 | 0 |
| | 중요하지 않음 | 2 | 5 |
| | 그저 그렇다 | 6 | 14 |
| | 중요함 | 20 | 48 |
| | 매우 중요함 | 14 | 33 |
| | 합 계 | 42 | 100 |
| | 무응답 | 57 | |
| 인력확보<br>및<br>종업원 훈련 | 전혀 중요하지 않음 | 1 | 2 |
| | 중요하지 않음 | 1 | 2 |
| | 그저 그렇다 | 5 | 12 |
| | 중요함 | 27 | 64 |
| | 매우 중요함 | 8 | 20 |
| | 합 계 | 42 | 100 |
| | 무응답 | 57 | |
| 노사화합 | 전혀 중요하지 않음 | 2 | 13 |
| | 중요하지 않음 | 1 | 6 |
| | 그저 그렇다 | 6 | 38 |
| | 중요함 | 3 | 18 |
| | 매우 중요함 | 4 | 25 |
| | 합 계 | 16 | 100 |
| | 무응답 | 83 | |
| 원가절감과<br>구조조정 | 전혀 중요하지 않음 | 1 | 3 |
| | 중요하지 않음 | 2 | 5 |
| | 그저 그렇다 | 7 | 18 |
| | 중요함 | 23 | 57 |

(계속)

| 구분 | | 응답수 | 비율 |
|---|---|---|---|
| 원가절감과<br>구조조정 | 매우 중요함 | 7 | 17 |
| | 합 계 | 40 | 100 |
| | 무응답 | 59 | |
| 환경오염<br>방지 | 전혀 중요하지 않음 | 4 | 21 |
| | 중요하지 않음 | 0 | 0 |
| | 그저 그렇다 | 10 | 52 |
| | 중요함 | 3 | 16 |
| | 매우 중요함 | 2 | 11 |
| | 합 계 | 19 | 100 |
| | 무응답 | 80 | |

## 2) 경영활동

### (1) 마케팅 활동

연변조선족 기업의 마케팅 활동에 대해서 설문하였다. 응답결과에 의하면 연변조선족 기업인들은 신제품 개발이나 기존제품 개량에 대해서 중요하게 생각(89%)하고 있는 것으로 나타났으며 다음으로는 제품가격 결정(86%)과 판매촉진(85%)인 것으로 조사되었다.

이는 연변조선족 기업들이 세계의 공장인 중국 내에서 경쟁업체와의 경쟁을 하기 위해서는 연구개발비를 투자하여 신제품 개발과 기존제품의 개량을 하는 것이 매우 중요하다고 인식하는 것으로 응답되었다. 또한 제품을 생산해서 시장에 출시하기 전 제품가격의 결정과 판매촉진 및 유통경로가 중요하다고 느끼는 것으로 조사되었다.

### (2) 판매촉진활동

연변조선족 기업들이 경영활동을 하면서 시장의 점유율(market share)을 넓히기 위한 판촉활동의 종류와 활용정도를 설문하였다.

〈표 Ⅴ-11〉 연변조선족 기업의 마케팅 활동

(단위: %)

| 구 분 | | 응답수 | 비 율 |
|---|---|---|---|
| 제품가격<br>결정 | 전혀 중요하지 않음 | 3 | 4 |
| | 중요하지 않음 | 3 | 4 |
| | 그저 그렇다 | 4 | 6 |
| | 중요함 | 37 | 56 |
| | 매우 중요함 | 20 | 30 |
| | 합 계 | 67 | 100 |
| | 무응답 | 32 | |
| 신제품<br>개발 및 기존제품<br>개량 | 전혀 중요하지 않음 | 3 | 4 |
| | 중요하지 않음 | 1 | 1 |
| | 그저 그렇다 | 4 | 6 |
| | 중요함 | 32 | 47 |
| | 매우 중요함 | 28 | 42 |
| | 합 계 | 68 | 100 |
| | 무응답 | 31 | |
| 판매촉진 | 전혀 중요하지 않음 | 4 | 6 |
| | 중요하지 않음 | 4 | 6 |
| | 그저 그렇다 | 2 | 3 |
| | 중요함 | 35 | 52 |
| | 매우 중요함 | 23 | 33 |
| | 합 계 | 68 | 100 |
| | 무응답 | 31 | |
| 유통경로 | 전혀 중요하지 않음 | 3 | 5 |
| | 중요하지 않음 | 3 | 5 |
| | 그저 그렇다 | 3 | 5 |
| | 중요함 | 33 | 58 |
| | 매우 중요함 | 15 | 27 |
| | 합 계 | 57 | 100 |
| | 무응답 | 42 | |

〈표 Ⅴ-12〉 연변조선족 기업의 판매촉진활동 (단위: %)

| 구분 | | 응답수 | 비율 |
|---|---|---|---|
| 신문·잡지 | 전혀 활용하지 않음 | 10 | 17 |
| | 활용하지 않음 | 7 | 12 |
| | 보 통 | 11 | 18 |
| | 약간 활용함 | 23 | 38 |
| | 많이 활용함 | 9 | 15 |
| | 합 계 | 60 | 100 |
| | 무응답 | 39 | |
| TV·라디오 | 전혀 활용하지 않음 | 10 | 17 |
| | 활용하지 않음 | 6 | 10 |
| | 보 통 | 8 | 13 |
| | 약간 활용함 | 26 | 43 |
| | 많이 활용함 | 10 | 17 |
| | 합 계 | 60 | 100 |
| | 무응답 | 39 | |
| 인터넷 | 전혀 활용하지 않음 | 8 | 16 |
| | 활용하지 않음 | 7 | 13 |
| | 보 통 | 12 | 24 |
| | 약간 활용함 | 16 | 31 |
| | 많이 활용함 | 8 | 16 |
| | 합 계 | 51 | 100 |
| | 무응답 | 48 | |
| 구전효과 | 전혀 활용하지 않음 | 2 | 3 |
| | 활용하지 않음 | 5 | 7 |
| | 보 통 | 15 | 23 |
| | 약간 활용함 | 24 | 35 |
| | 많이 활용함 | 22 | 32 |
| | 합 계 | 68 | 100 |
| | 무응답 | 31 | |

응답결과에 의하면 연변조선족 기업들은 자사제품의 판촉활동에 구전효과를 가장 많이 활용(67%)하고 있다고 응답하였으며 다음으로는 TV나 라디오를 많이 활용(60%)하고 있는 것으로 나타났다. 반면에 신문이나 잡지는 상대적으로 적게 활용(53%)하고 있는 것으로 응답되었으며 판촉활동의 종류 중 인터넷을 활용한 판촉활동은 가장 적게 활용(47%)하고 있는 것으로 조사되었다.

응답결과에 의하면 연변조선족 기업들은 자사 제품의 판촉활동에 가장 보수적인 방법인 구전효과를 가장 많이 활용하고 있는 것으로 나타났으며 한편 연변이 정보통신 인프라 구축이 아직은 미진한 상태이기 때문에 인터넷을 활용한 판촉활동은 많지 않는 것으로 응답되었다.

### (3) 경영실태

① 매출액

연변조선족 기업들의 연매출이 얼마나 되는지를 설문하였다. 응답결과에 의하면 연매출이 100만~500만 위안(1억~7억 5,000만 원)이 38%로 가장 많았으며 다음으로 10만~50만 위안(1,000만~7,500만 원)이 21%이며 1,000만~5,000만 위안(10억~75억 원)도 17%나 되었다.

〈표 Ⅴ-13〉 연변조선족 기업의 매출액 (단위: %)

| 구분 | | 응답수 | 비율 |
|---|---|---|---|
| | 10만 위안 | 0 | 0 |
| | 10~50만 위안 | 10 | 21 |
| | 50~100만 위안 | 9 | 19 |
| | 100~500만 위안 | 18 | 38 |
| 매출액 | 500~1,000만 위안 | 3 | 6 |
| | 1,000~5,000만 위안 | 8 | 17 |
| | 5,000만 위안 이상 | 0 | 0 |
| 합 계 | | 48 | 100 |
| 무응답 | | 51 | |

이는 연변조선족 기업들이 지역의 한계성뿐만 아니라 기술 및 경영 마인드도 아직은 성숙된 단계가 아니기 때문에 매출이 많지 않는 것으로 보인다. 그러나 한편으로는 중국 대도시에서의 유학생활과 기업체 근무경험을 살려서 연변에서 창업을 하여 4~5년 사이에 비약적인 발전을 거듭한 젊은 연변조선족 기업도 있다. 이

들은 설문조사에 나타난 바와 같이 연매출이 10억~75억 원 범위에 드는 것으로 조사됨으로써 향후 연변조선족 기업의 발전가능성을 엿보는 듯하다.

### ② 자본금

연변조선족 기업들의 자본금을 보면 10만~50만 위안이 33%로 가장 많은 비중을 차지하는 것으로 나타났으며 다음으로는 100~500만 위안이 22%, 1,000~5,000만 위안도 12%나 되는 것으로 조사되었다. 결과적으로 연변조선족 기업들의 자본금의 규모와 형태를 보면 50만

〈표 V-14〉 연변조선족 기업의 자본금
(단위: %)

| | 구 분 | 응답수 | 비 율 |
|---|---|---|---|
| | 10만 위안 미만 | 3 | 9 |
| | 10~50만 위안 | 11 | 33 |
| | 50~100만 위안 | 4 | 12 |
| | 100~500만 위안 | 7 | 22 |
| 자본금 | 500~1,000만 위안 | 3 | 9 |
| | 1,000~5,000만 위안 | 4 | 12 |
| | 5,000만 위안 이상 | 1 | 3 |
| | 합 계 | 33 | 100 |
| | 무응답 | 66 | |

~100만 위안 미만이 전체의 54%를 차지하는 것으로 나타남으로써 자본금의 규모로 판단하면 연변조선족 기업은 중소기업의 범주에 속하는 것으로 보인다.

### ③ 당기순이익

연변조선족 기업의 당기순이익을 보면 10만 위안 미만이 37%로서 가장 많은 비중을 차지하고 있으며 또한 50만 위안 미만의 비율이 전체 86%로서 당기순이익 측면에서 볼 때 대부분 영세한 중소기업인 것으로 판단된다.

〈표 V-15〉 연변조선족 기업의 당기순이익
(단위: %)

| | 구 분 | 응답수 | 비 율 |
|---|---|---|---|
| | 순손실 | 6 | 15 |
| | 10만 위안 미만 | 15 | 37 |
| | 10~50만 위안 | 14 | 34 |
| | 50~100만 위안 | 6 | 15 |
| 당기 순이익 | 100~500만 위안 | 0 | 0 |
| | 500~1,000만 위안 | 0 | 0 |
| | 1,000~5,000만 위안 | 0 | 0 |
| | 5,000만 위안 이상 | 0 | 0 |
| | 합계 | 41 | 100 |
| | 무응답 | 58 | |

### (4) 자금조달

연변의 조선족 기업들이 기업을 경영하면서 필요한 자금을 어떤 방법으로 조달하는가에 대한 설문조사를 한 결과 연변의 조선족 기업인들은 1순위로 필요한 자금을 '개인저축'(38%)을 통해서 조달하는 것으로 나타났다. 또한 개인 저축 이외에 필요한 자금을 조달하는 방법으로는 2순위로 '친인척'(36%)을 통해서 조달하는 것으로 조사되었다. 이러한 자금조달 방법은 한국 기업들처럼 필요한 자금을 은행에서 대출받거나 주식이나 회사채를 발행해서 조달하는 것과는 대비되는 것이어서 한국 기업과 중국조선족 기업 간에 자금조달 방법에 차이가 있음이 응답 결과 밝혀졌다. 한편 연변조선족 기업들은 기업경영에 필요한 자금을 중국 정부로부터 지원받지 않고 자체 조달하고 있음이 설문조사 결과로 나타났다.

〈표 Ⅴ-16〉 연변조선족 기업의 자금조달 방법

(단위: %)

| 구 분 | | 응답수 | 비율 |
|---|---|---|---|
| 1순위 | 은행대출 | 23 | 30 |
| | 사채업자 | 1 | 1 |
| | 정부대출 | 0 | 0 |
| | 친인척 | 19 | 25 |
| | 거래처 | 2 | 3 |
| | 개인저축 | 29 | 38 |
| | 기타 | 2 | 3 |
| | 합 계 | 76 | 100 |
| | 무응답 | 23 | |
| 2순위 | 은행대출 | 5 | 14 |
| | 사채업자 | 6 | 17 |
| | 정부대출 | 0 | 0 |
| | 친인척 | 13 | 36 |
| | 거래처 | 1 | 3 |
| | 개인저축 | 8 | 22 |
| | 기 타 | 3 | 8 |
| | 합 계 | 36 | 100 |
| | 무응답 | 63 | |

### (5) 최근 3년간 자금사정

연변조선족 기업들에게 최근 3년간 자금사정이 어떠했는지를 물어본 결과 '보통이다' 37%, '어렵다' 29%, '매우 어렵다' 8%로 응답함으로써 일부의 기업들은 별로 어렵지 않고(37%) 또한 일부 기업들은 자금사정이 어려운 것(37%)으로 나타났다.

연변조선족 기업들 중 최근 3년간 자금사정이 안 좋다는(어렵다 29%, 매우 어렵다 8%) 기업들에게 자금사정이 안 좋은 이유를 물었다.

응답결과에 의하면 1순위로는 '매출액 감소'(27%)에 의해서 자금사정이 안 좋으며, 2순위로는 '금융기관 대출의 어려움'(25%)과 '재료비 상승'(25%)

〈표 V-17〉 최근 3년간 자금사정(단위: %)

| 구 분 | 응답수 | 비 율 |
|---|---|---|
| 전혀 어렵지 않다 | 5 | 6 |
| 어렵지 않다 | 16 | 20 |
| 보통이다 | 29 | 37 |
| 어렵다 | 23 | 29 |
| 매우 어렵다 | 6 | 8 |
| 합 계 | 79 | 100 |
| 무응답 | 20 | |

〈표 V-18〉 자금사정이 안 좋은 이유 (단위: %)

| 구 분 | | 응답수 | 비 율 |
|---|---|---|---|
| | 매출액 감소 | 7 | 27 |
| | 금융기관 대출의 어려움 | 6 | 24 |
| | 인건비 상승 | 2 | 8 |
| 1순위 | 재료비 상승 | 3 | 11 |
| | 차입금상환 부담 | 3 | 11 |
| | 신규설비투자에 따른 자금압박 | 5 | 19 |
| | 합 계 | 26 | 100 |
| | 무응답 | 73 | |
| | 매출액 감소 | 3 | 15 |
| | 금융기관 대출의 어려움 | 5 | 25 |
| | 인건비 상승 | 3 | 15 |
| 2순위 | 재료비 상승 | 5 | 25 |
| | 차입금상환 부담 | 0 | 0 |
| | 신규설비투자에 따른 자금압박 | 4 | 20 |
| | 합 계 | 20 | 100 |
| | 무응답 | 79 | |

인 것으로 나타났다.

결과적으로 연변조선족 기업인들은 필요한 자금을 자체 조달하거나 또는 친인척을 통해서 조달해야 되기 때문에 매출액이 감소되면 필요한 자금을 자체 조달하는 데 지대한 영향을 끼치기 때문이고 또한 자금이 필요할 때 중국은행 등 금융기관으로부터 필요한 자금을 대출받기 어려울 뿐만 아니라 재료비가 상승함으로써 매출원가가 상승하고 이어서 당기순이익이 감소하기 때문에 자금사정이 안 좋은 것으로 판단된다.

### (6) 제조업의 주력제품 평균원가 구성비

연변조선족 기업들 중 제조업을 경영하는 기업을 대상으로 주력제품의 평균원가 구성이 어떻게 되는지를 설문조사하였다. 응답결과에 의하면 평균원가 구성비는 재료비 50%, 노무비 27%, 경비 23%인 것으로 나타났다.

〈표 Ⅴ-19〉 제조업의 주력제품 평균원가 구성비 (단위: %)

| 구 분 | 비 율 |
|---|---|
| 재료비 | 50 |
| 노무비 | 27 |
| 경비 | 23 |
| 계 | 100 |

결과적으로 제조업을 경영하는 연변의 조선족 기업들은 재료비가 전체의 반을 차지함으로써 재료비의 비중이 너무 높은 것으로 나타났다. 따라서 원가절감을 통해서 제품의 가격경쟁력을 높이고 이윤의 극대화를 추구하기 위해서는 양질의 원재료를 저렴하게 구입할 수 있는 방안을 강구함으로써 가격경쟁력을 높일 수 있을 것으로 판단되었다.

### (7) 원가절감 방법

제조업을 경영하는 연변의 조선족 기업들에게 원가를 절감할 수 있는 방안을 물었다. 응답결과에 의하면 1순위로는 '노무관리의 합리화'(22%)를 들었고 2순위로는 '품질관리의 강화'(37%)라고 응답하였다.

결과적으로 연변조선족 기업인들의 원가절감 방안으로는 노무관리의 합

**〈표 V-20〉 원가절감 방법** (단위: %)

| 구 분 | | 응답수 | 비 율 |
|---|---|---|---|
| 1순위 | 잉여인원의 정리 | 10 | 17 |
| | 노무관리의 합리화 | 13 | 22 |
| | 급여체계의 개선 | 2 | 3 |
| | 첨단설비의 도입 | 9 | 16 |
| | 공정관리의 강화 | 2 | 3 |
| | 품질관리의 강화 | 12 | 20 |
| | 합리적인 예산통제 | 9 | 16 |
| | 기 타 | 2 | 3 |
| | 합 계 | 59 | 100 |
| | 무응답 | 40 | |
| 2순위 | 잉여인원의 정리 | 2 | 4 |
| | 노무관리의 합리화 | 8 | 18 |
| | 급여체계의 개선 | 3 | 7 |
| | 첨단설비의 도입 | 4 | 9 |
| | 공정관리의 강화 | 1 | 3 |
| | 품질관리의 강화 | 17 | 37 |
| | 합리적인 예산통제 | 8 | 18 |
| | 기 타 | 2 | 4 |
| | 합 계 | 45 | 100 |
| | 무응답 | 54 | |

리화와 품질관리의 강화를 통해서 재료비와 노무비 및 경비의 절감, 즉 원가를 낮춤으로써 가격경쟁력을 높일 수 있다고 생각하는 것으로 나타났다.

## (8) 종업원 채용방식

연변의 조선족 기업들은 회사에서 필요한 인력을 채용 시 '공개채용'(46%)을 최우선으로 고려하며 다음으로는 '연고채용과 공개채용'(41%)을 병용해서 직원을 채용하는 것으로 나타났다. 다시 말하면 연변조선족 기업들은 회사에서 필요한 인력들을 신문이나 잡지 등에 구인광고를 통하여 모집된 인력 중 회사에 필요한 인력을 선별하여 채용함으로써 공정한 인사관리와 아울러서 가족이나 친인척들에 의하여 회사경영이 좌지우지되는 일이 없도록 한다는 데에서 연변조선족 기업들의 미래 발전상을 기대해볼 수 있다고 하겠다.

〈표 Ⅴ-21〉 종업원 채용방식　(단위: %)

| 구분 | 응답수 | 비율 |
| --- | --- | --- |
| 연고채용 | 6 | 8 |
| 공개채용 | 37 | 46 |
| 연고, 공개채용 | 33 | 41 |
| 특별채용 | 4 | 5 |
| 합계 | 80 | 100 |
| 무응답 | 19 | |

연변의 조선족 기업들이 회사에서 필요한 인력을 채용 시 '공개채용'(46%)한다는 조선족 기업에게 공개채용 시 종업원의 모집방법에 대하여 설문하였다. 응답결과에 의하면 연변의 조선족 기업들은 필요한 인력을 공개 채용하여 모집할 때 주로 '신문이나 잡지'(54%)를 통하여 모집하며 부분적으로는 '교육기관'(17%), 즉 학교 등을 통하여 필요인력을 추천을 받아서 모집하고 있는 것으로 설문분석 결과 나타났다.

〈표 Ⅴ-22〉 공개채용 시 종업원 모집방법

(단위: %)

| 구분 | 응답수 | 비율 |
| --- | --- | --- |
| 회사채용공고 | 3 | 3 |
| 신문, 잡지 | 47 | 54 |
| 민간직업소개소 | 11 | 13 |
| 정부직업소개소 | 11 | 13 |
| 교육기관 | 15 | 17 |
| 합계 | 87 | 100 |

### (9) 종업원 교육

연변의 조선족 기업들에게 종업원의 교육이 어느 정도 중요한지를 물었다. 응답결과에 의하면 연변의 조선족 기업들은 종업원의 교육을 아주 중요하게 생각(93%)하고 있는 것으로 나타났다. 이는 계획경제체제에 길들여져 있는 종업원들을 시장경제체제 사고로 전환을 하기 위해서는 교육밖에 없다고 생각했기 때문인 것으로 판단된다.

〈표 V-23〉 종업원 교육 (단위: %)

| 구 분 | 응답수 | 비 율 |
|---|---|---|
| 전혀 중요하지 않다 | 2 | 2 |
| 중요하지 않다 | 0 | 0 |
| 그저 그렇다 | 4 | 5 |
| 중요하다 | 45 | 53 |
| 매우 중요하다 | 34 | 40 |
| 합 계 | 85 | 100 |
| 무응답 | 14 | |

### (10) 임금결정 요인

연변의 조선족 기업들에게 종업원의 임금결정 시 어떤 조건을 우선적으로 고려하는지를 물었다. 응답결과에 의하면 연변의 조선족 기업들은 임금결정 시 '능력'(80%)을 우선적으로 고려하며 차선책으로 '연공서열'(20%)을 고려하는 것으로 나타났다. 결과적으로 보면 계획경제체제하에서는 능력보다는 연공서열 방식을 우선적으로 고려하였을 것인데 1978년 개혁개방 이후 시장경제체제하에서는 연공서열 방식보다는 능력을 종업원의 임금결정 시 우선적으로 고려하므로 기업 전체의 생산효율을 증가시키는 것으로 조사되었다.

〈표 V-24〉 임금결정 요인 (단위: %)

| 구 분 | 응답수 |
|---|---|
| 능력(평균값) | 80 |
| 연공서열(평균값) | 20 |
| 합 계 | 100 |

### (11) 종업원 복지(복수응답)

연변의 조선족 기업들에게 현재 제공하고 있는 종업원의 복지에 대하여 물었다. 응답결과에 의하면 연변의 조선족 기업들은 종업원들에게 실제적으로 혜택을 주고 있는 복지정책으로 '식당 및 식비부담'(38%)을 들었으며, 다음으로는 '회사 부담의 생명보험 가입'(14%)과 '회사 내 융자제도'(13%) 및 '의료, 보건, 위생시설'(12%) 그리고 '기숙사'(8%) 시설을 제공하고 있는 것으로 나타났다.

〈표 V-25〉 종업원 복지
(단위: %)

| 구 분 | 응답수 | 비율 |
| --- | --- | --- |
| 사택 및 주택비 조성 | 6 | 5 |
| 회사내 융자제도 | 15 | 13 |
| 문화 및 체육시설 | 2 | 2 |
| 의료, 보건, 위생시설 | 14 | 12 |
| 식당 및 식비부담 | 45 | 38 |
| 회사부담의 생명보험가입 | 17 | 14 |
| 장학제도 | 3 | 3 |
| 교육비 지원 | 7 | 5 |
| 기숙사 | 10 | 8 |
| 기 타 | 0 | 0 |
| 합 계 | 119 | 100 |

### (12) 공회(노동조합) 결성 여부

중국(조선족) 기업에서 공회(公會)는 한국 기업의 노동조합과 비슷한 유형의 제도이지만 조직의 성격 면에서는 다른 점이 많다.

즉 중국의 공회는 공회법상 노동자, 공식적으로는 직원이 자발적으로 결성한 조직이나 비공식적으로

〈표 V-26〉 공회(노동조합) 결성 여부
(단위: %)

| 구 분 | 응답수 | 비 율 |
| --- | --- | --- |
| 있다 | 18 | 23 |
| 없다 | 60 | 77 |
| 합 계 | 78 | 100 |
| 무응답 | 21 | |

는 정부의 영향력하에 있는 준 정부기관으로서 운영자금을 기업으로부터 지원받고 있으며 그 역할이 노사의 중간에서 평화적 대화와 협의를 통해 노동자의 복지향상을 추구하는 것이기 때문이다. 따라서 파업·태업 등 단결권 행사를 통한 노사문제 해결관계를 조성함으로써 문제를 해결하는 한국의 노조와는 그 성격과 역할이 다름을 알 수 있다. 이러한 공회의 성격에 비추어 보면 연변의 조선족 기업에 근무하는 근로자들은 공회를 결성하는 데 비자발적인 것 같다. 즉 공회를 결성할 필요성을 느끼지 않는 것으로 판단

된다. 따라서 설문결과에 의하면 응답자의 77%가 공회의 결성이 안 되어 있다고 응답함으로써 연변의 조선족 기 업에 근무하는 노동자들은 직장 내에 공회의 결성에 소극적인 것으로 나타났다.

① 공회의 주된 활동(복수응답)

연변조선족 기업 내에 공회가 결성되어 있다는 조선족 기업에게 공회의 주된 활동이 무엇인지를 물었다. 응답결과에 의하면 첫째로 '경영에 협력'(31%)과 '생산성 향상'(18%), 다음으로 '노무교육'(13%) 그리고 '일반 교양활동'(13%) 순이었다.

결과적으로 연변조선족 기업들은 공회의 협조를 얻어서 경영활동을 하며 생산성 향상에 힘쓰고 종업원들에게 노무교육을 시킴으로써 노사 간에 윈윈전략을 구사하는 것으로 나타났다.

〈표 V-27〉 연변조선족 기업 내 공회의 주된 활동

(단위: %)

| 구 분 | 응답수 | 비 율 |
| --- | --- | --- |
| 오락 | 4 | 10 |
| 노동조건 개선요구 | 2 | 6 |
| 생산성 향상 | 7 | 18 |
| 노무교육 | 5 | 13 |
| 사회공헌활동 | 2 | 6 |
| 경영에 협력 | 12 | 31 |
| 일반교양활동 | 5 | 13 |
| 기 타 | 1 | 3 |
| 합 계 | 38 | 100 |

② 공회와의 의견교환 정도

공회가 있는 연변조선족 기업들에게 얼마나 빈번하게 공회와 관계를 맺고 있는지를 물었다. 응답 결과에 의하면 연변조선족 기업들은 상당수가 주 1~2회 공회와 의견을 교환하고 있으며(42%), 일부 기업들은 월 1~2회(29%) 또는 분기별 1~2회(29%) 공회와 만나서 의견을 교환하고 있는 것으로 나타났다.

〈표 V-28〉 공회와의 의견교환 정도

(단위: %)

| 구 분 | 응답수 | 비 율 |
| --- | --- | --- |
| 연 1~2회 | 0 | 0 |
| 분기별 1~2회 | 2 | 29 |
| 월 1~2회 | 2 | 29 |
| 주 1~2회 | 3 | 42 |
| 기 타 | 0 | 0 |
| 합 계 | 7 | 100 |
| 무응답 | 92 | |

### (13) 종업원과의 주된 의사소통 수단(복수응답)

기업의 발전과 생산성 향상을 위해서는 노사화합이 무엇보다 중요하다. 따라서 종업원과 종업원 간 또는 종업원과 사용자 간 주된 의사소통 수단이 무엇인지를 물었다. 응답결과에 의하면 종업원과의 주된 의사소통 수단 1순위는 '사내 상조회'(44%)이며 다음으로는 '사내 동호회'(25%) 그리고 '사내 체육대회'(9%) 등이었다.

〈표 Ⅴ-29〉 종업원과의 주된 의사소통 수단

(단위: %)

| 구 분 | 응답수 | 비 율 |
|---|---|---|
| 회사 신문 | 0 | 0 |
| 사내 방송 | 1 | 3 |
| 사내 상조회 | 14 | 44 |
| 사내 동호회 | 8 | 25 |
| 사내 체육대회 | 3 | 9 |
| 사내 복지센터 | 0 | 0 |
| 기 타 | 6 | 19 |
| 합 계 | 32 | 100 |

결과적으로 연변조선족 기업들은 사내 상조회를 통하여 종업원들의 애경사를 챙기고 사내 동호회를 통하여 상호 간 취미활동 등을 같이 하며 또한 사내 체육대회 등을 통하여 노·사 간 의사소통을 원활하게 하는 주된 수단으로 활용하는 것으로 나타났다.

### (14) 생산계획 수립 주요기준(복수응답)

연변조선족 기업들에게 생산계획을 수립할 때 주요기준이 무엇인지를 물었다. 응답결과에 의하면 생산계획을 수립 시 주요 기준으로 정하고 있는 항목은 1순위로 '장기계획'(40%)이며 다음으로는 '소비자 수요의 동향'(31%)과 '공장장의 의견'(14%) 순인 것으로 응답되었다.

〈표 Ⅴ-30〉 생산계획 수립 주요기준

(단위: %)

| 구 분 | 구성비 | 비 율 |
|---|---|---|
| 장기계획 | 13 | 40 |
| 공장장의 의견 | 4 | 14 |
| 중간상의 의견 | 2 | 6 |
| 소매점·영업담당자의 의견 | 0 | 0 |
| 생산원가 | 1 | 3 |
| 소비자수요의 동향 | 10 | 31 |
| 재고량의 추세 | 1 | 3 |
| 기 타 | 1 | 3 |
| 합 계 | 32 | 100 |

### (15) 주력제품(서비스)의 품질수준

① 주력제품의 품질수준(국내비교)

연변조선족 기업들이 생산하고 있는 주력제품이나 서비스의 품질수준이 중국 내 다른 기업들이 생산하는 제품과 비교하여 어떠한지를 물었다.

응답결과에 의하면 연변조선족 기업들은 자체적으로 생산한 제품이나 서비스가 중국 내의 다른 기업에서 생산한 제품이나 서비스에

〈표 V-31〉 주력제품의 품질수준(국내비교)

(단위: %)

| 구 분 | 응답수 | 비 율 |
|---|---|---|
| 매우 낮음 | 0 | 0 |
| 낮음 | 0 | 0 |
| 보통 | 2 | 14 |
| 높음 | 5 | 36 |
| 매우 높음 | 7 | 50 |
| 합 계 | 14 | 100 |
| 무응답 | 85 | |

비하여 '매우 높음'(50%)으로 응답한 반면에 일부는 '높음'(36%) 그리고 '보통'(14%)이라고 생각하고 있는 것으로 조사되었다. 결과적으로 연변조선족 기업들은 자체 생산한 제품이나 서비스의 품질수준이 중국 내에서도 매우 높거나 높다고 생각(86%)함으로써 자체 생산하는 제품이나 서비스에 대해서 높은 자존감을 나타내었다.

② 주력제품의 품질수준(국제비교)

연변조선족 기업들에게 자신들이 생산하는 제품이나 서비스의 품질수준이 어떠한지를 물었다. 응답결과에 의하면 연변조선족 기업들은 자신들이 생산한 제품이나 서비스의 품질이 국제적으로 비교해도 높은 수준(높음 62%, 매우 높음 8%)이라는 자부심을 가지고 있었다. 이러한 자부심은 세계의 공장인 중국에

〈표 V-32〉 주력제품의 품질수준(국제비교)

(단위: %)

| 구 분 | 응답수 | 비 율 |
|---|---|---|
| 매우 낮음 | 0 | 0 |
| 낮음 | 2 | 15 |
| 보통 | 2 | 15 |
| 높음 | 8 | 62 |
| 매우 높음 | 1 | 8 |
| 합 계 | 13 | 100 |
| 무응답 | 86 | |

서 기업을 경영하면서 선의의 경쟁을 통해 세계의 기업으로 발돋움할 수 있는 연변조선족 기업의 미래 청사진이기도 하다.

### ③ 주력제품의 품질수준(가격대비 품질수준)

연변조선족 기업들은 자사가 생산한 제품이나 서비스가 판매하는 가격에 비해서 품질이 우수하다고 생각(높음 25%, 매우 높음 33%)하는 것으로 나타났다. 즉 연변조선족 기업들은 자사가 생산한 제품이나 서비스가 가격에 비해서 품질이 우수한데 이러한 제품이나 서비스를 저렴하게 공급하고 있다고 생각하는 것으로 조사되었다.

〈표 Ⅴ-33〉 주력제품의 품질수준(가격대비 품질수준) (단위: %)

| 구 분 | 응답수 | 비 율 |
|---|---|---|
| 매우 낮음 | 0 | 0 |
| 낮음 | 0 | 0 |
| 보통 | 5 | 42 |
| 높음 | 3 | 25 |
| 매우 높음 | 4 | 33 |
| 합 계 | 12 | 100 |
| 무응답 | 87 | |

## (16) 재고관리 시스템의 개선 여부

재고관리는 기업의 현금 흐름에 영향을 미치기 때문에 기업들마다 적절한 재고관리에 많은 심혈을 기울인다. 따라서 필요 이상의 많은 누적된 재고는 원활하지 못한 기업의 현금 흐름의 원인이 될 뿐만 아니라 자칫하면 흑자도산을 야기하기도

〈표 Ⅴ-34〉 재고관리시스템의 개선 여부 (단위: %)

| 구 분 | 구성비 | 비 율 |
|---|---|---|
| 전혀 개선할 필요가 없다 | 0 | 0 |
| 개선할 필요가 없다 | 3 | 25 |
| 그저 그렇다 | 2 | 17 |
| 개선해야 한다 | 6 | 50 |
| 개선의 여지가 매우 많다 | 1 | 8 |
| 합 계 | 12 | 100 |
| 무응답 | 87 | |

한다. 그러나 반대로 재고의 부족은 판매할 기회를 놓침으로써 고객들로 하여금 기업이나 제품에 대한 이미지를 실추시키는 요인이 되기도 한다. 따라서 이러한 것들 때문에 기업들이 재고관리를 중시하는 이유이다. 연변조선

족 기업들의 재고관리 시스템의 개선여부를 묻는 질문에 개선의 필요성이 있음을 나타내는 응답(개선해야 한다 50%, 개선의 여지가 매우 많다 8%)이 반 이상을 차지함으로써 연변조선족 기업들이 재고관리의 필요성을 느끼고 있음을 알 수 있다.

## (17) 업무별 정보화 정도

기업의 정보화 정도는 그 기업의 미래 성장가능성을 엿볼 수 있는 척도이기도 하다. 따라서 21세기에 세계 기업들의 각축장이기도 한 중국에서 사업을 영위하는 조선족 기업들의 정보화 정도를 가늠해보는 것은 대단히 중요하다. 연변조선족 기업들의 업무별 정보화 정도 〈표 V-35〉를 보면 여러 항목 중 영업 관리에 소프트웨어 프로그램을 가장 많이 활용(40%)하며 다음으로는 고객관리(37%)와 인사 및 급여관리 그리고 회계관리와 재무관리인 것으로 나타났다.

〈표 V-35〉 업무별 정보화 정도 (단위: %)

| 구 분 | | 응답수 | 비 율 |
|---|---|---|---|
| 1순위 | 인사 및 급여관리 | 2 | 20 |
| | 회계관리 | 2 | 20 |
| | 생산관리 | 1 | 10 |
| | 구매관리 | 0 | 0 |
| | 자재관리 | 0 | 0 |
| | 영업관리 | 4 | 40 |
| | 고객관리 | 1 | 10 |
| | 재무관리 | 0 | 0 |
| | 기 타 | 0 | 0 |
| | 합 계 | 10 | 100 |
| | 무응답 | 89 | |
| 2순위 | 인사 및 급여관리 | 0 | 0 |
| | 회계관리 | 2 | 25 |
| | 생산관리 | 0 | 0 |
| | 구매관리 | 0 | 0 |
| | 자재관리 | 0 | 0 |
| | 영업관리 | 1 | 13 |
| | 고객관리 | 3 | 37 |
| | 재무관리 | 2 | 25 |
| | 기 타 | 0 | 0 |
| | 합 계 | 8 | 100 |
| | 무응답 | 91 | |

### (18) 인터넷 정보 활용정도

인터넷은 일반인이나 기업인이나 떼려야 뗄 수 없는 정보매체이다. 현대인들은 인터넷을 통해서 많은 그리고 최신정보를 수집하여 각 분야에 활용한다. 한편 기업인들은 인터넷 정보를 활용하여 질 좋고 값싼 원재료를 구입하거나 제품의 판매처를 찾을 수 있으며 또한 인터넷을 활용하여 제품을 홍보

〈표 Ⅴ-36〉 인터넷 정보 활용정도

(단위: %)

| 구 분 | 응답수 | 비 율 |
| --- | --- | --- |
| 전혀 활용하지 않는다 | 6 | 9 |
| 활용하지 않는다 | 7 | 11 |
| 보통이다 | 11 | 16 |
| 활용한다 | 31 | 48 |
| 많이 활용한다 | 11 | 16 |
| 합 계 | 66 | 100 |
| 무응답 | 33 | |

하기도 한다. 아직은 미진하지만 화상 네트워크를 벤치마킹하여 구축해 놓은 한상 네트워크를 활용하여 모국기업과 동포기업 간 또는 동포기업 상호 간 수출, 수입, 투자 등 경영활동에 활용하기도 한다. 그러면 연변의 조선족 기업들은 인터넷 정보를 얼마나 활용할까? 응답결과에 의하면 연변조선족 기업들은 경영활동에 인터넷 정보의 활용정도 〈표 Ⅴ-36〉가 적지 않은 것 (활용한다 48%, 많이 활용한다 16%)으로 나타났다. 이는 정보화 시대에 연변조선족 기업의 전망이 밝음을 보여주고 있는 응답이기도 하다.

### (19) 홈페이지 보유 여부

정보화 시대에 홈페이지는 기업의 홍보 및 상품소개 등 다양하게 활용된다. 또한 네트워크 시대에 기업의 수출이나 수입 및 투자활동에도 필요하다. 연변의 조선족 기업에게 홈페이지를 보유하고 있는

〈표 Ⅴ-37〉 홈페이지 보유 여부 (단위: %)

| 구 분 | 응답수 | 비 율 |
| --- | --- | --- |
| 있다 | 13 | 26 |
| 없다 | 37 | 74 |
| 합 계 | 50 | 100 |
| 무응답 | 49 | |

지 여부 〈표 Ⅴ-37〉를 물었다. 응답결과에 의하면 연변조선족 기업들은 아직은 홈페이지를 많이 보유하고 있지 않은 것(없다 74%)으로 나타났으며 보

유하고 있는 정도는 26%인 것으로 조사되었다. 향후 홈페이지의 보유정도가 점점 증가하겠지만 아직은 정보에 대한 인프라 구축이 미비한 중국 연변의 기업환경을 보여주는 것이기도 하다.

### ① 홈페이지의 주된 활용용도

홈페이지를 보유(26%)하고 있다는 연변조선족 기업에게 홈페이지의 주된 활용용도 〈표 V-38〉가 무엇인지를 물었다. 응답결과에 의하면 연변조선족 기업들은 홈페이지를 '회사홍보 및 상품소개'(55%)에 주로 활용하고 있으며 다음으로는 '제품전시 및 주문처리'(33%)에 활용하고 있는 것으로 나타났다.

〈표 V-38〉 홈페이지의 주된 활용용도

(단위: %)

| 구 분 | 응답수 | 비 율 |
|---|---|---|
| 회사홍보 및 상품소개 | 10 | 55 |
| 제품전시 및 주문처리 | 6 | 33 |
| 회사 내 구성원간의 정보공유 | 1 | 6 |
| 제품 및 서비스에 대한 고객지원 | 1 | 6 |
| 기 타 | 0 | 0 |
| 합 계 | 18 | 100 |

### ② 홈페이지가 없는 이유

홈페이지를 보유하고 있지 않는 연변조선족 기업(74%)에게 홈페이지가 없는 이유 〈표 V-39〉를 물었다. 응답결과에 의하면 86%의 연변조선족 기업들은 회사 경영에 홈페이지가 필요 없어서라고 응답했으며 나머지 14%는 홈페이지의 활용방법과 분야를 모르는 것으로 나타

〈표 V-39〉 홈페이지가 없는 이유 (단위: %)

| 구 분 | 응답수 | 비 율 |
|---|---|---|
| 활용방법과 분야를 모름 | 1 | 14 |
| 구축비용 때문에 | 0 | 0 |
| 관리 및 운영이 어려워서 | 0 | 0 |
| 필요 없으므로 | 6 | 86 |
| 합 계 | 7 | 100 |
| 무응답 | 92 | |

났다. 결과적으로 연변조선족 기업들은 경영활동에 인터넷이 얼마나 필요한지 또는 홈페이지가 왜 필요한지를 모를 뿐만 아니라 기업에 홈페이지가 있음으로써 얼마만큼 도움이 되는지를 모르기 때문에 홈페이지가 필요 없

다거나 활용방법과 분야를 모른다는 응답이 나오는 것으로 판단된다. 또한 이는 중국이 아직은 정보화에 대한 사회적 인프라가 잘 구축되어 있지 않은 결과이기도 한 것으로 조사되었다.

## 3) 수출

### (1) 중국 등 해외진출 한국 기업에 납품 여부

연변조선족 기업들에게 중국 등 해외진출 한국 기업에 원재료나 제품 등을 납품한 적이 있는지를 물었다. 응답결과에 의하면 연변조선족 기업의 48%가 납품을 한 적이 있다고 응답하였다. 이는 1992년 한중 수교 이후 맨 처음 한국 기업

〈표 V-40〉 해외진출 한국기업에 납품 여부

(단위: %)

| 구 분 | 응답수 | 비 율 |
|---|---|---|
| 있다 | 13 | 48 |
| 없다 | 14 | 52 |
| 합 계 | 27 | 100 |
| 무응답 | 72 | |

이 중국에 진출한 지역이 조선족들이 많이 거주하고 있는 연변조선족자치주이기 때문에 연변의 조선족 기업들이 한국에서 진출한 기업들과 사업상 교류가 있었음을 입증하는 응답결과이기도 하다.

연변조선족 기업들은 중국(연변) 진출 한국 기업에 납품을 할때 납품의 주기는 분기당 1~2회가 가장 많으며(65%) 다음으로는 주 1~2회 (17%) 또는 월 1~2회(17%)인 것으로 나타났다. 이러한 결과로 알 수 있는 것은 연변조선족 기업과 한국에서 진출한 기업과의 사업상 교류가 많지 않았음을 나타내는 것이기도 하다.

〈표 V-41〉 납품 주기

(단위: %)

| 구 분 | 응답수 | 비 율 |
|---|---|---|
| 일 1~2회 | 0 | 0 |
| 주 1~2회 | 1 | 17 |
| 월 1~2회 | 1 | 17 |
| 분기 1~2회 | 4 | 65 |
| 합 계 | 6 | 100 |
| 무응답 | 93 | |

## (2) 최근 1년간 한국에 수출 여부

연변조선족 기업들에게 최근 1년간 한국에 수출을 한 적이 있는지 〈표 V-42〉를 물었다. 응답결과에 의하면 41%만이 최근 1년간 한국에 수출을 한 적이 있다고 응답하였다. 따라서 나머지 59%의 연변조선족 기업들은 한국과 수출을 한 적이 없는 것으로 나타났다. 이는 연변조선족 기업들이 수출을 할 만큼 규모가 크지 않음을 나타낼 뿐만 아니라 또한 한국과 수출을 할 만큼 교류가 원활하지 않음을 나타내는 것이기도 하다.

〈표 V-42〉 최근 1년간 한국에 수출 여부

(단위: %)

| 구 분 | 응답수 | 비 율 |
|---|---|---|
| 있다 | 11 | 41 |
| 없다 | 16 | 59 |
| 합 계 | 27 | 100 |
| 무응답 | 72 | |

연변조선족 기업 중 최근 1년간 한국에 수출을 한 적이 있는 41%의 조선족 기업들에게 한국에 수출 시 고려하고 있는 사항들을 물었다. 응답 결과에 의하면 연변조선족 기업들은 한국에 수출 시 납기를 매우 중요하게 생각(80%)하며 또한 수출하는 제품의 품질도 매우 중요하게 생각(50%)하고 있는 것으로 나타났다. 이어서 수익성과 시장의 성장가능성도 매우 중요하게 생각(수익성: 중요하다 33.3%, 매우 중요하다 33.3%, 시장의 성장가능성: 중요하다 66.6%, 매우 중요하다 33.3%)하고 있는 것으로 응답되었다. 그러나 한국에 수출 시 한국에 대한 애정은 별로 고려하고 있지 않는 것으로 나타났다(그저 그렇다 60%). 이는 한국이 모국이기는 하지만 한국에 수출 시에는 철저한 상업적인 마인드를 갖는 것으로 보인다.

〈표 V-43〉 한국 수출 시 고려사항

(단위: %)

| 구 분 | | 응답수 | 비 율 |
|---|---|---|---|
| | 전혀 중요하지 않다 | 0 | 0 |
| | 중요하지 않다 | 0 | 0 |
| | 그저 그렇다 | 2 | 33.3 |
| 수익성 | 중요하다 | 2 | 33.3 |
| | 매우 중요하다 | 2 | 33.3 |
| | 합 계 | 6 | 100 |
| | 무응답 | 93 | |

(계속)

| 구분 | | 응답수 | 비 율 |
|---|---|---|---|
| 제품의 품질 | 전혀 중요하지 않다 | 0 | 0 |
| | 중요하지 않다 | 0 | 0 |
| | 그저 그렇다 | 0 | 0 |
| | 중요하다 | 2 | 50 |
| | 매우 중요하다 | 2 | 50 |
| | 합 계 | 4 | 100 |
| | 무응답 | 95 | |
| 시장의 성장가능성 | 전혀 중요하지 않다 | 0 | 0 |
| | 중요하지 않다 | 0 | 0 |
| | 그저 그렇다 | 0 | 0 |
| | 중요하다 | 4 | 66.6 |
| | 매우 중요하다 | 2 | 33.3 |
| | 합 계 | 6 | 100 |
| | 무응답 | 93 | |
| 납기 | 전혀 중요하지 않다 | 0 | 0 |
| | 중요하지 않다 | 0 | 0 |
| | 그저 그렇다 | 0 | 0 |
| | 중요하다 | 1 | 20 |
| | 매우 중요하다 | 4 | 80 |
| | 합 계 | 5 | 100 |
| | 무응답 | 94 | |
| 한국에 대한 애정 | 전혀 중요하지 않다 | 0 | 0 |
| | 중요하지 않다 | 0 | 0 |
| | 그저 그렇다 | 3 | 60 |
| | 중요하다 | 0 | 0 |
| | 매우 중요하다 | 2 | 40 |
| | 합 계 | 5 | 100 |
| | 무응답 | 94 | |

## 4) 수입

### (1) 최근 1년간 한국으로부터 수입 여부

연변조선족 기업들에게 최근 1년간 한국으로부터 수입을 한 적이 있는지를 물었다. 응답결과에 의하면 연변조선족 기업들 중 52%가 최근 1년간 한국으로부터 수입을 한 적이 있다고 응답하였다. 이는 연변조선족 기업들의 41%가 한국으로 수출을 한 적이 있다고 응답한 결과와 대비해 보면 연변조선족 기업들은 한국으로부터 수출보다는 수입을 많이 하는 것으로 나타났다. 이러한 결과가 시사하는 바는 연변조선족 기업들은 질이 좋은 한국산 제품들을 수입하여 연변 등 중국 내수시장에 판매하기 위한 방안이라고 판단된다.

〈표 Ⅴ-44〉 최근 1년간 한국으로부터 수입 여부

(단위: %)

| 구 분 | 응답수 | 비 율 |
|---|---|---|
| 있다 | 11 | 52 |
| 없다 | 10 | 48 |
| 합 계 | 21 | 100 |
| 무응답 | 78 | |

① 한국으로부터 수입 시 고려하는 요인

연변조선족 기업들이 한국으로부터 수입 시 고려요인으로는 제품의 품질을 매우 중요하게 생각(56%)하고 있으며 이어서 시장의 성장가능성(43%)과 납기(25%)도 매우 중요하게 생각하는 것으로 나타났다. 그러나 한국에 대한 애정이 한국으로부터 제품들을 수입 시 최우선의 고려요인은 아닌 것으로 응답되었다. 즉 응답자의 40%는 한국에 대한 애정이 한국으로부터 수입 시 매우 중요하게 생각하고 있으나 나머지 60%의 기업들은 그저 그렇다고 생각하는 것으로 조사되었다.

결과적으로 연변조선족 기업들은 사업적인 측면에서 제품의 품질 등을 최우선적으로 고려하는 것으로 보아서 모국인 한국에 대한 애정보다는 기업의 이익이 우선이라는 측면이 우세하는 것으로 조사되었다. 어쩌면 이는 기업을 하는 입장에서는 당연한 응답결과라고 생각된다.

〈표 Ⅴ-45〉 한국으로부터 수입 시 고려하는 요인　　　　　　　　　(단위: %)

| 구분 | | 응답수 | 비율 |
|---|---|---|---|
| 수익성 | 전혀 중요하지 않다 | 0 | 0 |
| | 중요하지 않다 | 0 | 0 |
| | 그저 그렇다 | 1 | 17 |
| | 중요하다 | 4 | 66 |
| | 매우 중요하다 | 1 | 17 |
| | 합 계 | 6 | 100 |
| | 무응답 | 93 | |
| 제품의 품질 | 전혀 중요하지 않다 | 0 | 0 |
| | 중요하지 않다 | 0 | 0 |
| | 그저 그렇다 | 0 | 0 |
| | 중요하다 | 4 | 44 |
| | 매우 중요하다 | 5 | 56 |
| | 합 계 | 9 | 100 |
| | 무응답 | 90 | |
| 시장의 성장가능성 | 전혀 중요하지 않다 | 0 | 0 |
| | 중요하지 않다 | 0 | 0 |
| | 그저 그렇다 | 3 | 43 |
| | 중요하다 | 1 | 14 |
| | 매우 중요하다 | 3 | 43 |
| | 합 계 | 7 | 100 |
| | 무응답 | 92 | |
| 납기 | 전혀 중요하지 않다 | 0 | 0 |
| | 중요하지 않다 | 0 | 0 |
| | 그저 그렇다 | 1 | 25 |
| | 중요하다 | 2 | 50 |
| | 매우 중요하다 | 1 | 25 |
| | 합 계 | 4 | 100 |
| | 무응답 | 95 | |
| 한국에 대한 애정 | 전혀 중요하지 않다 | 0 | 0 |
| | 중요하지 않다 | 0 | 0 |
| | 그저 그렇다 | 3 | 60 |
| | 중요하다 | 0 | 0 |
| | 매우 중요하다 | 2 | 40 |
| | 합 계 | 5 | 100 |
| | 무응답 | 94 | |

## 5) 투자

### (1) 현재 투자 형태

연변조선족 기업들의 투자 형태를 보면 독자기업이 64%이며 합자가 14%, 합작이 5%, 기타가 17% 인 것으로 나타났다. 따라서 연변조선족 기업들은 대부분이 독자기업 형태로 사업을 하는 것으로 조사되었다. 이는 한중 수교 이후 합자나 합작 형태의 기업을 경영하다가 2000년도 이후에는 독자기업 형태의 기업을 경영하는 것으로 조사되었다.

〈표 V-46〉 현재 투자 형태 (단위: %)

| 구 분 | 응답수 | 비 율 |
|---|---|---|
| 독 자 | 56 | 64 |
| 합 자 | 12 | 14 |
| 합 작 | 5 | 5 |
| 기 타 | 15 | 17 |
| 합 계 | 88 | 100 |
| 무응답 | 11 | |

#### ① 합자(합작) 파트너

연변조선족 기업들 중 합자나 합작을 하는 기업들(합자 14%, 합작 5%)에게 합자(합작)파트너가 누구인지를 물었다. 응답결과에 의하면 연변조선족 기업들의 합자(합작) 파트너의 80%는 한국 기업인 것으로 나타났다. 이는 예견된 응답결과이기도 하지만 1992년 한중 수교 이후 연변에 진출한 한국 기업이나 한국에 있는 기업들과 활발한 교류를 통해서 합자(합작) 비율이 높은 것으로 판단된다. 이는 향후 한국 제품의 중국 내수시장 판매에 중국(연변)조선족 기업들이 한국 제품의 판매회사가 되어 상호 간에 윈윈할 수 있는 긍정적인 측면이기도 하다.

〈표 V-47〉 합자(합작) 파트너 (단위: %)

| 구 분 | 응답수 | 비 율 |
|---|---|---|
| 한국기업 | 4 | 80 |
| 중국 기업 | 0 | 0 |
| 이외 외국기업 | 0 | 0 |
| 해외동포기업 | 0 | 0 |
| 기 타 | 1 | 20 |
| 합 계 | 5 | 100 |
| 무응답 | 94 | |

### ② 투자금액

합자(합작)한다는 연변조선족 기업들에게 투자금액이 어느 정도 되는지를 물었다. 응답결과에 의하면 10만~50만 위안이 27%, 100만~500만 위안이 27%, 500만~1,000만 위안이 18%, 1,000만 위안 이상이 18%인 것으로 나타났다. 따라서 아직은 투자규모가 그리 크지 않음을 알 수 있으나 향후 연변조선족 기업의 규모나 자본력이 커지면 더 늘어날 수 있을 것이라 판단된다.

〈표 Ⅴ-48〉 투자금액  (단위: %)

| 구 분 | 응답수 | 비 율 |
| --- | --- | --- |
| 10만 위안 미만 | 0 | 0 |
| 10~50만 위안 | 3 | 27 |
| 50~100만 위안 | 1 | 10 |
| 100~500만 위안 | 3 | 27 |
| 500~1,000만 위안 | 2 | 18 |
| 1,000만 위안 이상 | 2 | 18 |
| 합 계 | 11 | 100 |
| 무응답 | 88 | |

### ③ 합자(합작) 투자비율

합자(합작)를 하는 연변조선족 기업들(합자 14%, 합작 5%)에게 합자(합작) 투자비율이 몇 %인지를 물었다. 응답 결과에 의하면 합자(합작)투자비율이 50% 이상이라고 응답한 비율이 75%이며 나머지 25%는 합자(합작) 투자비율이 50% 미만인 것으로 나타났다.

따라서 연변조선족 기업들은 합자(합작) 시 대부분 반 이상 투자하는 것으로 조사되었다.

〈표 Ⅴ-49〉 합자(합작) 투자비율 (단위: %)

| 구 분 | 응답수 | 비 율 |
| --- | --- | --- |
| 50% 미만 | 1 | 25 |
| 50% 이상 | 3 | 75 |
| 합 계 | 4 | 100 |
| 무응답 | 95 | |

## (2) 중국 내 한국 기업과 합자(합작)투자 경험 여부

연변조선족 기업들에게 중국(연변)에 진출한 한국 기업과 합자(합작)투자 경험이 있는지를 물었다. 응답결과에 의하면 연변조선족 기업의 31%가 합자(합작)투자 경험이 있다고 응답하였으며 나머지 69%는 없었던 것으로 나타났다.

〈표 V-50〉 중국 내 한국 기업과 합자(합작)투자 경험 여부

(단위: %)

| 구 분 | 응답수 | 비 율 |
| --- | --- | --- |
| 있다 | 9 | 31 |
| 없다 | 20 | 69 |
| 합 계 | 29 | 100 |
| 무응답 | 70 | |

### ① 합자(합작)투자 방식

연변조선족 기업 중 한국 투자기업과 합자(합작)투자 경험이 있다는 31%의 기업에게 합자(합작)투자 방식이 무엇이었는지를 물었다. 응답결과에 의하면 응답자의 55%는 합자투자를 그리고 나머지 45%는 합작투자를 했었던 것으로 밝혀졌다.

〈표 V-51〉 합자(합작)투자 방식

(단위: %)

| 구 분 | 응답수 | 비 율 |
| --- | --- | --- |
| 합 자 | 5 | 55 |
| 합 작 | 4 | 45 |
| 합 계 | 9 | 100 |
| 무응답 | 90 | |

결과적으로 연변조선족 기업들은 기술 등을 투자하는 합작투자보다는 자본을 투자하는 합자투자 방식을 선호하는 것으로 조사되었다.

### ② 합자(합작)투자 비율

합자(합작)투자를 해본 경험이 있다는 연변조선족 기업에게 합자(합작)투자 비율이 어느 정도 되었는지를 물었다. 응답결과에 의하면 연변조선족 기업들은 합자(합작) 시 투자비율이 50% 미만이 33%이며 50% 이

〈표 V-52〉 합자(합작)투자 비율

| 구 분 | 응답수 | 비 율 |
| --- | --- | --- |
| 50% 미만 | 2 | 33 |
| 50% 이상 | 4 | 67 |
| 합 계 | 6 | 100 |
| 무응답 | 93 | |

상이 67%라고 응답하였다. 결과적으로 연변조선족 기업들은 대부분 50% 이상의 투자를 했던 것으로 조사되었다.

### ③ 합자(합작)투자의 주된 동기

연변조선족 기업들 중 합자(합작)투자 경험이 있는 기업들에게 합자(합작)투자의 주된 동기가 무엇이었는지를 물었다. 응답결과에 의하면 연변의 조선족 기업들은 기술도입을 위해서 합자(합작)투자를 했다는 비율이 89%이고 나머지 11%는 자본도입을 위해서 합자(합작)투자를 했다고 응답하였다. 결과적으로 연변조선족 기업들의 거의 대부분은 중국 진출 한국 기업들로부터 우수한 기술을 도입하기 위해서 합자나 합작을 했던 것으로 조사되었다.

〈표 Ⅴ-53〉 합자(합작)투자의 주된 동기

(단위: %)

| 구 분 | 구성비 | 비 율 |
|---|---|---|
| 기술도입 | 8 | 89 |
| 자본도입 | 1 | 11 |
| 위험분담 | 0 | 0 |
| 경영비법 습득 | 0 | 0 |
| 기 타 | 0 | 0 |
| 합 계 | 9 | 100 |
| 무응답 | 90 | |

### ④ 합자(합작)투자 만족도

연변조선족 기업들이 중국(연변) 진출 한국 기업과 기술이나 자본도입을 위해서 합자(합작)투자를 한 경우에 만족도가 어떠했는지를 물었다. 응답결과에 의하면 대체적으로 불만족(매우 불만족 33%, 불만족 33%)했던 것으로 나타났다. 한편 합자(합작)투자 결과 만족했다는 응답은 23%에 불과했다. 결과적으로 같은 민족이고 동포인 연변조선족 기업들과 중국(연변) 진출 한국 기업과의 합자(합

〈표 Ⅴ-54〉 합자(합작)투자 만족도

(단위: %)

| 구 분 | 응답수 | 비 율 |
|---|---|---|
| 매우 불만족 | 3 | 33 |
| 불만족 | 3 | 33 |
| 보 통 | 1 | 11 |
| 만 족 | 2 | 23 |
| 매우 만족 | 0 | 0 |
| 합 계 | 9 | 100 |
| 무응답 | 90 | |

좌)투자의 결과가 불만족으로 나온 것은 한국 기업과 조선족 기업 간에 풀어야 할 과제인 것 같다. 왜냐하면 21세기는 네트워크 시대이고 700만 재외동포와 한상 네트워크를 구축하여 모국기업인과 동포기업인 간 상생할 수 있는 방안을 마련해야 하는 상황에서 이러한 설문결과는 걸림돌이고 또한 해결해야 할 과제이다.

## (3) 한국 투자 경험

연변조선족 기업들에게 한국에 투자한 경험이 있는지를 물었다. 응답 결과에 의하면 15%의 기업만이 한국투자 경험이 있고 나머지 85%는 경험이 없는 것으로 조사되었다. 이는 연변조선족 기업들이 대부분 규모가 적고 중국 내에서만 사업을 하며 모국인 한국까지 진출을 못하고 있는 것으로 판단된다. 그러나 해마다 한국에서 열리는 한상대회에 중국조선족 기업인들의 참여인원이 비약적으로 늘어나므로 점차 한국에서의 투자도 많아지리라 기대한다.

〈표 V-55〉 한국 투자 경험 (단위: %)

| 구 분 | 응답수 | 비 율 |
|---|---|---|
| 있다 | 4 | 15 |
| 없다 | 23 | 85 |
| 합 계 | 27 | 100 |
| 무응답 | 72 | |

### ① 투자 업종

한국에 투자한 경험이 있다는 연변조선족 기업에게 한국에 투자 시 어떤 업종에 투자를 하였는지 물었다. 응답결과에 의하면 서비스업에의 투자가 67%이며 제조업에의 투자는 33%에 불과하였다. 그러나 연변조선족 기업과 한국 기업과의 상호 발전을 위해서는 서비스업종에서의 투자보다는 제조업종에의 투자에 더 많은 비중을 두는 것이 바람직한 투자라고 생각된다.

〈표 V-56〉 투자 업종 (단위: %)

| 구 분 | 응답수 | 비 율 |
|---|---|---|
| 서비스업 | 2 | 67 |
| 제조업 | 1 | 33 |
| 도·소매업 | 0 | 0 |
| 합 계 | 3 | 100 |
| 무응답 | 96 | |

② 한국에 투자 시 고려요인

한국에 투자한 경험이 있는 연변조선족 기업들에게 한국에 투자 시 고려했던 요인이 무엇이었는지를 물었다. 응답결과에 의하면 연변조선족 기업들은 한국에 투자 시 '시장의 성장가능성'(중요하다 67%, 매우 중요하다 33%)과 '가격경쟁력'(중요하다 67%, 매우 중요하다 33%)을 가장 중요하게 고려하였으며 '새로운 생산기술'의 연변조선족 기업의 일부는 매우 중요하게 생각하고 있으나 일부는 별로 탐탁지 않게 여기는 것으로(그저 그렇다 50%) 나타났다. 한편 높은 생산성 및 효율성(그저 그렇다 100%)이나 연고(혈연, 지연, 학연 등) (중요하지 않다 50%, 그저 그렇다 50%)는 그저 그렇다거나 중요하지 않은 것으로 투자 시 고려하지 않은 것으로 응답되었다.

그러나 설문문항 중 모국인 한국과 연변조선족 동포 간 가장 중요한 '한국에 대한 애정' 문항의 응답 결과는 세 부류로 응답되었다. 즉 첫 번째 부류는 한국에 투자 시 '한국에 대한 애정'은 중요하지 않다(33.3%)는 응답이고 두 번째 부류는 그저 그렇다(33.3%)는 응답, 그리고 나머지 세 번째는 중요하다(33.3%)는 응답이다. 결과적으로 연변조선족 기업들 속에서도 한국 기업 또는 한국을 바라보는 시각이 부정과 긍정으로 나뉘어 있음을 알 수 있다. 따라서 이들을 이해하고 포용하여야 모국과 동포 간의 상생을 할 수 있는 네트워크가 구축될 수 있다.

〈표 Ⅴ-57〉 한국에 투자 시 고려요인

(단위: %)

| 구분 | | 응답수 | 비율 |
|---|---|---|---|
| 높은 생산성 및 효율성 | 전혀 중요하지 않다 | 0 | 0 |
| | 중요하지 않다 | 0 | 0 |
| | 그저 그렇다 | 2 | 100 |
| | 중요하다 | 0 | 0 |
| | 매우 중요하다 | 0 | 0 |
| | 합 계 | 2 | 100 |
| | 무응답 | 97 | |

(계속)

| 구분 | | 응답수 | 비율 |
|---|---|---|---|
| 시장의 성장가능성 | 전혀 중요하지 않다 | 0 | 0 |
| | 중요하지 않다 | 0 | 0 |
| | 그저 그렇다 | 0 | 0 |
| | 중요하다 | 2 | 67 |
| | 매우 중요하다 | 1 | 33 |
| | 합 계 | 3 | 100 |
| | 무응답 | 96 | |
| 새로운 생산기술 | 전혀 중요하지 않다 | 0 | 0 |
| | 중요하지 않다 | 0 | 0 |
| | 그저 그렇다 | 1 | 50 |
| | 중요하다 | 0 | 0 |
| | 매우 중요하다 | 1 | 50 |
| | 합 계 | 2 | 100 |
| | 무응답 | 97 | |
| 연고 (혈연, 지연, 학연 등) | 전혀 중요하지 않다 | 0 | 0 |
| | 중요하지 않다 | 1 | 50 |
| | 그저 그렇다 | 1 | 50 |
| | 중요하다 | 0 | 0 |
| | 매우 중요하다 | 0 | 0 |
| | 합 계 | 2 | 100 |
| | 무응답 | 97 | |
| 가격 경쟁력 | 전혀 중요하지 않다 | 0 | 0 |
| | 중요하지 않다 | 0 | 0 |
| | 그저 그렇다 | 0 | 0 |
| | 중요하다 | 2 | 67 |
| | 매우 중요하다 | 1 | 33 |
| | 합 계 | 3 | 100 |
| | 무응답 | 96 | |
| 한국에 대한 애정 | 전혀 중요하지 않다 | 0 | 0 |
| | 중요하지 않다 | 1 | 33.3 |
| | 그저 그렇다 | 1 | 33.3 |
| | 중요하다 | 1 | 33.3 |
| | 매우 중요하다 | 0 | 0 |
| | 합계 | 3 | 100 |
| | 무응답 | 96 | |

### ③ 투자성과 만족도

한국에 투자한 경험이 있는 연변조선족 기업에게 투자의 성과가 어떠했는지 만족도를 물었다. 응답 결과에 의하면 불만족이 50%이며 만족이 25%인 것으로 응답되었다. 투자의 성과가 무엇 때문에 반 이상이 불만족이었는지 불만족의 원인을 찾아내어 해소하지 아니하면 연변조선족 기업들의 한국에의 투자는 향후 기대하기 어려울 것이라 판단된다.

〈표 Ⅴ-58〉 투자성과 만족도  (단위: %)

| 구 분 | 구성비 | 비 율 |
|---|---|---|
| 매우 불만족 | 0 | 0 |
| 불만족 | 2 | 50 |
| 보 통 | 1 | 25 |
| 만 족 | 1 | 25 |
| 매우 불만족 | 0 | 0 |
| 합 계 | 4 | 100 |
| 무응답 | 95 | |

## (4) 향후 한국에의 투자계획

연변조선족 기업들에게 향후 한국에의 투자계획을 물었다. 응답 결과에 의하면 투자계획이 있다가 35%이며 없다가 65%로 응답되었다. 이는 연변조선족 기업들의 한국 또는 한국 기업에 대한 애정이 없거나 과거에 한국 기업 또한 중

〈표 Ⅴ-59〉 향후 한국에의 투자계획  (단위: %)

| 구 분 | 응답수 | 비 율 |
|---|---|---|
| 있다 | 9 | 35 |
| 없다 | 17 | 65 |
| 합 계 | 26 | 100 |
| 무응답 | 73 | |

국(연변) 진출 한국 기업과의 합자(합작)투자를 통하여 만족스럽지 못한 결과가 나왔기 때문에 아니었는가라고 판단된다. 따라서 이러한 상호 불신의 감정을 해소하려면 상대방을 포용하는 자세가 필요할 것 같다.

#### ① 향후 한국 투자 고려업종

향후 한국에 투자할 계획이 있다는 35%의 연변조선족 기업들에게 한국 투자 고려업종이 무엇인지를 설문하였다. 응답결과에 의하면 연변조선족 기업들은 서비스업에 투자하기를 원하며(55%), 다음으로는 도·소매업(34%)과 제조업(11%) 순이었다. 이는 연변조선족 기업들의 대부분이 서비스업종이고 다음으로 도·소매업과 제조업종인 것과 무관하지 않은 것 같다. 그러나 연변조선족 기업의 발전을 위해서는 2차 산업인 제조업종의 발전에 힘을 쏟은 다음으로 3차 산업인 서비스업과 도·소매업에 투자를 하는 것이 순서일 것 같다.

〈표 V-60〉 향후 한국 투자 고려업종

(단위: %)

| 구 분 | 응답수 | 비 율 |
| --- | --- | --- |
| 서비스업 | 5 | 55 |
| 제조업 | 1 | 11 |
| 도·소매업 | 3 | 34 |
| 합 계 | 9 | 100 |
| 무응답 | 90 | |

#### ② 한국에 투자하기 위한 기업정보 입수경로

향후 한국에 투자를 계획하고 있는 연변조선족 기업들에게 한국에 투자하기 위한 기업정보를 어떻게 입수하는지를 물었다. 응답결과에 의하면 연변조선족 기업들은 한국에 투자하기 위한 기업정보를 인터넷(33.3%)이나 친인척(33.3%)을 통하여 얻고 있으며 또한 신문(11%), TV(11%)를 통하여 입수하고 한편으로는 한국을 직접 방문하여(11%) 기업에 관한 정보를 얻고 있는 것으로 조사되었다.

〈표 V-61〉 한국에 투자하기 위한 기업정보 입수경로

(단위: %)

| 구 분 | 응답수 | 비 율 |
| --- | --- | --- |
| 재중 한국대사관(영사관) | 0 | 0 |
| 재중 KOTRA 무역관 | 0 | 0 |
| 재중 한인상공회의소 및 한인회 | 0 | 0 |
| 신 문 | 1 | 11 |
| TV | 1 | 11 |
| 인터넷 | 3 | 33.3 |
| 친인척 | 3 | 33.3 |
| 직접 방문 | 1 | 11 |
| 기 타 | 0 | 0 |
| 합 계 | 9 | 100 |

## 3. 연변조선족 기업의 네트워크

　다음의 내용들을 연변조선족 기업들이 사업활동상 어떤 네트워크의 구축을 통하여, 즉 어떤 기업들과의 네트워크를 구축하고 어떻게 글로벌화된 마인드를 가지고 있는가에 대한 판단을 하기 위한 것이다.

### 1) 중국 내 조선족 기업

#### (1) 경영활동상 가장 많이 활용하고 있는 네트워크

　연변조선족 기업이 경영활동상 가장 많이 활용하고 있는 네트워크가 무엇인지 물었다. 응답결과에 의하면 연변조선족 기업들은 경영활동에 업연, 즉 동일업종 네트워크를 가장 많이 활용(39%)하고 있는 것으로 나타났으며 다음으로는 혈연(26%)인 것으로 응답되었다. 세계한상문화연구단 조사(2005)에서도 똑같은 응답결과가 나왔었는데, 즉 다른 지역의 조선족 기업들과 마찬가지로 연변의 조선족 기업들도 경영활동에 필요한 자금이나 원재료 등

〈표 Ⅴ-62〉 연변조선족 기업이 경영활동상 가장 많이 활용하고 있는 네트워크 (단위: %)

〈제1순위〉

| 구 분 | 응답수 | 비 율 |
|---|---|---|
| 혈 연 | 5 | 11 |
| 지 연 | 13 | 28 |
| 업연(동일업종) | 18 | 39 |
| 학 연 | 1 | 2 |
| 물연(동일상품) | 2 | 4 |
| 신연(동일종교) | 0 | 0 |
| 기 타 | 7 | 15 |
| 소 계 | 46 | 100 |
| 무응답 | 2 | |
| 합 계 | 48 | |

〈제2순위〉

| 구 분 | 응답수 | 비 율 |
|---|---|---|
| 혈 연 | 11 | 26 |
| 지 연 | 10 | 23 |
| 업연(동일업종) | 7 | 16 |
| 학 연 | 3 | 7 |
| 물연(동일상품) | 6 | 14 |
| 신연(동일종교) | 1 | 2 |
| 기 타 | 5 | 12 |
| 소 계 | 43 | 100 |
| 무응답 | 5 | |
| 합 계 | 48 | |

을 조달하거나 받을 때 동일업종의 조선족 기업 등으로부터 또는 가족이나 친지 등으로부터 조달하거나 조달받는 것으로 조사되었다. 연변조선족 기업의 경영활동에 활용하고 있는 네트워크를 하나 더 추가한다면 지연(1순위, 28%)인 것으로 나타났다. 즉 경영활동상 같은 지역의 기업인끼리 네트워크를 구축하여 경영활동에 활용한다는 것이다.

## (2) 중국 내 조선족 기업과의 상호협력이나 교류관계

① 중국 내 조선족 기업과의 상호협력이나 교류 여부

연변조선족 기업들에게 중국(연변) 내 조선족 기업과의 상호협력이나 교류가 있는지를 물었다. 응답결과에 의하면 연변조선족 기업들은 연변이나 기타 중국 내 다른 지역 조선족 기업들과 상호협력이나 교류가 많이 이루어지는 것으로 나타났다(88%). 이는 중국 56개 민족 13억의 인구 중 조선족은 200여만 명에 불과하므로 같은 민족끼리의 네트워크가 중요함을 나타내는 것이기도 하다.

〈표 V-63〉 상호협력이나 교류 여부

(단위: %)

| 구 분 | 응답수 | 비 율 |
| --- | --- | --- |
| 있다 | 42 | 88 |
| 없다 | 6 | 13 |
| 소 계 | 48 | 100 |
| 무응답 | 0 | |
| 합 계 | 48 | |

② 중국 내 조선족 기업과의 상호협력이나 교류 내용

연변이나 타 지역 조선족 기업들과 상호협력이나 교류를 하고 있다는 연변조선족 기업들에게 상호협력이나 교류의 내용이 무엇인지를 물었다. 응답 결과에 의하면 연변조선족 기업들은 '원재료나 제품의 조달'에 조선족 기업들과 가장 많은 네트워크를 활용(40%)하고 있으며 다음으로는 '사업정보교환'(33%)에 조선족 기업들의 네트워크를 활용하고 있는 것으로 나타났다. 또한 '판로개척', 즉 원재료나 제품을 생산해서 판매를 할 때(21%) 연변이나 타 지역 조선족 기업들의 네트워크를 활용하고 있는 것으로 응답되었다. 결과적으로 연변조선족 기업들과 원재료·제품조달이나 사업정보 교환,

〈표 Ⅴ-64〉 상호협력이나 교류 내용　　　　　　　　　　(단위: %)

〈제1순위〉

| 구 분 | 응답수 | 비 율 |
|---|---|---|
| 원재료 · 제품조달 | 17 | 40 |
| 투자 및 자본조달 | 2 | 5 |
| 기술제휴 | 4 | 10 |
| 사업정보교환 | 8 | 19 |
| 판로개척 | 9 | 21 |
| 합자 · 합작 | 2 | 5 |
| 기 타 | 0 | 0 |
| 소 계 | 42 | 100 |
| 무응답 | 0 | |
| 합 계 | 42 | |

〈제2순위〉

| 구 분 | 응답수 | 비 율 |
|---|---|---|
| 원재료 · 제품조달 | 4 | 10 |
| 투자 및 자본조달 | 5 | 12 |
| 기술제휴 | 5 | 12 |
| 사업정보교환 | 14 | 33 |
| 판로개척 | 7 | 17 |
| 합자 · 합작 | 4 | 10 |
| 기 타 | 3 | 7 |
| 소 계 | 42 | 100 |
| 무응답 | 0 | |
| 합 계 | 42 | |

또는 판로개척을 위해서 상호 간에 협력이나 교류를 하고 있는 것으로 조사되었다.

③ 중국 내 조선족 기업과의 상호협력이나 교류 비중

연변조선족 기업들에게 연변이나 타 지역 조선족 기업들과의 상호협력이나 교류의 비중이 어느 정도 인지를 물었다. 응답 결과에 의하면 연변조선족 기업들은 연변이나 타지역 조선족 기업들과의 상호협력이나 교류비중이 많은 편(매우 많은 편임 88%)인 것으로 나타났다. 즉 연변조선족 기업들은 같은 동족인 연변의 조선족 기업이나 타 지역의

〈표 Ⅴ-65〉 상호협력이나 교류 비중

(단위: %)

| 구 분 | 응답수 | 비 율 |
|---|---|---|
| 매우 적은 편임 | 1 | 2 |
| 적은 편임 | 2 | 5 |
| 보통 | 2 | 5 |
| 많은 편임 | 11 | 26 |
| 매우 많은 편임 | 26 | 62 |
| 소 계 | 42 | 100 |
| 무응답 | 0 | |
| 합 계 | 42 | |

조선족 기업들과의 상호협력이나 교류의 비중이 매우 많은 편으로서 같은 민족끼리의 단합된 모습을 엿볼 수 있으며 이는 향후 한상 네트워크를 구축하는 데에도 긍정적인 영향을 미칠 수 있을 것으로 판단된다.

④ 중국 내 조선족 기업과의 상호협력이나 교류 시 성과

연변조선족 기업들이 연변이나 중국 내 타 지역 조선족 기업들과 상호협력이나 교류 시 성과가 어땠는지를 물었다. 응답 결과에 의하면 연변조선족 기업들은 연변이나 타 지역 조선족 기업들과의 상호협력이나 교류가 결과적으로 만족(60%)하는 것으로 나타났다.

〈표 V-66〉 상호협력이나 교류 시 성과

(단위: %)

| 구 분 | 응답수 | 비 율 |
|---|---|---|
| 매우 불만족 | 0 | 0 |
| 불만족 | 0 | 0 |
| 보 통 | 17 | 40 |
| 만 족 | 20 | 48 |
| 매우 만족 | 5 | 12 |
| 소 계 | 42 | 100 |
| 무응답 | 0 | |
| 합 계 | 42 | |

## (3) 중국 내 조선족 기업과의 상호협력이나 교류의 장애요인

연변조선족 기업들이 중국(연변) 내 조선족 기업과의 상호협력이나 교류의 장애요인이 무엇인지를 물었다. 응답 결과에 의하면 연변조선족 기업들은 같은 민족인 조선족 기업들과의 상호협력이나 교류의 장애요인으로서 첫 번째 요인으로는 상호 간에 '치열한 경쟁'(56%)이며 두 번째 요인으로는 '기업가 정신과 상도의 부재'(28%)이고 다음 요인으로는 '조선족 기업협회의 매개역할 미비'와 '원활한 정보 네트워크 부족'을 장애요인으로 들었다. 결과적으로 연변조선족 기업들은 같은 민족인 중국(연변) 내 조선족 기업들과의 상호협력이나 원활한 정보 네트워크 구축을 위해서는 치열한 경쟁 대신에 상호 간에 상생할 수 있는 마인드와 기업가 정신을 발휘해줄 것을 바라고 있으며 기업경영에 필요한 정보를 공유할 수 있는 원활한 정보 네트워크 구축을 원하고 있는 것으로 조사되었다.

〈표 Ⅴ-67〉 중국 내 조선족 기업과의 상호협력이나 교류의 장애요인 (단위: %)

〈제1순위〉

| 구 분 | 응답수 | 비 율 |
|---|---|---|
| 치열한 경쟁 | 25 | 56 |
| 조선족 기업협회의 매개역할 미비 | 8 | 18 |
| 신뢰성 있는 기업 없음 | 3 | 7 |
| 원활한 정보 네트워크 부족 | 6 | 13 |
| 기업가 정신과 상도의 부재 | 2 | 4 |
| 기 타 | 1 | 2 |
| 소 계 | 45 | 100 |
| 무응답 | 3 | |
| 합 계 | 48 | |

〈제2순위〉

| 구 분 | 응답수 | 비 율 |
|---|---|---|
| 치열한 경쟁 | 3 | 7 |
| 조선족 기업협회의 매개역할 미비 | 9 | 21 |
| 신뢰성 있는 기업 없음 | 6 | 14 |
| 원활한 정보 네트워크 부족 | 11 | 26 |
| 기업가 정신과 상도의 부재 | 12 | 28 |
| 기 타 | 2 | 5 |
| 소 계 | 43 | 100 |
| 무응답 | 5 | |
| 합 계 | 48 | |

### (4) 중국 내 조선족 기업 상호 간 협력이나 교류를 활성화하기 위한 방안

연변조선족 기업들에게 중국(연변) 내 조선족 기업 상호 간 협력이나 교류를 활성화하기 위한 방안이 무엇인지를 물었다. 응답 결과에 의하면 연변조선족 기업들이 상호 간 협력이나 교류를 활성화하기 위해서는 1순위로 '상호 간 정보제공과 적극 협조'를, 2순위로는 '상호경쟁보다는 상생의 마인드를 길러야 함', 3순위로는 '정기적인 교류를 통한 활성화', 4순위로는 '중국 주재 한국대사관의 역할 기대'를 들었다. 결과적으로 연변조선족 기업들은 같은 조선족 기업들끼리 상호 간 협력이나 교류를 활성화하기 위한 방안들을 제시하였다. 즉 상호 간에 상생마인드와 정보제공 및 적극협조를 원하고 있으며 특징적인 것은 한국대사관의 역할을 기대한다는 내용이다.

〈표 V-68〉 중국 내 조선족 기업 상호 간 협력이나 교류를 활성화하기 위한 방안

(단위: %)

〈제1순위〉

| 구 분 | 응답수 | 비 율 |
|---|---|---|
| 상호 간 정보제공과 적극 협조 | 20 | 44 |
| 정기적인 교류를 통한 활성화 | 14 | 31 |
| 상호경쟁보다는 상생의 마인드를 길러야 함 | 7 | 16 |
| 중국 주재 한국대사관의 역할 기대 | 3 | 7 |
| 기업 간 상품전시회 개최 | 1 | 2 |
| 기 타 | 0 | 0 |
| 소 계 | 45 | 100 |
| 무응답 | 3 | |
| 합 계 | 48 | |

〈제2순위〉

| 구 분 | 응답수 | 비 율 |
|---|---|---|
| 상호 간 정보제공과 적극 협조 | 7 | 16 |
| 정기적인 교류를 통한 활성화 | 4 | 9 |
| 상호경쟁보다는 상생의 마인드를 길러야 함 | 25 | 56 |
| 중국 주재 한국대사관의 역할 기대 | 8 | 18 |
| 기업 간 상품전시회 개최 | 1 | 2 |
| 기 타 | 0 | 0 |
| 소 계 | 45 | 100 |
| 무응답 | 3 | |
| 합 계 | 48 | |

## 2) 중국 내 한국 투자기업

### (1) 한국 투자기업과의 상호협력이나 교류 여부

연변조선족 기업들에게 중국(연변) 진출 한국 투자기업과의 상호협력이나 교류가 있는지를 물었다. 응답 결과에 의하면 연변조선족 기업들은 중국(연변) 진출 한국 투자기업과의 상호협력이나 교류가 많은 것으로 응답(77%)되었다. 즉 한중 수교 이후 연변조선족 기업들은 연

〈표 V-69〉 한국투자기업과의 상호협력·교류 여부

(단위: %)

| 구 분 | 응답수 | 비 율 |
|---|---|---|
| 있다 | 36 | 77 |
| 없다 | 11 | 23 |
| 소 계 | 47 | 100 |
| 무응답 | 1 | |
| 합 계 | 48 | |

변이나 연변 외의 중국 타 지역에 진출한 한국 투자기업과 합자나 합작을

〈표 Ⅴ-70〉 한국 투자기업과의 상호협력이나 교류 내용  (단위: %)

〈제1순위〉

| 구 분 | 응답수 | 비 율 |
|---|---|---|
| 원재료 · 제품조달 | 7 | 19 |
| 투자 및 자본조달 | 2 | 6 |
| 기술제휴 | 6 | 17 |
| 사업정보 교환 | 9 | 25 |
| 판로개척 | 9 | 25 |
| 합자 · 합작 | 2 | 6 |
| 기 타 | 1 | 3 |
| 소 계 | 36 | 100 |
| 무응답 | 0 | |
| 합 계 | 36 | |

〈제2순위〉

| 구 분 | 응답수 | 비 율 |
|---|---|---|
| 원재료 · 제품조달 | 1 | 3 |
| 투자 및 자본조달 | 2 | 6 |
| 기술제휴 | 7 | 19 |
| 사업정보 교환 | 10 | 28 |
| 판로개척 | 4 | 11 |
| 합자 · 합작 | 9 | 25 |
| 기 타 | 3 | 8 |
| 소 계 | 36 | 100 |
| 무응답 | 0 | |
| 합 계 | 36 | |

한 것으로 밝혀졌다. 왜냐하면 중국 진출 한국 투자기업들은 조선족들이 많이 거주하는 지역인 연변조선족자치주에 대거 진출했기 때문이다.

### (2) 한국 투자기업과의 상호협력이나 교류 내용

연변조선족 기업들이 중국(연변)에 진출한 한국 투자기업과의 상호협력이나 교류 내용 1순위로는 '사업정보 교환'이나 '판로개척'(25%)인 것으로 나타났으며 다음 2순위로는 '합자 · 합작'(25%)이며 다음으로는 '원재료 · 제품조달'(19%)과 '기술제휴'(19%)인 것으로 조사되었다. 결과적으로 연변조선족 기업들은 중국(연변)에 진출한 한국 기업들과 사업을 하는 데 필요한 정보의 교환이나 생산된 제품을 판매하기 위한 판로개척 그리고 합자나 합작을 하기 위해서 상호협력이나 교류를 하고 있으며 또한 한국 기업으로부터 원재료나 제품을 조달하거나 받기 위해서 또는 기술제휴를 위해서 한국 기업과 상호협력이나 교류를 하는 것으로 나타났다.

## (3) 한국 투자기업과의 상호협력이나 교류비중

연변조선족 기업들이 중국(연변) 진출 한국 투자기업과의 상호협력이나 교류의 비중이 어느 정도 되는지를 물었다. 응답 결과에 의하면 연변조선족 기업들은 한국 투자기업과의 교류나 상호협력의 비중이 적지 않은 것으로(보통 60%, 많은 편임 14%, 매우 많은 편임 6%)나타났다. 결과적으로 연변조선족 기업들은 한중 수교 이후 연변이나 중국의 다른 지역에 진출한 한국 투자기업들과 사업정보 교환이나 합자·합작, 원재료·제품조달, 기술제휴 등의 이유로 상호협력이나 교류가 빈번한 것으로 조사되었다.

〈표 V-71〉 한국투자기업과의 상호협력·교류 비중 (단위: %)

| 구 분 | 응답수 | 비 율 |
| --- | --- | --- |
| 매우 작은 편임 | 3 | 9 |
| 적은 편임 | 4 | 11 |
| 보 통 | 21 | 60 |
| 많은 편임 | 5 | 14 |
| 매우 많은 편임 | 2 | 6 |
| 소 계 | 35 | 100 |
| 무응답 | 1 | |
| 합 계 | 36 | |

## (4) 한국 투자기업과의 상호협력이나 교류성과

연변조선족 기업들이 중국(연변)에 진출한 한국 투자기업들과 사업정보 교환이나 합자·합작, 원재료나 제품조달, 기술제휴 등으로 빈번하게 상호협력이나 교류를 해온 것으로 조사되었다. 이는 개혁개방과 한중 수교 이후 물밀듯이 밀려드는 외국기업들 속에서 같은 동포 기업인 한국 투자기업들과의 합자나 합작 등으로 빈번하게 교류하는 것은 당연한 현상이라 할지라도 이들 연변조선족 기업이 한국 투자기업들

〈표 V-72〉 한국 투자기업과의 상호협력·교류성과 (단위: %)

| 구 분 | 응답수 | 비 율 |
| --- | --- | --- |
| 매우 불만족 | 1 | 3 |
| 불만족 | 1 | 3 |
| 보 통 | 14 | 40 |
| 만 족 | 16 | 46 |
| 매우 만족 | 3 | 9 |
| 소 계 | 35 | 100 |
| 무응답 | 1 | |
| 합 계 | 36 | |

과의 상호협력이나 교류의 성과가 어떠했는지가 중요한 이슈가 될 것이다. 한국 투자기업들과의 상호협력이나 교류성과 여부에 대한 응답 결과에 의하면 대체적으로 만족(만족 46%, 매우 만족 9%)하는 것으로 나타났다.

### (5) 한국 투자기업과의 상호협력이나 교류의 장애요인

연변조선족 기업들이 중국(연변) 진출 한국 투자기업들과 사업정보 교환이나 합자·합작 등으로 상호협력이나 교류의 성과가 대체적으로 만족하는 것으로 응답되었으나 일부는 불만족(33%)하다고 응답한 것으로 나타났다. 그렇다면 연변조선족 기업들이 중국(연변) 진출 한국 투자기업들과 상호협력이나 교류 시 장애요인은 무엇인지를 물었다. 응답 결과에 의하면 상호 간 협력이나 교류의 장애요인 1순위로는 연변조선족 기업과 한국 투자기업 간의 '치열한 경쟁'(51%)을 들었으며 2순위로는 상호 간의 '원활한 정보 네트워크 부족'(32%)과 '조선족 기업협회의 매개역할 미비'(22%) 및 '기업가 정신과 상도의 부재', '신뢰성 있는 기업 없음'인 것으로 응답되었다. 응답 결과

〈표 Ⅴ-73〉 한국 투자기업과의 상호협력이나 교류의 장애요인　　　　　(단위: %)

| 〈제1순위〉 구 분 | 응답수 | 비율 | 〈제2순위〉 구 분 | 응답수 | 비율 |
|---|---|---|---|---|---|
| 치열한 경쟁 | 23 | 51 | 치열한 경쟁 | 4 | 9 |
| 조선기업협회의 매개역할 미비 | 10 | 22 | 조선기업협회의 매개역할 미비 | 8 | 18 |
| 신뢰성 있는 기업 없음 | 5 | 11 | 신뢰성 있는 기업 없음 | 5 | 11 |
| 원활한 정보 네트워크 부족 | 4 | 9 | 원활한 정보 네트워크 부족 | 14 | 32 |
| 기업가 정신과 상도의 부재 | 2 | 4 | 기업가정신과 상도의 부재 | 10 | 23 |
| 기 타 | 1 | 2 | 기 타 | 3 | 7 |
| 소 계 | 45 | 100 | 소 계 | 44 | 100 |
| 무응답 | 3 | | 무응답 | 4 | |
| 합 계 | 48 | | 합 계 | 48 | |

를 종합해보면 연변조선족 기업들과 중국(연변) 진출 한국 투자기업 간에 상호협력이나 교류가 원활하기 위해서는 상호 간에 치열한 경쟁보다는 상생의 마인드가 필요하고 또한 상호 간에 정보를 공유할 수 있는 소통의 경영 마인드가 중요하며 조선족 기업협회와 한국상회 간에 빈번한 교류를 통하여 상호 간 신뢰를 회복하고 기업가 정신과 상도의 룰을 잘 지켜서 원윈할 수 있는 도덕적 분위기 조성이 필요한 것으로 판단된다.

### (6) 한국 투자기업과의 상호협력이나 교류 활성화 방안

연변조선족 기업들에게 중국(연변) 진출 한국 투자기업과의 상호협력이나 교류를 활성화할 수 있는 방안이 무엇인지를 물었다. 왜냐하면 앞의 설문에서 연변조선족 기업들에게 한국 투자기업과의 상호협력이나 교류의 장애요인을 물은 결과 상호 간 치열한 경쟁이나 원활한 정보 네트워크의 부족, 조선족 기업협회의 매개역할 미비 등을 장애요인이라고 응답했기 때문이다. 따라서 연변조선족 기업들에게 한국 투자기업과의 상호협력이나 교류의 활성화 방안을 물음으로써 서로 협력하고 교류할 수 있는 대책을 강구할 수 있을 것이다. 이는 연변조선족 기업들과 중국(연변) 진출 한국 투자기업들만의 상생을 위한 문제가 아니라 중국조선족 기업들과 한국 기업들과의 상생을 위한 한상 네트워크 구축을 통하여 13억 중국 시장을 확장해나갈 수 있는 방안을 강구할 수 있기 때문이다. 따라서 한국 투자기업과의 상호협력이나 교류활성화 방안으로서 1순위는 '상호 간 정보 제공과 적극 협조'(60%)이며 제2순위로는 '상호경쟁보다는 상생의 마인드를 길러야 함'(36%)과 '정기적인 교류를 통한 활성화' 및 '기업 간 상품전시회 개최', '중국 주재 한국대사관의 역할 기대' 등을 활성화 방안으로 제시하였다. 결과적으로 연변의 조선족 기업들은 중국(연변) 진출 한국 투자기업과의 활성화를 위해서 상호 간에 소통하기를 원하는 것으로 나타났다. 즉 상호 간 기업경영에 대한 정보 제공과 협조 및 상생의 마인드와 정기적인 교류 등을 제시하였다. 따라서 이의 활성화를 위해서는 개별 기업들보다 연변조선족 기업가협회와 연변

〈표 Ⅴ-74〉 한국 투자기업과의 상호협력이나 교류 활성화 방안     (단위: %)

〈제1순위〉

| 구 분 | 응답수 | 비 율 |
| --- | --- | --- |
| 상호 간 정보 제공과 적극 협조 | 27 | 60 |
| 정기적인 교류를 통한 활성화 | 8 | 18 |
| 상호경쟁보다는 상생의 마인드를 길러야 함 | 2 | 4 |
| 중국 주재 한국대사관의 역할 기대 | 1 | 2 |
| 기업 간 상품전시회 개최 | 6 | 13 |
| 기 타 | 1 | 2 |
| 소 계 | 45 | 100 |
| 무응답 | 3 | |
| 합 계 | 48 | |

〈제2순위〉

| 구 분 | 응답수 | 비 율 |
| --- | --- | --- |
| 상호 간 정보 제공과 적극 협조 | 5 | 11 |
| 정기적인 교류를 통한 활성화 | 13 | 30 |
| 상호경쟁보다는 상생의 마인드를 길러야 함 | 16 | 36 |
| 중국 주재 한국대사관의 역할 기대 | 9 | 20 |
| 기업 간 상품전시회 개최 | 1 | 2 |
| 기 타 | 0 | 0 |
| 소 계 | 44 | 100 |
| 무응답 | 4 | |
| 합 계 | 48 | |

한국상회 및 한국대사관, 코트라, 민간단체 등이 매개체가 되어 상호 간의 교류를 활성화시킴으로써 윈윈할 수 있는 환경이 조성될 수 있음을 나타내는 것이기도 하다.

## 3) 한국에 있는 기업

### (1) 한국에 있는 기업과 상호협력이나 교류 여부

연변조선족 기업들에게 한국에 있는 기업과 상호협력이나 교류가 있는지를 물었다. 이는 연변의 조선족 기업들이 연변이나 중국에 진출한 한국 투자기업들과의 상호협력이나 교류뿐만 아니라 한국에 있는 기업과의 상호협력이나 교류 여부를 물음으로써 한상 네트워크가 어느 정도 구축되어 있으며 한상 네트워크의 구축 정도에 따라 어떤 대책을 세워야 하는지를 알 수 있기 때문이다.

설문조사 결과에 의하면 연변의 조선족 기업들은 한국에 있는 기업과 상호협력이나 교류가 많은 것으로 나타났다. 즉 상호협력이나 교류가 '있다'는 응답이 79%이며 '없다'는 응답이 21%로 나타남으로써 연변조선족 기업들은 대부분이 '한국에 있는 기업'과 상호협력이나 교류를 하고 있는 것으로 조사되었다.

〈표 V-75〉 한국에 있는 기업과 상호협력·교류 여부

(단위: %)

| 구분 | 응답수 | 비율 |
|---|---|---|
| 있다 | 38 | 79 |
| 없다 | 10 | 21 |
| 소 계 | 48 | 100 |
| 무응답 | 0 | |
| 합 계 | 48 | |

### (2) 한국에 있는 기업과 상호협력이나 교류 내용

연변의 조선족 기업들은 79%가 한국에 있는 기업과 상호협력이나 교류를 하고 있다고 응답하였는데 그렇다면 연변조선족 기업들이 한국에 있는 기업과의 상호협력이나 교류의 내용이 무엇인지를 물었다. 응답 결과에 의하면 연변의 조선족 기업들은 한국에 있는 기업과 '원재료·제품조달'이나 '사업정보 교환'을 통해서 가장 많이 상호협력이나 교류를 하고 있으며 다음으로는 '기술제휴'와 '판로개척'을 통해서 상호협력하고 있는 것으로 나타났다.

〈표 V-76〉 한국에 있는 기업과 상호협력이나 교류 내용

(단위: %)

〈제1순위〉

| 구분 | 응답수 | 비율 |
|---|---|---|
| 원재료·제품조달 | 11 | 30 |
| 투자 및 자본조달 | 1 | 3 |
| 기술제휴 | 5 | 14 |
| 사업정보 교환 | 11 | 30 |
| 판로개척 | 7 | 19 |
| 합자·합작 | 1 | 3 |
| 기 타 | 1 | 3 |
| 소 계 | 37 | 100 |
| 무응답 | 1 | |
| 합 계 | 38 | |

〈제2순위〉

| 구분 | 응답수 | 비율 |
|---|---|---|
| 원재료·제품조달 | 1 | 3 |
| 투자 및 자본조달 | 4 | 11 |
| 기술제휴 | 11 | 30 |
| 사업정보 교환 | 9 | 24 |
| 판로개척 | 4 | 11 |
| 합자·합작 | 8 | 22 |
| 기 타 | 0 | 0 |
| 소 계 | 37 | 100 |
| 무응답 | 1 | |
| 합 계 | 38 | |

결과적으로 연변의 조선족 기업들은 한국에 있는 기업에 원재료나 제품조달 그리고 사업에 관한 정보 교환을 통해서 가장 많이 협력이나 교류를 하고 있으며 또한 한국에 있는 기업으로부터 기술을 전수받거나 합자·합작을 통하여 상생하고 있는 것으로 조사되었다.

### (3) 한국에 있는 기업과 상호협력이나 교류 비중

연변조선족 기업들에게 한국에 있는 기업과 상호협력이나 교류의 비중이 어떠한지를 물었다. 응답 결과에 의하면 상호협력이나 교류의 비중이 별로 많지 않은 것으로 응답되었다. 즉 상호협력이나 교류의 비중이 많다고 응답한 비율은 22%(많은 편임 19%, 매우 많은 편임 3%)로서 상호협력이나 교류가 작은 편이라고 응답한 비율인 24%보다도 비

〈표 V-77〉 한국에 있는 기업과 상호협력·교류 비중
(단위: %)

| 구 분 | 응답수 | 비 율 |
|---|---|---|
| 매우 작은 편임 | 0 | 0 |
| 적은 편임 | 9 | 24 |
| 보 통 | 20 | 54 |
| 많은 편임 | 7 | 19 |
| 매우 많은 편임 | 1 | 3 |
| 소 계 | 37 | 100 |
| 무응답 | 1 | |
| 합 계 | 38 | |

율적인 면에서 더 적은 것으로 나타났다. 이는 1992년 한중 수교 이후 중국에 진출하는 한국 기업들의 관문이어서 연변조선족 기업과 한국에 있는 기업들 간에 상호협력이나 교류의 비중이 많았으리라는 예상을 빗나가는 것이어서 주목된다. 이는 연변이 조선족 동포가 많이 거주한다는 이점도 있겠지만 한국에 있는 기업들이 연변의 조선족 기업들과 상호협력이나 교류가 적은 이유는 연변은 기업이 경영활동을 하기에는 규모가 협소한 자치주이기 때문이라고 판단된다.

### (4) 한국에 있는 기업과 상호협력이나 교류 성과

한국에 있는 기업과 상호협력이나 교류를 한 적이 있는 연변의 조선족 기업들에게 상호협력이나 교류의 성과가 어떠했는지를 물었다. 응답 결과에

의하면 연변조선족 기업들은 한국에 있는 기업과 상호협력이나 교류의 성과가 대체적으로 만족(50%)하는 것으로 나타났다. 반면에 만족스럽지 않다는 응답은 6%에 불과함으로써 연변의 조선족 기업들은 한국에 있는 기업과의 상호협력이나 교류의 성과가 대체적으로 만족하는 것으로 조사되었는데 이는 한국에 있는 기업과 상호협력이나 교류를 함으로써 한국에 있는 기업들로부터 우수한 품질의 제품을 공급받거나 또는 기술을 제공받아서 제품을 생산하여 제3국에 수출하는 OEM 방식 등을 통하여 상호 간에 상생할 수 있는 경영활동을 하기 때문인 것으로 판단된다.

〈표 V-78〉 한국에 있는 기업과 상호협력·교류 성과

(단위: %)

| 구분 | 응답수 | 비율 |
| --- | --- | --- |
| 매우 불만족 | 1 | 3 |
| 불만족 | 1 | 3 |
| 보통 | 17 | 45 |
| 만족 | 17 | 45 |
| 매우 만족 | 2 | 5 |
| 소계 | 38 | 100 |
| 무응답 | 0 | |
| 합계 | 38 | |

### (5) 한국에 있는 기업과 상호협력이나 교류의 장애요인

연변조선족 기업들에게 한국에 있는 기업과 상호협력이나 교류가 있는지 여부를 묻는 질문에 있다는 응답이 79%이고 없다는 응답이 21%인 것으로 조사되었다. 또한 교류를 하고 있다는 79%의 연변조선족 기업들에게 교류의 비중이 어떠했는지를 묻는 질문에 교류가 많다(22%)보다 작다(24%)는 응답이 더 많은 것으로 나타났었다. 그렇다면 결과적으로 연변조선족 기업들이 한국에 있는 기업들과 상호협력이나 교류를 한 경험은 많으나 연변조선족 기업과 한국에 있는 기업 간에 교류의 비중이 크지 않음으로써 이는 지속적인 상호협력이나 교류에 장애요인이 있지 않는가 하는 판단이 들었다. 따라서 연변조선족 기업들에게 한국에 있는 기업과 상호협력이나 교류의 장애요인이 무엇인지를 물었다. 응답 결과에 의하면 연변조선족 기업들이 한국에 있는 기업과 상호협력이나 교류를 하는 데 걸림돌 1순위는 '신뢰

〈표 Ⅴ-79〉 한국에 있는 기업과 상호협력이나 교류의 장애요인 　　(단위: %)

〈제1순위〉

| 구 분 | 응답수 | 비 율 |
| --- | --- | --- |
| 상호협력이나 교류의 필요성을 못 느낌 | 0 | 0 |
| 신뢰할 만한 기업이 없음 | 4 | 40 |
| 한국에 있는 기업과의 상호협력·교류가 불편함 | 1 | 10 |
| 경쟁업체이니까 | 0 | 0 |
| 특별한 이유는 없음 | 4 | 40 |
| 기 타 | 1 | 10 |
| 소 계 | 10 | 100 |
| 무응답 | 0 | |
| 합 계 | 10 | |

〈제2순위〉

| 구 분 | 응답수 | 비 율 |
| --- | --- | --- |
| 상호협력이나 교류의 필요성을 못 느낌 | 2 | 20 |
| 신뢰할 만한 기업이 없음 | 2 | 20 |
| 한국에 있는 기업과의 상호협력·교류가 불편함 | 0 | 0 |
| 경쟁업체이니까 | 0 | 0 |
| 특별한 이유는 없음 | 5 | 50 |
| 기 타 | 1 | 10 |
| 소 계 | 10 | 100 |
| 무응답 | 0 | |
| 합 계 | 10 | |

할 만한 기업이 없음'(40%)이며 다음으로는 '특별한 이유는 없음'과 '한국에 있는 기업과 상호협력이나 교류가 불편함', '상호협력이나 교류의 필요성을 못 느낌' 등이었다. 결과적으로 연변조선족 기업들은 한국에 있는 기업들과 상호협력이나 교류를 하기에는 한국에 있는 기업을 신뢰할 수 없어서 라고 하였는데 이는 한중 수교 이후 한국 기업들과 연변조선족 기업들 간에 합자나 합작 등으로 상호협력이나 교류과정에서 한국 기업들이 신뢰할 수 없는 경영활동을 함으로써 조선족 기업들에게 오점을 남겼기 때문인 것으로 판단된다. 또한 연변조선족 기업들은 아직은 규모가 작기 때문에 연변 지역을 벗어나지 못하는 협소함으로 한국 기업이나 기타 외국기업들과의 교류가 부담이 되고 필요성을 못 느꼈을 수도 있었을 것으로 판단된다.

## (6) 한국에 있는 기업과 상호협력이나 교류를 활성화하기
##    위한 방안

연변조선족 기업들에게 한국에 있는 기업과 상호협력이나 교류의 장애요인이 무엇인지 물었을 때 응답 결과에 의하면 연변조선족 기업들은 한국에 있는 기업들과 상호협력이나 교류를 하기에는 신뢰할 만한 기업이 없다고 응답함으로써 연변조선족 기업들이 한국 기업에 대해 상호협력이나 교류를 하기 힘들 만큼 강한 불신을 나타내었다. 이는 한중 수교 이후 한국 기업들과의 접촉과정에서 쌓인 불신의 벽이 두꺼움을 나타내는 것이어서 향후 한상 네트워크를 구축하는 데 장벽으로 나타날 가능성이 크다는 것을 깨달았다. 따라서 연변조선족 기업과 한국에 있는 기업과의 상호불신의 벽을 무너뜨리고 상생할 수 있는 방안이 무엇인가에 대해서 설문하였다. 즉 연변조선족 기업들이 한국에 있는 기업과 '정기적인 교류를 통한 활성화'(34%)를 제1의 방안으로 제시하였으며 다음으로는 '중국 주재 한국대사관의 역할기

〈표 V-80〉 한국에 있는 기업과 상호협력이나 교류를 활성화하기 위한 방안 (단위: %)

〈제1순위〉

| 구 분 | 응답수 | 비 율 |
|---|---|---|
| 상호 간 정보제공과 적극 협조 | 13 | 28 |
| 정기적인 교류를 통한 활성화 | 16 | 34 |
| 상호경쟁보다는 상생의 마인드를 길러야 함 | 8 | 17 |
| 중국 주재 한국대사관의 역할 기대 | 9 | 19 |
| 기업 간 상품전시회 개최 | 1 | 2 |
| 기 타 | 0 | 0 |
| 소 계 | 47 | 100 |
| 무응답 | 1 | |
| 합 계 | 48 | |

〈제2순위〉

| 구 분 | 응답수 | 비 율 |
|---|---|---|
| 상호 간 정보제공과 적극 협조 | 2 | 4 |
| 정기적인 교류를 통한 활성화 | 8 | 17 |
| 상호경쟁보다는 상생의 마인드를 길러야 함 | 17 | 37 |
| 중국 주재 한국대사관의 역할 기대 | 18 | 39 |
| 기업 간 상품전시회 개최 | 1 | 2 |
| 기 타 | 0 | 0 |
| 소 계 | 46 | 100 |
| 무응답 | 2 | |
| 합 계 | 48 | |

대'와 '상호 간 정보제공과 적극 협조' 그리고 '상호경쟁보다는 상생의 마인드를 길러야 함'을 교류활성화 방안으로 제시하였다. 결과적으로 연변조선족 기업들은 한국에 있는 기업과 정기적인 교류를 원하고 있으며 또한 상호 간에 정보를 공유하고 적극 협조하여 경쟁상대가 아니라 상생할 수 있는 마인드를 기르기를 원하는 것으로 조사되었다.

## 4) 중국이나 기타 외국기업

### (1) 중국 기업과의 교류 내용

연변조선족 기업은 중국의 기업이지만 중국 13억의 인구 중 조선족은 200만 명에 불과하고 13억의 인구 중 12억이 한족인 상황에서 조선족 기업이 성장 발전하기 위해서는 한족들이 경영하는 기업들과 어느 정도 네트워크가 잘 구축되어 있느냐도 굉장히 중요한 요소 중 하나라고 생각된다. 왜냐하면 중국을 주도하는 기업들은 대부분 한족들이 경영하는 기업이 많기 때문에 한족 기업들과의 원활한 네트워크 그룹도 중국조선족 기업들의 발전에 큰 영향을 끼치기 때문이다. 따라서 연변조선족 기업들에게 중국(연변)

〈표 Ⅴ-81〉 중국 기업과 교류가 있다, 없다(복수응답)  (단위: %)

| 〈있다〉 | | | 〈없다〉 | | |
|---|---|---|---|---|---|
| 구 분 | 응답수 | 비 율 | 구 분 | 응답수 | 비 율 |
| 원재료·제품조달 | 26 | 21 | 원재료·제품조달 | 0 | 0 |
| 투자 및 자본조달 | 6 | 5 | 투자 및 자본조달 | 2 | 25 |
| 기술제휴 | 21 | 17 | 기술제휴 | 1 | 13 |
| 사업정보 교환 | 30 | 24 | 사업정보 교환 | 1 | 13 |
| 판로개척 | 26 | 21 | 판로개척 | 3 | 38 |
| 합자·합작 | 17 | 13 | 합자·합작 | 1 | 13 |
| 기 타 | 0 | 0 | 기 타 | 0 | 0 |
| 합 계 | 126 | 100 | 합 계 | 8 | 100 |

기업과의 상호협력이나 교류가 있는지를 물었다. 응답 결과에 의하면 중국 (연변)기업과 교류가 있는 연변의 조선족 기업들은 '사업정보 교환'(24%)과 '원재료·제품조달' 및 '판로개척'(21%), '기술제휴'(17%), '합자·합작'(13%) 순으로 중국(연변) 기업과 상호협력과 교류를 하고 있는 것으로 응답되었다. 결과적으로 연변조선족 기업들은 한족 기업인 중국 기업과 사업정보 및 원재료·제품조달, 판로개척 등을 위해서 네트워크를 구축하고 있는 것으로 나타났다. 한편 연변조선족 기업들은 중국(연변) 기업과 상호투자를 하거나 자본을 조달하기 위한 네트워크는 구축하지 않은 것으로 조사되었다.

### (2) 중국 내 외국기업(한국 투자기업 제외)과의 교류 내용

1978년 개혁개방 정책 이후 세계의 기업들이 중국에 물밀듯이 밀려들어갔다. 세계의 기업들은 중국의 값싼 노동력과 원재료를 활용하여 품질 좋고 저렴한 제품을 생산하여 제3국으로 수출하거나 본국으로 들여오는 OEM 방식의 사업을 하였다. 그 결과로 중국은 세계의 공장이 되었으며 세계 어디를 가나 메이드 인 차이나(Made in China)가 넘쳐나는 상황이 되었다. 이러한 중국 내에서의 세계기업들이 각축을 벌이는 동안 중국의 경제성장률은 연평균 11% 내외가 되었으며 세계적인 경제대국이 되었다. 따라서 연변조

〈표 V-82〉 중국 내 외국기업과의 교류가 있다, 없다(복수응답)    (단위: %)

〈있다〉

| 구 분 | 응답수 | 비 율 |
|---|---|---|
| 원재료·제품조달 | 3 | 8 |
| 투자 및 자본조달 | 4 | 11 |
| 기술제휴 | 5 | 14 |
| 사업정보 교환 | 12 | 33 |
| 판로개척 | 7 | 19 |
| 합자·합작 | 5 | 14 |
| 기 타 | 0 | 0 |
| 합 계 | 36 | 100 |

〈없다〉

| 구 분 | 응답수 | 비 율 |
|---|---|---|
| 원재료·제품조달 | 1 | 11 |
| 투자 및 자본조달 | 2 | 22 |
| 기술제휴 | 2 | 22 |
| 사업정보 교환 | 1 | 11 |
| 판로개척 | 2 | 22 |
| 합자·합작 | 1 | 11 |
| 기 타 | 0 | 0 |
| 합 계 | 9 | 100 |

선족 기업 역시 중국(연변) 진출 외국기업과의 교류가 어느 정도인지 또한 어떤 분야에 많은 교류를 하고 있는지가 관심사이다. 설문조사 결과에 의하면 연변의 조선족 기업들은 중국(연변) 내 외국기업들과 '사업정보교환'(33%)을 위해서 가장 많은 교류를 하고 있으며 다음으로는 '판로개척'(19%)과 '기술제휴' 및 '합자·합작'(14%)을 위해서 중국(연변)내 외국기업들과 교류를 하고 있는 것으로 나타났다.

### (3) 해외 외국기업(한국 기업 제외)과의 교류 내용

연변조선족 기업들에게 외국기업(한국에 있는 기업 제외)과의 교류가 있는지를 물었다. 이는 연변의 조선족 기업들이 중국(연변) 내에 머무르지 않고 얼마만큼 글로벌화된 마인드를 가지고 기업을 경영을 하고 있는지를 알고자 하는 질문이다. 즉 연변의 조선족 기업들이 기업경영을 위해서 연변에 한정하지 않고 연변뿐만 아니라 중국 전역 나아가서는 세계를 대상으로 기업경영을 하는 글로벌화된 마인드를 알고자 함이다. 응답 결과에 의하면 연변의 조선족 기업들은 해외 외국기업들과의 교류가 합자나 합작을 위해서(25%) 가장 많은 것으로 나타났고 다음으로는 사업정보교환(20%)과 투자 및 자본조달, 기술제휴, 판로개척(15%)을 위해서 해외에 있는 외국기업들과 교류를

〈표 Ⅴ-83〉 해외 외국기업과의 교류가 있다, 없다(복수응답)  (단위: %)

| 〈있다〉 | | | 〈없다〉 | | |
|---|---|---|---|---|---|
| 구분 | 응답수 | 비율 | 구분 | 응답수 | 비율 |
| 원재료·제품조달 | 2 | 10 | 원재료·제품조달 | 1 | 33 |
| 투자 및 자본조달 | 3 | 15 | 투자 및 자본조달 | 0 | 0 |
| 기술제휴 | 3 | 15 | 기술제휴 | 0 | 0 |
| 사업정보 교환 | 4 | 20 | 사업정보 교환 | 0 | 0 |
| 판로개척 | 3 | 15 | 판로개척 | 1 | 33 |
| 합자·합작 | 5 | 25 | 합자·합작 | 1 | 33 |
| 기 타 | 0 | 0 | 기 타 | 0 | 0 |
| 합 계 | 20 | 100 | 합 계 | 3 | 100 |

하고 있는 것으로 응답되었다. 결과적으로 연변의 조선족 기업들은 아직은 미약하지만 향후 세계적인 기업이 되기 위해서 해외기업들과의 교류를 시작하고 있는 것으로 판단된다.

### (4) 화상기업과의 교류내용

화인은 중국의 디아스포라로서 이들은 주로 동남아에 분포되어 있다. 즉 대만, 홍콩, 필리핀, 말레이시아, 싱가포르, 태국 등에 퍼져 있다. 이들 화인은 대략 8,000만 명 정도로서 이들은 현지국 내에서 현지국과의 돈독한 네트워크와 또한 화인들끼리의 강한 네트워크로 많은 영향력을 행사하고 있다. 이들 화인 중 상업을 하는 사람들끼리의 모임인 화상 네트워크는 자국뿐만 아니라 세계적인 영향력을 행사함으로써 많은 국가들로부터 벤치마킹의 대상이 되고 있다. 이들은 온라인상에서 화상 네트워크를 통해서 상호 수출, 수입, 투자 등을 하면서 상생하고 있으며 오프라인상에서는 2년마다 한번 씩 세계 주요 국가들을 돌면서 화상대회를 개최하여 영향력을 과시하고 있다. 따라서 화상 네트워크를 벤치마킹하고자 하는 것이 한상 네트워크이며 오프라인 상에서 화상대회를 벤치마킹한 것이 매년 국내에서 개최되고 있는 세계한상대회이다. 따라서 연변의 조선족 기업들이 화상기업과의

〈표 V-84〉 중국 기업과 교류가 있다, 없다(복수응답)  (단위: %)

| 〈있다〉 구분 | 응답수 | 비율 | 〈없다〉 구분 | 응답수 | 비율 |
|---|---|---|---|---|---|
| 원재료 · 제품조달 | 0 | 0 | 원재료 · 제품조달 | 4 | 20 |
| 투자 및 자본조달 | 0 | 0 | 투자 및 자본조달 | 3 | 15 |
| 기술제휴 | 0 | 0 | 기술제휴 | 4 | 20 |
| 사업정보 교환 | 2 | 67 | 사업정보 교환 | 3 | 15 |
| 판로개척 | 0 | 0 | 판로개척 | 3 | 15 |
| 합자 · 합작 | 1 | 33 | 합자 · 합작 | 2 | 10 |
| 기 타 | 0 | 0 | 기 타 | 1 | 5 |
| 합 계 | 3 | 100 | 합 계 | 20 | 100 |

교류여부는 글로벌화된 경영 마인드를 가지는 데 중요하다고 판단된다. 연변조선족 기업들의 응답 결과에 의하면 화상기업들과의 교류가 극히 미미한 것으로 나타났다. 즉 화상기업과 교류를 한다는 연변조선족 기업들은 주로 '사업정보 교환'(67%)을 위해서 그리고 '합자·합작'을 위해서 (33%) 화상기업과 교류를 하고 있는 것으로 응답되었다. 연변이 중국의 대도시에 비하면 협소한 지역이지만 향후 연변조선족 기업의 발전을 위해서는 화상기업 등 외국기업과의 강한 연대의 네트워크를 구축해야 될 것으로 판단된다.

## 5) 대학(연구소), 정부기관, 금융기관, 단체

### (1) 중국 및 한국 대학(연구소)과의 산학협력관계 체결 여부

중국(연변)조선족 기업들이 중국이나 한국 등의 대학이나 연구소와 산학협력체계를 구축하는 것은 그들에게는 중요하다. 왜냐하면 기업들은 경영에 필요한 모든 지식이나 기술들을 스스로 조달할 수 없기 때문이다. 따라서 기업들이 미래의

〈표 Ⅴ-85〉 중국 및 한국 대학(연구소)과의 산학협력관계 체결 여부 　(단위: %)

| 구분 | 응답수 | 비율 |
| --- | --- | --- |
| 있다 | 15 | 33 |
| 없다 | 30 | 67 |
| 소계 | 45 | 100 |
| 무응답 | 3 | |
| 합계 | 48 | |

성장과 발전을 위해서는 대학이나 연구소와 얼마나 긴밀한 관계를 가지고 있느냐가 관건이다. 따라서 연변조선족 기업들 역시 중국이나 한국의 대학이나 연구소와 산학협력의 체결을 했는지를 아는 것이 중요하다. 왜냐하면 산학협력체결의 정도를 통해서 연변조선족 기업의 미래성장과 발전가능성을 가늠해볼 수 있기 때문이다. 연변조선족 기업에게 중국이나 한국의 대학이나 연구소와 산학협력관계를 체결했는가 여부를 묻는 질문에 체결했다는 응답이 33%이며 체결하지 않았다는 응답이 67%로 나왔다. 이는 결과적으로 연변조선족 기업들이 아직은 산학협력을 체결할 정도로 기업의 규모나 경영 마인드를 갖지 못했음을 나타내는 것이기도 하다.

## (2) 향후 원하는 부문의 산학협력체계

연변조선족 기업들에게 향후 원하는 부문의 산학협력체계가 무엇인지를 물었다. 응답 결과에 의하면 연변조선족 기업들은 '기술개발'을 가장 원하는 것으로 나타났으며 다음으로는 '경영자문'과 '교육서비스' 그리고 '제품개발' 순인 것으로 조사되었다. 결과적으로 연변조선족 기업들은 중국이나 한국의 대학이나 연구소와의 산학협력체계를 통해서 '기술개발' 하기를 가장 원하고 있으며 또한 경영을 하는 데 필요한 '경영자문'과 직원들에게 필요한 '교육서비스'를 제공해주기를 원하는 것으로 나타났다. 즉 연변의 조선족 기업들은 기업의 진취적인 발전을 위해서 기술개발에 힘쓰며 경영에 대한 컨설팅을 원하고 또한 지속적으로 지식을 습득하기 위한 교육서비스가 필요함을 나타내었으며 제품의 질을 높이기 위한 제품개발의 필요성이 있는 것으로 응답 결과 밝혀졌다.

〈표 V-86〉 향후 원하는 부문의 산학협력체계 (단위: %)

〈제1순위〉

| 구분 | 응답수 | 비율 |
|---|---|---|
| 채용(인턴십) | 1 | 2 |
| 교육서비스 | 10 | 24 |
| 기술개발 | 18 | 43 |
| 경영자문 | 4 | 10 |
| 인력개발 | 4 | 10 |
| 제품개발 | 5 | 12 |
| 기 타 | 0 | 0 |
| 소 계 | 42 | 100 |
| 무응답 | 6 | |
| 합 계 | 48 | |

〈제2순위〉

| 구분 | 응답수 | 비율 |
|---|---|---|
| 채용(인턴십) | 3 | 8 |
| 교육서비스 | 2 | 5 |
| 기술개발 | 5 | 13 |
| 경영자문 | 19 | 49 |
| 인력개발 | 3 | 8 |
| 제품개발 | 7 | 18 |
| 기 타 | 0 | 0 |
| 소 계 | 39 | 100 |
| 무응답 | 9 | |
| 합 계 | 48 | |

## (3) 민족금융기관 설립의 필요 여부

연변조선족 기업들에게 민족금융기관의 설립이 필요한지를 설문하였다. 왜냐하면 그동안 필자가 수년간 조선족 기업을 연구하면서 만난 다수의 조선족 기업들과 면담하면서 느낀 바로는 중국의 조선족 기업들이 기업을 경영하면서 필요

〈표 V-87〉 민족금융기관 설립의 필요 여부

(단위: %)

| 구 분 | 응답수 | 비 율 |
|---|---|---|
| 있다 | 32 | 73 |
| 없다 | 12 | 27 |
| 소 계 | 44 | 100 |
| 무응답 | 4 | |
| 합 계 | 48 | |

한 경영자금을 은행이 아닌 친·인척 또는 거래처 등으로부터 조달한다고 들었기 때문이다. 또한 조선족 기업들이 중국의 은행들로부터 사업자금을 조달받기는 극히 힘들다는 것을 알았기 때문이다. 따라서 한국이나 재외동포들이 중국에 민족금융기관을 설립하여 조선족 기업들에게 필요한 자금을 조달하면 좋을 것 같다는 판단에서이다. 연변의 조선족 기업들에게 민족금융기관의 설립이 필요한지를 묻는 설문에 73%의 조선족 기업들이 민족금융기관의 설립이 필요하다고 응답하였다. 이는 연변의 조선족 기업들이 기업을 경영하면서 필요한 자금을 조달하는 데 어려움이 있다는 것을 간접적으로 표현하는 응답이기도 하다.

## (4) 사업상 참여하는 단체나 조직

연변의 조선족 기업들이 사업상 참여하는 단체나 조직이 무엇인지를 물었다. 응답 결과에 의하면 연변의 조선족 기업들은 '동종업종 기업인협회'에 가장 많이 참여(39%)하며 다음으로는 '기업인 친목단체'(26%)와 '조선족 기업협회'(17%)인 것으로 나타났다. 이는 연변의 조선족 기

〈표 V-88〉 사업상 참여하는 단체나 조직
(복수응답)

(단위: %)

| 구 분 | 응답수 | 비 율 |
|---|---|---|
| 조선족 기업협회 | 12 | 17 |
| 조선족 기업인골프협회 | 3 | 4 |
| 조선족 기독실업인협회 | 0 | 0 |
| 동종업종 기업인협회 | 27 | 39 |
| 기업인 친목단체 | 18 | 26 |
| 기 타 | 9 | 13 |
| 합 계 | 69 | 100 |

업들이 사업상 필요에 의한 네트워크 조직인 것으로 조사되었다.

## (6) 조직이나 단체에 참여 시 사업활동상 도움 내용

연변의 조선족 기업들이 사업상 필요에 의해서 참여하는 동종업종 기업인협회나 기업인 친목단체 그리고 조선족 기업협회 등의 조직에 참여함으로써 사업활동에 어떠한 것들이 도움이 되는지를 물었다. 응답 결과에 의하면 연변조선족 기업들은 단체나 조직에 참여함으로써 '사업정보 교환'(41%)이나 '판로 및 시장개척'(26%) 그리고 '경영자문'

〈표 V-89〉 조직이나 단체에 참여시 사업활동상 도움 내용 (단위: %)

| 구 분 | 응답수 | 비 율 |
|---|---|---|
| 사업정보 교환 | 34 | 41 |
| 인적 네트워크 구축 | 1 | 1 |
| 판로 및 시장개척 | 21 | 26 |
| 자금조달 용이 | 2 | 2 |
| 경영자문 | 16 | 20 |
| 수출입 용이 | 3 | 4 |
| 노동력조달 용이 | 2 | 2 |
| 기 타 | 3 | 4 |
| 합 계 | 82 | 100 |

(20%) 등에 도움이 된다고 응답하였다. 결과적으로 연변의 조선족 기업들은 조직이나 단체를 통해서 사업에 필요한 정보를 교환하거나 생산된 제품의 판로 및 시장을 개척하고 경영에 필요한 컨설팅을 받는 것으로 나타났다.

## (6) 한국상회나 코트라 등 기업 관련 단체와 상호교류 여부

한국상회는 중국 진출 한국 기업들의 조직이며 코트라(KOTRA)는 한국무역투자진흥공사의 약자로써 한국 정부가 한국 기업들이 세계의 여러 국가들과 수출이나 수입·투자를 할 때 필요한 정보나 법률·제도 등을 돕기 위해서 설립된 단체

〈표 V-90〉 한국상회나 코트라 등 기업관련 단체와 상호교류 여부 (단위: %)

| 구 분 | 응답수 | 비 율 |
|---|---|---|
| 있다 | 30 | 67 |
| 없다 | 15 | 33 |
| 소 계 | 45 | 100 |
| 무응답 | 3 | |
| 합 계 | 48 | |

이다. 따라서 한국상회나 코트라는 한국 기업들이 진출해 있는 국가나 지역에는 거의 대부분이 조직되어 있다. 중국 역시 한국 기업들이 진출한 지역

에는 한국상회나 코트라가 있음으로써 현지 진출 한국 기업들을 돕고 있는데 이러한 단체나 조직들이 현지의 조선족 기업들과 어떠한 관련을 맺고 있는지가 한국 기업과 조선족 기업 간의 한상 네트워크를 구축하기 위해서는 중요한 사안이기도 하다. 따라서 연변조선족 기업들에게 중국(연변)한국상회나 코트라 등 기업관련 단체와 상호교류를 하고 있는지를 물었다. 응답 결과에 의하면 연변조선족 기업들의 67%가 한국상회나 코트라 등 기업 관련 단체와 상호교류를 하고 있다고 응답하였다.

### (7) 상호교류 시 교류 이유

한국상회나 코트라 등 기업 관련 단체와 상호교류를 하고 있다는 연변의 조선족 기업들에게 상호교류 시 교류의 이유가 무엇인지를 물었다. 응답 결과에 의하면 연변조선족 기업들은 '합자나 합작을 위해서'(47%) 상호교류를 하며 다음으로는 '선진 경영기법의 도입을 위해서'

〈표 Ⅴ-91〉 상호교류 시 교류 이유

(단위: %)

| 구분 | 응답수 | 비율 |
|---|---|---|
| 같은 민족단체니까 | 4 | 13 |
| 합자나 합작을 위해서 | 14 | 47 |
| 선 진경영기법의 도입을 위해서 | 9 | 30 |
| 한국으로의 진출을 위해서 | 3 | 10 |
| 기 타 | 0 | 0 |
| 소 계 | 30 | 100 |
| 무응답 | 0 | |
| 합 계 | 30 | |

(30%)와 '같은 민족단체니까'(13%) 그리고 '한국으로의 진출을 위해서'(10%) 등의 목적인 것으로 응답되었다. 결과적으로 연변의 조선족 기업들은 한국상회나 코트라 등 기업 관련 단체와의 상호교류를 통해서 합자나 합작에 관한 정보를 얻으며 또한 한국의 앞서가는 경영기법을 도입하고 한편으로는 같은 민족단체라는 생각과 한국으로의 진출을 위해서 상호 교류를 하고 있는 것으로 조사되었다.

### (8) 기업활동에 온라인 화상 네트워크 활용정도

온라인 화상 네트워크는 중국의 화상들이 구축해놓은 전 세계적인 기업 관련 네트워크를 말한다. 중국 기업이나 화상들이 이 화상 네트워크를 통하여 수출이나 수입·투자 등 사업을 하고 있다. 초창기의 화상 네트워크는 전 세계에 퍼져 있는 화상들끼리 온라인을 통하여 수출·수입·투자 등 사업을 연계하는 온라인상의 조직이었으나 현재는 화상이나 중국 기업들뿐만 아니라 국적을 가리지 않고 온라인상에서 상호교류를 할 수 있는 국제적인 무국적의 화상 네트워크로 발전하였다.

〈표 V-92〉 기업활동에 온라인 화상 네트워크 활용정도

(단위: %)

| 구 분 | 응답수 | 비 율 |
| --- | --- | --- |
| 전혀 활용하지 않음 | 3 | 7 |
| 활용하지 않음 | 8 | 18 |
| 보통 | 28 | 62 |
| 자주 활용함 | 5 | 11 |
| 매우 자주 활용함 | 1 | 2 |
| 소 계 | 45 | 100 |
| 무응답 | 3 | |
| 합 계 | 48 | |

따라서 연변조선족 기업들이 이러한 온라인상의 화상 네트워크를 얼마나 활용하고 있는지를 아는 것은 매우 중요하다. 왜냐하면 국제화·세계화 시대에 인터넷을 통하여 사업을 하는 것은 기본요건일 뿐만 아니라 향후 기업의 성장과 발전 가능성을 알 수 있는 척도가 될 수 있기 때문이다. 또한 온라인 한상 네트워크를 구축했을 때 활용가능성을 알 수 있는 척도가 될 수 있기 때문이다. 연변조선족 기업들에게 기업활동에 '온라인 화상 네트워크' 활용정도를 물었다. 응답 결과에 의하면 연변조선족 기업들은 온라인상의 화상 네트워크를 별로 활용하지 않는 것으로 나타났다. 즉 활용한다는 응답이 13%(자주 활용함 11%, 매우 자주 활용함 2%)이며 활용하지 않는다는 응답이 25%(활용하지 않음 18%, 전혀 활용하지 않음 7%)로서 연변 지역이 소도시로써 아직 IT 분야 등 인프라 구축이 잘 되지 못한 환경 때문이라 판단된다.

## (9) 온라인 한상 네트워크 구축 시 원하는 정보

한상 네트워크는 화상 네트워크를 벤치마킹하여 구축하고자 하는 한민족 기업인들의 온라인상의 네트워크를 말한다. 즉 한상 네트워크는 미국·일본·중국·러시아 등 세계 곳곳에 퍼져 있는 700만 재외동포 중 기업을 경영하는 동포한상들과 모국인 한국 기업들과 온라인 네트워크를 통하여

수출이나 수입·투자 등을 하는 한상 사이트를 말한다. 따라서 이러한 한상 네트워크가 구축되면 한상들은 한상 네트워크에서 자유롭게 세계 곳곳에 퍼져있는 한상들 간에 수출이나 수입·투자 등을 할 수 있다. 연변조선족 기업들에게 이러한 온라인상의 한상 네트워크가 구축이 되면 얻고 싶은 정보가 무엇인지를 물었다. 응답 결과에 의하면 연변조선족 기업들은 가장 먼저 '해외한상기업의 수출입 정보'와 '중국 및 해외시장 개척 정보'를 얻고 싶어 하며 다음으로는 '해외한상기업의 기술 및 상품정보'와 '자본유치 및 투자정보' 그리고 '인력채용정보' 등의 정보를 원하는 것으로 나타났다. 결과적으로 연변의 조선족 기업들은 온라인상의 한상 네트워크가 구축되면 해외한상이나 모국인 한국 기업들의 수출입정보 및 기술 그리고 상품정보와 자본유치 및 투자정보를 알고 싶어하는 것으로 응답되었다. 따라서 한상 네트워크의 구축이야 말로 모국인 한국과 700만 재외동포를 하나로 묶을 수 있는 유일한 도구가 되며 모국과 동포가 상생할 수 있는 지름길이기도 하다.

〈표 Ⅴ-93〉 온라인 한상 네트워크 구축 시 원하는 정보 (단위: %)

〈제1순위〉

| 구 분 | 응답수 | 비 율 |
|---|---|---|
| 해외한상기업의 수출입정보 | 11 | 24 |
| 자본유치 및 투자정보 | 10 | 22 |
| 인력채용정보 | 7 | 15 |
| 중국 및 해외시장 개척 | 11 | 24 |
| 해외한상기업의 기술 및 상품정보 | 4 | 9 |
| 기 타 | 3 | 7 |
| 소 계 | 46 | 100 |
| 무응답 | 2 | |
| 합 계 | 48 | |

〈제2순위〉

| 구 분 | 응답수 | 비 율 |
|---|---|---|
| 해외한상기업의 수출입정보 | 5 | 11 |
| 자본유치 및 투자정보 | 7 | 16 |
| 인력채용정보 | 4 | 9 |
| 중국 및 해외시장 개척 | 11 | 24 |
| 해외한상기업의 기술 및 상품정보 | 17 | 38 |
| 기 타 | 1 | 2 |
| 소 계 | 45 | 100 |
| 무응답 | 3 | |
| 합 계 | 48 | |

# VI

연변조선족 기업가 단체 활동

연변에서 활동하는 개별적인 조선족 기업가들의 경영활동과 네트워크도 중요하지만 그에 못지않게 중요한 조직으로는 연변조선족 기업가협회나 연변조선족전통음식협회 등의 연변조선족 기업가 관련 단체 활동도 중요하다. 이 중 특히 연변조선족 기업가협회는 연변조선족 기업가들을 관리하고 선도하며 비전을 제시하고 다른 지역 조선족 기업가협회와의 네트워크 구축 및 정보제공 측면에서도 중요한 역할을 담당하고 있다. 따라서 아래에서는 연변조선족 기업가협회의 주요활동과 조직, 회칙 등을 알아보고 연변조선족 기업가협회 전규상 회장의 이력 및 인터뷰 내용을 소개한다.

## 1. 연변조선족기업가협회

### 1) 설립취지 및 주요활동

조선족 기업가들의 상호 간 소통에 교량역할과 유대작용을 하게 될 연합조직인 연변조선족기업가협회가 설립되었으며 협회 설립취지를 보면 연변조선족기업가협회는 연변주민족사무관리위원회가 주관하는 독립법인 자격을 갖춘 사회단체로서 연변 경제건설에 이바지하며 자치주 내의 조선족 기업가들을 단결하여 폭넓은 교류와 합작을 하며 연변조선족 기업가들의 성장과 발전을 위해 협력하고 인도하여 민족경제를 부흥시키며 연변 경제건설과 사회발전을 위해 기여하는 것을 슬로건으로 내걸었다.[1]

연변조선족기업가협회 설립대회에서는 '연변조선족기업가협회 장정'을 발표하였으며 이사, 상무이사, 회장, 부회장, 감사, 비서장, 부비서장 명단도 표결했는데 길림천우집단 이사장이며 연변주공상연합회 부주석인 전규

---

1    연변조선족기업가협회 설립취지 및 주요활동에 대한 내용은 2011년 5월 11일자 흑룡강 신문 기사를 참조하였다.

상 회장이 연변조선족기업가협회 제1대 회장으로 선출되었다.

협회의 주요 활동 예정으로는 연변조선족기업가협회 설립 후 연변 경제 및 사회발전을 위해 적극적인 활동을 펼쳐나갈 계획인데 그중 하나는 첫째, 자치주 조선족 경제사회 분야 고층포럼을 조직하여 민족기업이 연변 경제 발전 중심에서의 작용을 발휘시킬 예정이며, 둘째, 중국조선족 기업가협회 총결산대회, 중국 두만강지역 국제투자무역상담회와 장춘 동북아박람회, 세계한상대회 등 많은 국내외 경제행사에 적극 참가할 예정이다. 셋째, 또한 연변조선족기업가협회에서는 '연변 100명 조선족 우수기업가' 화보와 '연변 100개 조선족 우수기업 사이트'를 만들 계획이며, 연변텔레비전방송국과 연합으로 '사랑으로 가는 길' 애심 특별 프로도 제작할 계획이고 10명의 조선족 우수기업가들을 동북3성의 조선문 신문, 잡지 사이트에 추천, 보도한다.

### 2) 협회조직[2]

| | |
|---|---|
| 회 장: | 전규상 길림천우집단동사장, 연변주공상련 부주석 |
| 수석부회장: | 김흥천 길림연초공업유한책임회사 부총경리 |
| 부회장: | 허덕환 연변민족도서빌딩 동사장 |
| | 김명순 연변해우복장유한회사 동사장 |
| | 허진화 연변화원소방공정안장유한회사 동사장 |
| | 김봉운 연변왕달무역유한회사 동사장 |
| | 안승룡 연변대주부동산개발유한회사 동사장 |
| | 김송월 연변우의(코스모)음식유한회사 동사장 |
| | 조미화 연변보건의학미용병원 원장 |

---

2　연변조선족기업가협회의 설립취지 및 조직, 회칙 등은 연변조선족기업가협회 박준덕 비서장으로부터 보내온 자료를 수정하여 소개한다.

감사:　　　　림룡춘 연길고려원호텔 동사장

　　　　　　채순희 연변태평양미용병원 원장

　　　　　　류혜숙 연변중서의종합병원 원장

비서장:　　　박준덕 길림성아리랑매체유한공사 동사장

부비서장:　　황경자 연길시진흥무역유한회사 동사장

　　　　　　임금화 연변해외여행유한회사 총경리

　　　　　　전관룡 연변용방문화매체유한회사 총경리


## 3) 연변조선족기업가협회 회칙

### 제1장 충칙

제1조　협회 명칭은 연변조선족기업가협회(아래 협회로 간칭)로 한다.

제2조　연변조선족기업가협회는 독립적인 법인자격을 가진 사회단체이고, 연변조선족 기업가들의 연합조직이며, 연변조선족 기업가들이 서로 연결하고 교류하는 다리이자 연결고리이다.

제3조　협회 설립의 목적은 연변 경제 건설을 전체적으로 계획하고, 자치주내의 전체 조선족 기업가들과 단결하고 광범위하게 교류·협력하여, 연변조선족 기업가의 학습 및 성장, 기업의 발전에 봉사하고자 한다. 또한 이를 통해 조선족 기업가를 리드하여 민족경제 진흥, 연변 경제 및 사회발전에 기여하고자 한다.

제4조　본 협회 주소는 연길시 신흥가 121호로 한다.

제5조　등록자본금은 3만 위안이다.

제6조　법적 지위는 사회단체이다.

제7조　본 단체 업무의 주요 관리기관은 연변주 민족업무관리위원회이며, 등록기관은 연변주 민정국이다.

## 제2장 업무 범위

제8조   협회의 주요 업무는 다음과 같다.

1. 민족경제 및 지역경제의 발전을 위해, 연변조선족 기업가의 기업경영 경험을 상호 교류하고, 폭넓은 보급을 통해 연변조선족 기업가의 전체적인 소질을 제고하고, 조선족 기업가 집단의 성장과 확대를 촉진한다.

2. 연변조선족 기업가의 대변인으로서 기업가들의 애로사항을 즉시 파악하여 반영해주며, 그들의 합법적인 권익을 보호해줌으로써 정부와 기업가 사이에서 교두보 역할로 작용한다.

3. 협회 회원 간의 교류와 소통을 강화하고, 본 협회와 사회 각계단체와의 관계를 조화시키며, 협회조직의 전체적인 우세를 발휘한다.

4. 연변조선족 기업가에게 자문, 기획, 정책, 정보, 법률, 기술, 자금 등 서비스를 제공한다.

5. 자립, 자치, 자양(自養)의 발전 방침에 따라서 협회건설을 지속적으로 강화하면서 직원의 정치, 문화, 업무처리 소질도 같이 제고한다.

## 제3장 회원

제9조   본 협회의 규정을 인정하고, 회원의 권리와 의무를 이행하는 자치주 내의 조선족 기업가들이 모두 회원가입 신청을 할 수 있으며 따라서 본 협회 상무이사회 비준이 통과된 이후 정식적인 회원이 될 수 있다.

제10조   회원의 권리는 다음과 같다.

1. 협회조직과 관련된 활동에 참석할 수 있다.

2. 협회 내에서의 선거권 및 피선거권 그리고 표결권을 가진다.

3. 협회 업무에 대해 비평 및 감독할 수 있고, 의견 및 건의를 제

기할 수 있다.

4. 협회에서 제공하는 각종 서비스를 우선 누릴 수 있다.

5. 협회를 탈퇴할 자유가 있다.

제11조　회원의 의무는 다음고 같다.

1. 협회 규정을 준수하며 협회 결의를 지지 및 집행한다.

2. 협회가 위탁하는 업무를 책임지고 실행하여 협회 활동을 적극적으로 참여한다.

3. 협회의 명예를 지키고 협회 성장에 일조한다.

4. 본 협회와 관련된 상황을 반영하고, 연구성과, 조사보고 및 참고자료를 제공해준다.

5. 협회 규정대로 회비를 납부한다.

제12조　회원이 법을 어기거나 협회 규정을 준수하지 않는 경우, 협회 회장단의 결정에 따라 회원 자격을 취소할 수 있다.

## 제4장 조직기구

제13조　협회의 최고 의사결정기구는 회원대표대회이다. 회원대표대회는 매년마다 1회 개최하며 회원대회의 직권은 다음과 같다.

1. 상무이사회의 업무보고 및 재무보고를 심의 및 비준한다.

2. 협회의 업무방침, 책무 및 중요 문제를 토론 및 결정한다.

3. 규정을 제정 및 개정한다.

4. 고문, 명예회장 및 명예이사를 초빙한다.

5. 선거를 치루며 상무이사를 해임한다.

6. 중요사항을 결정한다.

제14조　회원대회는 2/3 이상의 회원이 참석해야 개최할 수 있으며 의결은 참석한 회원의 과반수 이상 표결해야 통과할 수 있다. 또한 회원대회 임기는 3년이며 특수한 상황이 있을 경우에 임원을 교체하려면, 사무이사회 표결을 통해 통과되어야 하고, 또한 주관기

관의 비준 동의를 거쳐야 된다.

제15조  협회에 상무이사회가 설치되어 있으며 상무이사회는 회원대회 폐회기간에 협회의 업무를 이끄는 역할을 한다. 상무이사회의 임기는 3년이며 원칙상 상무이사회는 해마다 1~2회의 전체회의를 해야 하며 상무이사회의 직권은 다음과 같다.

1. 협회회원대회를 기획 및 조직한다.

2. 회원대회의 결의를 집행한다.

3. 회원대회에서 토론할 의안과 당해년도 주요업무 내용을 제출한다.

4. 회장, 부회장, 상무이사를 추천하고, 명예회장, 고급 고문, 고문을 초빙하며, 회장 혹은 회장의 위탁을 받은 상무부회장의 지명에 의해 비서실장을 확정한다.

5. 회비 수지 상황을 심의한다.

6. 각 의안을 심의 및 처리한다.

7. 당 연도 업무계획과 기타 중요사항을 확정한다.

8. 회원가입을 비준한다.

제16조  상무이사회 아래 비서실을 설치한다. 상무부회장 아래에 비서실장 책임제를 실시하며, 협회의 일상 업무를 처리한다.

제17조  상무이사회는 2/3 이상의 상무이사가 참석해야 개최할 수 있으며 그 결의는 참석한 상무이사의 2/3 이상이 표결 동의해야 통과될 수 있다.

제18조  상무이사회의 임기는 3년이며 원칙상 매분기당 1번 회의하며 특수 상황일 경우, 회장 및 집행회장 허가에 의해 앞당겨 개회할 수도 있다.

제19조  연변조선족기업가협회는 회장제를 채택하는데 집행회장의 직권으로는 협회 일상 주요업무 책임과 비서실 작업 지도, 상무이사회의 소집, 협회 관련 활동 조직 등이다. 집행회장은 상무이사 및

이사회 회원 중에서 선출하며 임기는 6개월이다.

제20조　회장판공회의제도를 실시하는데 매년 2차례의 회의를 개최하며 협회의 중요사항과 인사변경을 논의한다.

제21조　연변조선족기업가협회 회장, 부회장, 비서실장은 아래와 같은 조건을 갖춰야 한다.

　　1. 당의 노선과 방침 및 정책을 견지하고 정치적 소양이 높아야 한다.

　　2. 협회 업무영역 내에서 비교적 큰 영향을 가진 자여야 한다.

　　3. 회장, 부회장, 비서장의 최고 재임 연령은 만60세이다.

　　4. 신체 건강하며 정상적으로 근무할 수 있어야 한다.

　　5. 정치권력 박탈이나 형사처벌 받은 경험이 없어야 한다.

　　6. 완전적인 민사 행위 능력을 가져야 한다.

제22조　연변조선족기업가협회 회장, 부회장, 비서실장 임기는 2년이고, 특수한 상황에서 임기연장이 필요할 경우에는 상무이사회 회의 2/3 이상의 회원의 표결 동의를 통과해야 되고, 또한 주관 기관의 비준 허가를 받아야 할 수 있다.

제23조　연변조선족기업가협회 회장은 본 협회의 법정 대표자이다.

제24조　연변조선족기업가협회 회장은 아래와 같은 직권을 행사한다.

　　1. 회장판공회의 및 상무이사회의를 소집 및 주관한다.

　　2. 회원대회, 사무이사회 결의의 실행 상황을 점검한다.

　　3. 협회를 대표하여 중요 문건에 서명한다.

제25조　연변조선족기업가협회는 비서실을 설치하며 비서실장 책임제를 실시한다. 또한 비서실장이 회장 및 집행회장 밑에서 일상적인 업무를 처리한다. 비서실의 주요 업무는 다음과 같다.

　　1. 일상 업무 처리와 연도 업무계획을 조직 및 실시한다.

　　2. 상무이사회의 결의를 집행한다.

　　3. 회원에게 연락하고 구체적인 서비스를 제공한다.

4. 충원 또는 업무 기구 등에 필요한 전임 요원의 임용을 결정한다.

5. 기타 일상 업무 처리를 돕는다.

## 제5장 자산관리

제26조　연변조선족기업가협회 경비 조달사항

　　　1. 회원 회비

　　　2. 기업과 사업 기관 및 사회단체의 기부 또는 개인 기부

　　　3. 허가된 범위 내에서 활동 혹은 서비스제공을 통해서 얻은 수입

　　　4. 이자

　　　5. 기타 합법적인 수입

제27조　연변조선족기업가협회는 국가 관련 규정에 따라 회원회비를 수취할 것이다.

제28조　연변조선족기업가협회 경비는 본 규정에서 규정된 업무와 사업 발전에 지출되어야 되고 회원에게 분배되지 못한다.

제29조　연변조선족기업가협회는 엄격한 재무관리제도를 설치하고, 회계자료의 합법성, 진실성, 정확성 및 완전성을 보장한다.

제30조　연변조선족기업가협회는 전문적 자격을 가진 회계직원을 채용하는데 회계직원은 출납을 겸임할 수 없다. 따라서 회계직원은 회계정산을 해야 하며 회계감독을 실시해야 된다.

제31조　연변조선족기업가협회의 임원 교체 혹은 법정대표자 교체 전에 사단 등록 관리기관과 업무 주관기관의 재무회계 감사를 받아야 한다.

## 제6장 규정 수정

제32조　연변조선족기업가협회의 규정 수정은 상무이사회 표결 동의를 통과하고, 다음에 회원대회의 심의를 통과해야 실시할 수 있다.

제33조　연변조선족기업가협회의 수정된 규정은 회원대회에서 통과된

후 15일 이내에, 업무 주관기관의 심사동의를 받고, 다음에 사단
등록 관리기관의 비준을 받은 이후에야 발효할 수 있다.

### 제7장 중지

제34조　연변조선족기업가협회 임무 완성 혹은 자체 해산이나 분립 또는 합
　　　　병 원인으로 말소해야 할 경우 상무이사회명의로 해산 제출한다.

제35조　연변조선족기업가협회 해산 제안은 이사회원대회 표결 동의를
　　　　통과해야 되고, 또한 업무주관기관 심사 동의를 받아야 된다.

제36조　연변조선족기업가협회 해산 전에, 업무주관 단위나 기관의 지도
　　　　아래 청산 소조를 성립하여 채무청산, 사후처리를 해야 한다. 또
　　　　한 청산 기간에 청산 이외의 활동을 진행하지 않는다.

제37조　연변조선족기업가협회는 사단등록 관리기관을 통해 말소등록
　　　　절차를 완성한 후에 해산될 수 있다.

### 제8장 부칙

제38조　협회 규정의 수정은 이사회로 초안을 제출하고 회원대회 2/3 통
　　　　과를 통해 발효를 한다.

제39조　본 규정에 대한 해석권은 연변조선족기업가협회의 상무이사회
　　　　에 소유된다.

제40조　본 규정은 사단등록관리 기관에서 심사 비준하는 날부터 발효된다.

## 4) CEO 프로필 및 미래비전

### (1) 전규상 회장 프로필[3]

- 1953년 11월 27일　　　도문시 출생
- 1973년　　　　　　　　길림성건축공정학원 졸업

---

3　http://yanbian.moyiza.com(2012.5.1) 소개자료 참조.

- 1973~1987년 　　　　　연변건축총공사 가설공사 기술원 대장 경리
- 1987~1989년 　　　　　상해동제대학 경제관리학원 연수
- 1989~1992년 　　　　　연변가설공사 경리
- 1992~1993년 　　　　　연변건축공사 부총경리
- 1993~1999년 　　　　　연변건축총공사 총경리
- 1999~2010년 　　　　　길림천우건설그룹 총재

## (2) 사회활동

- 중국건축업협회 이사
- 길림건축업협회 상무이사
- 중국조선족과학기술자협회 경제고문
- 연변조선족자치주 인대대표
- 연변인대자원환경관리위원회 부주임
- 연변조선족기업가협회 회장
- 중국국제상회 연변상회 부회장
- 연변공상련 부주석

## (3) 천우그룹 주요 실적

- 천우그룹 산하 17개 회사 연간 생산총액 6억 위안 돌파, '전국신용기업' 전국 '고객 만족 시공기업'으로 부상
- 국제시장 진출 및 국제무역 광산개발, 노무송출동의로 1억 달러 영업액 창출
- 총액 3.5억 위안 건축면적 15만$m^2$ 천우생태가원 개발, 1,600세대 입주한 새 거주문화 창조, 연변건축시공 1/4 완수 연변건축업계 거두로 부상

## (4) 전규상 회장 인터뷰

중국 연변조선족기업가협회를 이끌고 있는 전규상 회장은 중국의 조선

족 사회가 중대한 기로에 놓였다고 진단하면서도 슬기롭게 극복할 수 있을 것으로 낙관했다. 그는 조선족의 대거 유출로 연변조선족자치주의 지위가 흔들리는 것 아니냐는 일간의 우려에 대해 "지나친 기우"라고 잘라 말하면서 조선족 공동체의 협력과 상생을 위해 조선족 기업가협회가 적극적인 역할을 하겠다고 밝혔다. 또한 전 회장은 "궁극적으로 국제적인 한민족 네트워크가 형성돼야 한다."며 "한국 기업들이 더 많은 관심과 애정을 갖고 연변에 투자하는 것이 중요하다."고 강조했다.

다음은 전 회장과의 인터뷰내용을 구체적으로 소개한다.[4]

Q 한중 수교 이후 연변조선족 사회에는 어떤 변화가 있었나?

A 연변의 경제가 한 단계 도약했다. 한국 정부의 방문취업제 시행에 따라 많은 조선족이 한국에서 외화를 벌어들여 집을 장만하고 중국에 돌아와 사업할 종잣돈을 확보할 수 있었다. 한편 연변자치주의 경제적 토대를 구축하는 데도 큰 도움이 됐다. 또한 중국 내 조선족의 위상이 올라간 것도 이런 경제적 발전과 선진국 대열에 진입한 한국이 있었기 때문에 가능했다.

Q 한국 진출이 조선족 사회에 끼친 부정적인 면들도 있다는데?

A 이혼이 늘어나는 등 가족 해체 현상이 나타나고 연변의 조선족 인구가 급감했다. 농촌지역에서는 조선족을 찾아보기 어려운 실정이다. 한국에서 일하는 부모가 보낸 돈으로 풍족하게 생활하는 젊은이들이 힘든 일을 기피하는 현상도 나타나고 있다. 그러나 중국이 급속한 산업화를 겪는 과정에서 생기는 일반적인 현상이지 조선족만의 문제는 아니다. 농민공들이 동부 연안으로 몰리면서 중국의 서부지역에서도 비슷한 문제가 나타나지 않나. 이농 현상은 바꿔 생각하면 조선족이 한국과

---

4  전규상 회장과의 인터뷰는 2011년 7월 8일 연합뉴스 박종국 특파원이 인터뷰한 내용을 소개한다.

중국 전역으로 뻗어가고 있다고 긍정적으로 해석할 수도 있다.

Q 조선족의 감소로 연변의 자치주 지위가 흔들리고 있다는 우려도 있다.

A 중국에 55개 소수민족이 있으며 조선족보다 훨씬 인구가 적은 소수민족도 여전히 자치정부를 이루고 있다. 일각에서 조선족자치주의 해체를 우려하고 있지만 중국 중앙정부의 소수민족정책은 쉽게 바뀌지 않을 것이며 조선족자치주가 사라지는 일도 없다고 본다. 중요한 것은 조선족 공동체의 결속력 강화와 경제적·문화적 수준의 향상이다.

Q 중국 내 조선족 공동체가 정체성을 유지, 발전시킬 방안은 무엇이라고 보는가.

A 올해에 들어 조선족 기업가협회가 중국 전역에서 잇달아 발족하고 있다. 동북 3성에서 더 나아가 베이징과 상하이, 다롄 등에서 속속 지회가 결성되고 있다. 내년까지는 중국 전역에 30여 개의 조선족 기업가협회가 창립된다. 이 협회는 단순한 기업인 사교모임이 아니다. 인적 네트워크를 공고히 해 조선족이 상생할 길을 모색할 것이다. 조선족의 우수성을 알리고 2세들의 정체성 확립이나 우수 인재 육성을 위한 다양한 프로그램을 펼칠 것이다. 기업가협회가 구심점이 돼 결속하고 서로 돕는다면 조선족 공동체가 한 단계 발전할 수 있으리라 믿는다.

Q 한국과 중국의 조선족 사회가 상생할 수 있는 길은 무엇이라고 보나?

A 소수민족 문제는 중국에서 민감한 사안이다. 섣불리 접근했다가는 오히려 한·중 관계만 악화시킬 수 있다. 민간 차원의 2세들을 위한 교육지원과 교류 증진이 필요하다. 상생하려면 신뢰구축이 중요하며 그러기 위해서는 자주 만나 소통해야 하지 않겠나. 한국 기업들의 적극적인 투자가 이뤄진다면 고향을 등진 조선족들을 불러들일 수 있다. 한국 기업들이 더 많은 애정과 관심을 두고 연변을 비롯한 동북지역에 적극적으로 진출했으면 하는 바람이다. 한국 정부가 방문취업 등 재외동포의 취업과 관련해 포용정책을 더욱 확대하는 것도 필요하다고 본다.

## 2. 연변조선족전통음식협회

아래에서는 연변에서 중국 전역을 대상으로 조선족 전통음식을 소개하여 한식의 세계화에 앞장서고 있는 연변조선족전통음식협회를 소개한다.

### 1) 한중 수교와 연변조선족 음식업의 발전

그동안 연변에서 각광받는 브랜드로는 가무와 축구 그리고 사과배를 꼽아왔다. 그런데 중국조선족의 이민생활 100여 년 중 경시할 수 없는 것이 중국조선족의 전통음식업이다. 어떻게 보면 이는 인간이 살아감에 있어서 가장 기본적이고도 가장 근본적인 것이라고도 할 수 있다. 중국조선족 문화의 집산지라고도 할 수 있는 연변의 음식문화 역시 조선족의 정착생활과 함께 발전하여 왔다. 연변조선족전통음식협회에 따른 중국조선족 음식문화의 발전상황을 살펴보면 주로 네 단계로 나눌 수 있었다.

첫 번째 단계는 조선족 음식문화 맹아시기의 단계이다. 이민초기 조선족 음식업은 주로 주막집이거나 이동식 주막집 형태였다. 말 그대로 길 떠나는 행인들이 잠시 거쳐서 술을 마시거나 허기를 달래던 곳이었다. 그러다가 1922년 훈춘에 국밥을 위주로 하는 '충무식당'이 서면서 단골손님까지 있는 음식업이 생겼고 그 뒤로 연변 각지에 '냉면옥'과 '국밥집'이 계속적으로 들어섰다.

두 번째 단계는 위만주국 시기로서 당시 일제의 약탈정책이 심화되면서 육류나 쌀과 면류와 주류에 이르기까지 모두 식료품 배달제를 실시했기에 음식점의 업주마다 잉여식량과 부식품이 없어서 더는 영업을 할 수 없었고 연변의 음식업은 정체상태에 놓이게 되었다.

세 번째 단계는 사영음식업이 국영음식업으로 전환되던 시기로, 해방으로 갓 회복됐던 연변내 도합 58개인 사영음식업이 국유업체로 넘어가기 시작하였으며, 1952년에는 연길에 첫 국유식당인 '연길식당'이 서면서 뒤따라

각 현시에도 국유식당이 들어섰으며, 1959년에 이르러 연변의 국유 및 집체 음식업체는 전 음식업체의 94.5%를 차지했다. 당시 연변의 개체음식점은 8개소밖에 되지 않았으며 그 뒤 문화혁명으로 음식업은 마비상태에 처해지게 되었다. 따라서 전통음식점과 간이음식점은 모두 사라지게 되었고 종류도 적었으며 서비스의 질이 낮아 돈이 있어도 사먹기 힘든 상황이었다.

네 번째 단계는 1979년 개혁개방 이후 사영음식업이 허락되자 한 시기 잠적됐던 전통음식업도 회복되기 시작하던 시기이다. 집계에 따르면 개혁개방 몇 년 뒤인 1986년에 이르러 연변의 사영음식점은 2,662개 호에 달하면서 이미 조선족 전통음식업이 흥성 발전할 수 있는 환경이 기본상 형성되었다. 그 뒤 개혁개방 정책의 실시와 한중 수교가 되면서 이전에는 별로 들어보지도 못했던 '찌개', '무침', '전골' 등 전통음식도 연달아 선보이면서 조선민족의 전통음식이 새롭게 각광받는 음식문화로 떠올랐다. 특히 2003년 중국 대륙에 사스가 범람할 때 과학적 증명은 없었지만 얼큰하고 시원한 조선족 김치가 '사스 예방음식'으로, 연변의 타 민족은 물론 한족들까지 최고의 건강식품으로 입지를 굳히기도 했다. 현재 연변 내에서 순 조선족 전통음식업을 운영하는 업체는 300여 개 호인데 이 300여 개 호의 음식은 모두가 개별적으로 특색이 있어서 그 특색을 즐기는 단골소비자 집단이 형성되어있는 상황이다. 그리고 타 민족의 음식인 '양고기산적'과 '자장면' 등도 우리 민족의 입맛에 맞게 재개발되어 타 민족의 '원조음식'보다 더욱 환영받고 있는 것도 사실화됐다. 중국조선족의 이런 음식문화는 중국 내에서는 물론 멀리 한국에 가서도 그 독특한 풍미로 각광을 받고 있다.

한편 연변조선족전통음식협회 김순옥 협회장의 말에 따르면 세계 여러 나라와 중국 내 대도시들인 북경, 상해, 청도와 같은 곳에서 대환영을 받고 있는 우리 조선족 전통음식이 연변 본토에서 외면당하고 있는 상황이라고 한다. 최근 몇 년 들어 젊은이들로부터 고유의 차류보다 커피와 콜라에 젖어들고 있고 맛도 모르는 채 위스키나 맥주에 취하고 있는가 하면 애들 또한 떡보다는 케이크를, 김치나 부침개보다는 피자와 햄버거, 핫도그 등을 선호하여 조선족 전통음식이 빛을 잃어가고 있는 실정이지만 우리 조선민족의 전통음식은 그 맛이나 영양가 및 그 빛깔 양상에 있어서 타 민족의 음식에 비해 조금도 떨어지지 않는 우수한 음식임을 자타가 인정하고 있다.

전통음식의 우수성을 세상에 알리기 위해 연변조선족음식협회 김순옥 협회장은 그동안 많은 노력을 경주해왔다. 우선 몇 년간 심혈을 기울여서 중국조선족음식문화사상의 이정표가 될 수 있는 대형 저서『조선족 전통음식』과『조선족 전통김치』를 펴내어 중국조선족 음식문화를 정리하여 국내와 해외의 음식업체 인사들로부터 큰 호응을 받았다. 이어서 협회 산하에 '주부교실'로 명명된 조선족 전통요리 강습반을 개선하여 지금까지 연 인원수로 500여 명의 강습생을 양성해냈는가 하면 조선족 전통요리 기술표준을 제정하여 초급, 중급, 고급과 특급 등 네 개 단계로 된 조선족 요리사 자격제도를 실시하는 것에 관한 신청서를 국가해당부처에 제출하여 조만간 허가증이 나올 전망이다.[5]

## 2) 연변조선족전통음식협회의 연혁 및 주요사업[6]

### (1) 협회소개

백두산 아래 아름다운 변강도시 연길시 중심에 자리 잡고 있는 연변조선족전통음식협회는 중국 정부에 공식 등록된 사단법인으로서 우리 민족의 지혜와 조상들이 쌓아온 오랜 경험의 산물인 전통음식에 대한 연구, 개발과 대중화보급을 통해 우리 민족의 우수한 식문화를 계승, 발전시키는 것을 목표로 설립된 전문단체이다. 협회에서는 한식요리교육원을 중심으로 조리사 교육, 서비스 교육, 경영자 교육 및 창업교육을 진행하며 업주들 간의 상호교류를 통하여 조선족 전통음식에 대한 문화적·영양학적 가치정립 및

---

5  조글로미디어(www.zoglo.net) 김군철 기자 작성 기사 참조.
6  연변조선족전통요리협회 소개책자(2011.10), p. 2.

맛과 영양의 고급화, 조리법의 다양화를 목표로 하고 우리 민족의 식문화와 더불어 음식과 건강에 대한 의도적인 연구를 진행함으로써 후세들에게 우리 전통음식과 문화에 대한 긍지와 자부심을 심어주고, 더 많은 사람들에게 중국 속에 아름다운 우리 민족 음식문화의 우수성을 알리는 기관이자 공간으로 발전해나가고 있다.

## (2) 조직도

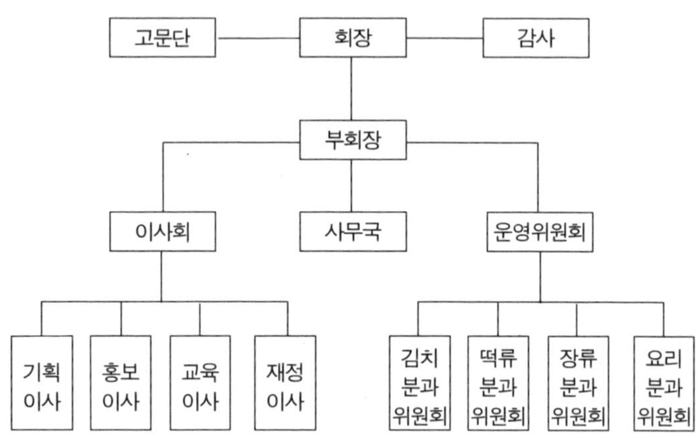


〈그림 VI-1〉 연변조선족전통음식협회 조직도

## (3) 연변조선족전통음식협회 김순옥 회장 인터뷰

① 프로필7

- 1980년 7월~1984년 9월　　연변대학법률학부 법학사
- 1980년 7월~1986년 9월　　상하이 화동정법대학원 헌법학 전공
- 1980년 7월~2003년 2월　　연변조선족자치주 법조계 근무
- 2003년 5월~현재　　사회복지법인 연길진달래요양원 설립, 현임원장

---

7　흑룡강신문(2011.10.17) 윤운걸 길림성 특파원의 인터뷰 기사 소개.

- 2006년 7월~현재　　　　사단법인 연변조선족전통음식협회 설립, 현임원장
- 2007년 2월~현재　　　　연길아리랑방송, 연변TV, 베이징중앙인민방송에 정기 출연, 식이요법 강좌 및 전통음식문화 홍보 프로그램 담당
- 2008년 1월　　　　　　　『흔히 보이는 질병과 식이요법』 출간
- 2008년 9월　　　　　　　『조선족 전통요리』, 『조선족 전통김치』 출간
- 2010년 9월~현재　　　　연변대학농학원 식품과학공정학과 객원교수
- 2011년 8월　　　　　　　중국 최초 '한식요리 아카데미' 오픈

② 설립동기

"법학을 공부한 사람이 어떻게 우리민족 전통음식에 심혈을 기울이게 되었는가."라는 질문에 김순옥 회장은 이렇게 대답했다. "어릴 때 꿈은 의사였다. 2003년에 퇴직한 후 뭔가 양심적이면서도 체질에 맞는 일을 하고 싶다는 생각이 간절했다. 그래서 음식과 건강에 관련된 일을 하고 싶어서 연변조선족자치주 연길시 모아산 기슭에 식이요법 요양원을 설립한 것이 큰 계기가 됐다. 무엇보다도 음식으로 사람의 건강을 지킬 수 있다는 것을 깨달았다. 중화요리나 서양요리가 아닌 김치, 된장 등 우리 무공해 음식들을 접하게 되면서 수많은 암 환자와 성인병 환자들이 몸이 좋아지는 것을 보고 조상들께 물려받은 우리 민족 전통음식에 깊은 매력을 느끼게 되었다. 조선족 전통요리인 한식을 배우려는 한족들도 점점 늘어났다. 그런데 문제가 생겼다. 조선족 음식을 가르칠 수 있는 한식조리사 자격증 소지자가 중국에는 하나도 없었기 때문이다. 한식조리사 자격증을 가지고 있으면 조선족 전통요리도 금방 할 수 있다. 그런데 강사들을 모집했더니 지원자들마다 갖고 온 강사 자격증이 중화요리 자격증뿐이었다. 그래서 정부 노동부에 문의했

더니 중국에는 한식조리사 자격증을 가진 사람이 없다고 했다. 그래서 조선족들보고 한식조리사 자격증 심사표준을 하나 만들라고 했는데도 어느 누구도 관심을 안 보였다고 하면서 지금이라도 한국에 있는 한식조리사 자격증 심사표준을 그대로 중국 노동부에 보고하면 그것을 표준으로 삼겠다며 정부 담당자가 아이디어를 전해주었다."

조선족을 포함하여 재중국 한인의 수가 300만 명에 가깝고, 호텔과 시내에 그렇게 한식당이 많이 있지만 중국 정부가 인정하는 한식조리사 자격증을 가진 조리사가 한 명도 없다는 것은 충격적인 일이었다. 그래서 조선족 전통음식문화를 발전시킬 수 있는 전문단체가 필요하다는 생각을 갖게 되었다. 이런 생각이 무르익다 보니 김순옥 회장은 2009년부터 중국 '연변 한식요리 아카데미' 설립을 추진하게 되어 드디어 올해 8월에 연길시에 중국에서 최초로 '연변 한식요리 아카데미'를 오픈하였으며 현재 수강생들이 이곳에서 한국 전통음식에 관한 지식을 열심히 공부하고 있다.


③ 한식의 보급에 앞장서는 조선족

"조선족은 언어적 우세와 지역 및 문화적 특징으로 앞으로 동북아지역의 평화와 협력에 있어 주요한 자원으로 활용될 수 있는 핵심 매개체이며, 인재들이다. 더욱이 중국어와 한국어에 능통한 조선족은 통역이 필요 없는 자산들이기에 중국과 한국의 가교 역할을 누구보다도 잘할 수 있을 뿐만 아니라 우리 민족의 얼과 전통을 반드시 살리는 첨병역할을 할 수 있다."고 김순옥 회장은 설명하고 있다. 그러면서 그는 "현재 중국 내 조선족은 150여 년 되는 역사를 가지고 살아오면서 우리 민족의 음식문화를 고스란히 지켜왔다. 조선족 음식은 한식과 기본적으로 같으나 한국의 지방마다 특색이 있듯이 조선족 음식은 지리적으로 가까운 함경도 지역 특색을 많이 띠고 있다."고 설명한다. 조선족 음식문화는 또한 한반도의 음식문화와 중국 음식문화가 잘 융합된 형태의 음식문화 구조를 가지고 있어 한중 관계발전과 "한식세계화"에 독특한 역할을 하고 있다. 현재 조선족이 진출한 중국의 어느 곳이든 우리 전통식당을 볼 수 있다.

요즘 중국에서는 많은 한족들이 조선족의 영향으로 김치와 된장을 선호하고 있으며 현재 연변에만 한식당이 300개가 넘는다. 그래서 연변조선족전통음식협회는 해마다 '서울국제음식박람회'와 '세계한상대회'에 참석하여 한국의 음식문화를 배우고 한국의 우수한 제품들을 대량 수입해온다. 이 협회에서 1년에 수입해 오는 물량은 한 개 업소에서 많게는 한화로 1억 2,000만 원, 적게는 4,000만 원 정도의 식재료, 주방가구, 장식재료 등이라고 한다.

김순옥 회장은 이미 한식요리사 자격증 인증 제도를 도입할 것을 중국 정부에 제기하여, 연변조선족자치주 인민대표대회에서 통과하였고, 길림성 정부를 거쳐 국가 노동부에 보고했다. 이제 머지않아 중국 정부 차원에서 한식요리사 자격증 인증제도를 시행할 것이라고 설명했다.

### ④ 연변의 한식요리아카데미

김 회장은 "한식의 세계화는 단순히 메뉴 및 조리법의 표준화만으로 성공할 수 있는 것은 아니다"라며 "가장 중요한 것은 전문 인재를 양성해야 하는 것이다"라고 했다. 그러면서 그는 특히 조리사, 경영자, 서비스 관리자, 운영관리, 한국음식 예절 등에 대한 내용을 제대로 보급해야 한다고 했다. 그래야만 제대로 된 한국 문화를 보급할 수 있고 세계 속에 아름다운 우리 민족의 음식문화를 자랑할 수 있다고 했다. 그동안 협회에서는 작은 규모의 '한식요리교실'을 개설하여 중국 내 주부들에게 한식조리법을 가르치기 시작했다. 그러자 베이징, 상하이, 광저우 등 큰 도시에서 한족들이 김치 만드는 법을 배우러 찾아왔으며 최근에 목단강, 하얼빈, 대련, 내몽고, 신장 등 여러 곳에서 한식당을 해보고 싶다는 사람들이 창업교육을 받으려 찾아오고 있다. 그러나 협회의 힘으로는 아직 창업교육을 하기엔 많이 부족한 실정이다.

앞으로 지금의 작은 규모의 '한식 요리교실'을 기초로 하여 '한식 세계화'와 더불어 좀 더 규범화된 교육 시스템을 만들기 위한 강사가 절대적으로 필요한 실정이다. 다행히 '한국농수산물유통공사'를 통해 여러 가지 정보와 자료를 얻을 수 있지만, 한식 전문강사 양성에 더 큰 기대를 걸고 있다고 그는 설명한다. 특히 거대한 중국 시장을 개척하기 위해서는 한식조리사 양성 교육에 필요한 강사배출이 시급하다. 중국 시장 개척을 위한 한국 정부와 관련 단체의 적극적인 지원과 협조가 필요하다. 또한 중국 조선족들이 한국에서 한식에 대한 교육과 훈련을 받을 수 있도록 체계적인 교육 프로그램 운영과 지원이 이루어져야 할 것이다. 그리고 한식의 세계화에 필요한 한식 관련 교재, 홍보자료 등의 최소한의 지원이 필요한 시점이다.

김 회장은 "우리 민족 전통음식의 세계화 길을 걷자면 최대시장 중국에 대한 재인식을 통해, 중국조선족을 활용해야 한식의 세계화가 이루어진다." 라고 말했다. 김 회장은 협회 설립 후 한식조리사 자격기준부터 세웠다. 그리고 한식조리사 자격표준을 작성해 중국 노동부에 제출했다. 우리 음식문화를 전파하는 좋은 계기로 삼기 위해 규모는 작지만 자격증 코스인 조선족 전통요리교실도 개설했다. 그런데 문제는 중국어로 된 요리교재가 하나도 없는 것이었다. 중국인들이 한국어 책을 읽을 수도 없을 뿐더러 식재료와 소스 관련 단어들이 거의 영어식으로 되어 있어 이해하기가 매우 힘들었다. 또한 조선족 음식과 한국식 음식은 맛이 좀 다르다. 그래서 1년 동안 거쳐 『조선족 전통요리』, 『조선족 전통김치』라는 책을 중국어와 한국어로 출간하게 된 것이다.

그는 조선족요리 전문서적을 직접 출간하게 된 이유를 다음과 같이 밝혔다. "조선족 음식 제조규범을 발전시키자는 것과 중국인들에게 한식문화를 보급하자는 이유이며 조선족이 처음으로 조선족 자본으로 한식 관련 서적을 출판했다는 것을 정부에서도 높이 평가하고 있다. 한편 한국 재외동포재단 한상팀에서 출판비용으로 5,000달러를 지원해주어서 매우 감사하게 사용했다. 우리 음식문화만 잘 지켜도 우리 민족과 우리 뿌리를 얼마든지 지킬 수 있다. 우리의 고급문화를 중국인들에게 전파하면 되는 것이다. 지금 한식에 대한 인기가 대단히 높아서 베이징, 상하이, 하얼빈 등지에서 우리 음식을 배우려고 많이들 찾아오고 있다."고 김 회장은 힘주어 말하였다.

⑤ 향후 추진사항

"일단 교재문제는 해결이 되었다. 이제 한식조리사를 양성하는 전문학교를 연길에다 세웠기에 한국말과 중국말 두 가지 모두를 구사하는 요리강사들을 배출하여 전국에 보급할 계획이다. 그러기 위해서는 한국에서 우수한 강사들이 와야 한다. 또한 우리 조선족 전통음식 연구소나 박물관을 세워 후세들에게 우리 음식문화를 널리 알려야 한다. 협회에서는 음식을 단순히 먹는 것으로만 보지 않고, 우리 문화를 지키는 고귀한 유산으로 보고 사업을 추진할 예정이다. 조선족 대부분은 한국 때문에 더 잘살게 됐다는 것은 의심할 나위가 없다. 사실 중국 내 다른 소수민족과 달리 조선족들에게는 자기 언어가 있고, 자기 문화가 있고, 독립된 모국이 있다. 연변에서의 다수 조선족은 물론 한족도 먹는 것과 입는 것이 모두 한국 제품이다. 한국 문화가 모두 연변을 통해 중국 전역으로 퍼져나간다. 그리고 조선족은 한국에서 돈만 버는 것이 아니라 어깨너머로 한식 요리기술도 배우고 관리자 교육도 받고 그대로 전수해서 중국에 수출하는 민간외교관 역할도 수행하는 것이 바람직하다"고 하면서 재한조선족에 대한 충고도 잊지 않았다.

연변조선족전통음식협회에서 발족한 '한식요리 아카데미' 개업식에서 고용 연변정치협상회 주석은 "연변에 한식요리 아카데미가 설립된 것은 민족음식 보급과 발전에 큰 의미가 있고 한중 교류에서도 훌륭한 교량 작용을 할 것이며 나아가서는 연변의 경제발전에도 큰 도움이 될 것이다."라고 했다. 중국 사회에서 우리 민족의 음식문화를 중시한다는 게 매우 자랑스러움을 느꼈다.

## (4) 연변조선족전통음식협회 연혁[8]

- 2011년 3월　　연변조선족자치주 상무국과 연변자치주민정국 민간조직관리국의 비준을 거쳐 '연변조선족전통음식협회'로 개칭

---

8　연변조선족전통요리협회 소개책자(2011.10), p .7.

- 2010년 12월  제2회 대한민국 한류산업대상 시상식에서 연변조선족 전통요리협회가 '한류음식부분 특별상' 수상
- 2010년 11월  농수산물유통공사 초청으로 해외 한식당협의체 워크숍 2명 참석
- 2010년 10월  제9차 세계한상대회 25명 대표 참석(대구)
- 2010년 9월  미국 LA한인축제재단 초청으로 6명의 대표 LA 방문
- 2010년 8월  제6회 연길투자무역박람회 연계 전통음식 문화홍보 진행, 연길진달래광장에서 떡메치기 시연, 김치 만들기 체험 및 강좌
- 2010년 7월  중국글로벌한상대회 참가, 한식세계화축제에서 김치대회 진행
- 2010년 6월  상하이엑스포 48명 참가, 중화미식거리에 연변 전통음식 대대적으로 홍보
- 2010년 4월  법무부 재외동포정책간담회 참석(서울)
- 2010년 4월  세계관광음식박람회 및 국제요리경연대회 21명 대표 참석
- 2009년 10월  제8차 세계한상대회 35명 대표 참석(인천)
- 2009년 10월  법무부 재외동포정책간담회 참석(서울)
- 2009년 8월  김순옥 회장 세계한민족여성대표대회 참석(인천)
- 2009년 8월  인천도시축제 5명 대표 참석(인천)
- 2009년 1월  한식조리사 인증제도 도입을 위한 '조리사 기능감정표준'을 재정 및 국가노동부에 신청
- 2008년 11월  김순옥 회장 북경중앙인민방송국 조선말 방송 프로그램에 출연, 매주 금요일마다 식이요법 강좌 및 우리 음식문화 홍보 진행
- 2008년 10월  제7차 세계한상대회 40명 대표 참석(제주도)
- 2008년 10월  제3회 서울국제음식산업박람회 15명 대표 참가, 한국

<table>
<tr><td></td><td>외식산업연구소 방문 및 상호 교류</td></tr>
<tr><td>• 2008년 9월</td><td>요리책 발간식 성대히 거행, 자치주정부 주요 지도자들과 심양총영사관, 한국음식업중앙회 대표단 등 해외 귀빈들 참석</td></tr>
<tr><td>• 2008년 7월</td><td>중 · 한 대역 『조선족 전통요리』, 『조선족 전통김치』 요리책 발간</td></tr>
<tr><td>• 2008년 6월</td><td>일본 음식문화 탐방 12명 참석(오사카, 나고야, 요코하마, 교토, 도쿄 등 지역 방문)</td></tr>
<tr><td>• 2008년 5월</td><td>연변TV 방송, 연변라디오 방송 프로그램에 정기적 출연. 식이요법 강좌 및 우리 음식문화 홍보 진행</td></tr>
<tr><td>• 2008년 1월</td><td>김순옥 회장 『흔히 보는 질병과 식의요법』 책 출간</td></tr>
<tr><td>• 2007년 11월</td><td>연길 아리랑방송 프로그램에 정기적 출연. 식이요법 강좌 및 우리 음식문화 홍보 진행</td></tr>
<tr><td>• 2007년 10월</td><td>제6차 세계한상대회 4명 대표 참석(부산)</td></tr>
<tr><td>• 2007년 10월</td><td>제2회 서울국제음식산업박람회 12명 대표 참석 및 한국전통음식연구소 방문</td></tr>
<tr><td>• 2006년 10월</td><td>제1회 서울국제음식산업박람회 10명 대표 참가</td></tr>
<tr><td>• 2006년 7월</td><td>연변조선족전통요리협회 설립 및 사단법인 등록</td></tr>
</table>

## (5) 연변조선족전통음식협회의 주요 사업 및 비전

### ① 주요 사업

연변조선족전통음식협회는 전통음식의 보급과 발전을 통하여 우리 민족의 건강을 지키는 데 최선을 다한다. 예를 들어 전통음식에 관심 있는 모든 업체와 개인회원들을 하나로 묶어주는 매개체가 되어 회원들이 하고 싶은 이야기를 마음껏 할 수 있고 궁금증을 해결할 수 있는 공간을 제공한다. 또한 전통음식 업체들에 실제 존재하는 애로사항, 이를테면 세금문제, 불합리한 가격문제, 구인난 문제, 영업환경 개선, 정당한 권리 찾기 등에 적극적으로 나선다. 그리고 업주 및 예비 창업자들을 위한 기능교육, 요리경연을 통하여 우수한 인재를 양성하고 발굴한다. 한편 회원들 간의 정보교류와 해외 견학, 고찰을 정기적으로 조직하며 전통음식 연구, 상품개발 및 세미나를 개최하고 향토음식의 재현과 발굴 및 대중화 연구에 힘쓴다.

② 비전

연변조선족전통음식협회는 중국 13억 인구를 대상으로 아름다운 우리 음식문화를 자랑하는 선구자로서 연변 지역 경제발전에 적극 기여하며 중·한 친선교류의 가교 역할을 할 것이다.

### 3) 연변조선족전통음식협회 회원사 [9]

아래에서는 연변조선족전통음식협회 회원사이자 연변에서 조선족 전통 음식으로 서비스업을 경영하는 연변조선족 음식서비스업을 소개한다.

### (1) 연길우의유한회사

| 회사명 | 연길우의유한회사 | 대표자명 | 김송월 |
|---|---|---|---|
| 소재지 | 길림성 연길시 신흥가 778호 | 전화번호 | 0433-2562389 |
| 회사 형태 | 유한회사 | 이메일 | KSM2919560@163.com |

〈그림 VI-2〉 코스모 민속산장

---

9  연변조선족전통요리협회 소개책자(2011.10), pp.18-30.

〈그림 Ⅵ-3〉 코스모 민속산장 내부

① 김송월(金松月) 회장 프로필

- 1956년　　　　길림성 안도현 만보진 홍기촌 출생, 사회 추천으로 농
　　　　　　　　업대학 졸업
- 1983~1995년　연변주위복무공사 우의식당, 호텔 경영
- 1994년　　　　연길우의유한회사 창립
- 1998년　　　　연길에 코스모호텔 개관
- 2005년　　　　연길 모아산에 코스모산장(민속음식체험관) 개관

② 사회활동

- 연변조선족자치주 정치협상회 위원
- 연변조선족기업가협회 부회장
- 연변조선족전통음식협회 부회장

③ 회사개요

　연변조선족자치주 연길시에서 '코스모'는 조선족 전통음식업계의 대표적 브랜드의 하나로 널리 알려져 있으며 연길시우의유한회사는 1992년에 설립되었는데, 원래 '연변주위복무공사 우의식당'이 발전하여 왔으며 계열 식당으로서는 '코스모 호텔', '코스모 민속산장', '우의식당 고려분점'이 있다. 이 외에도 또 3개의 가공공장과 생산지가 포함되어 있는데, 즉 화룡시 충선

진 고춧가루 가공공장, 도문시 양수진 조선족 고추장 및 된장 가공공장, 연길 모아산 조선족 김치가공공장, 화룡시 충선진 고추종식지, 룡정시 노두구진 무공해 배추·무 등 야채 종식지, 안도현 도량강진 약수동 유산 야채 종식지 등의 생산토지가 있다.

연길우의유한회사의 경영이념은 '성실경영, 신용입업'이며 최고의 음식환경, 독특한 서비스 이념과 부단한 창신의 미식으로 소비자의 신임을 얻어서 요식업계에서 최고의 이미지를 구축하였다.

당사 계열 중 '코스모 호텔'은 1998년에 설립된 2성급 호텔로서 영업면적은 4,000m²이고 7층 건물이며 연길시 중심지인 연변국무빌딩 옆에 자리 잡고 있다. 또한 '우의식당 고려분점'은 연길시 애단로 서쪽 고려빌딩 2~4층에 위치해 있으며 영업면적은 3,000m²이다. '코스모 민속산장'은 연길시 모아산에 자리 잡고 있으며 점용면적은 1만 여m²이고, 조선족 민족음식을 주로 제공하고 있으며 부수적으로 '코스모 조선족 전통음식 체험관'이 설립되어 있다. 이는 고객들이 식사를 하는 동시에 조선족 전통음식 조리과정과 조선족 전통 예의범절 및 문화를 이해시키는 데 중요한 의의가 있다고 한다.

향후 계획으로는 조선족 전통건축문화를 자랑할 수 있는 전통한옥을 지을 계획을 세웠는데, 즉 조선과 한국의 전통건축문화의 진수를 통합하여 조선족 특색의 한옥문화공간을 마련하고자 이미 정부의 비준을 받았고 곧 시공에 들어갈 계획을 세우고 있다.


④ 전통한식의 맛과 멋을 찾아 평생을 바친 모아산 코스모 산장의
　 김송월 회장[10]

필자가 연길 모아산의 코스모 산장을 찾은 것은 2010년 7월 어느 날이었다. 연길에서 열리는 중국조선족 기업가대회에 초청을 받아서 코스모 호텔에 머물러 있던 때였다. 차가 모아산 입구에서 정차한 터라 차에서 내려 코

---

10　흑룡강신문 2012년 3월 10일자 기사 참조.

〈그림 Ⅵ-4〉 연길우의유한회사
김송월 회장

〈그림 Ⅵ-5〉 조선족 전통 된장항아리

스모 산장까지 걸어가는데 길 옆에 형형색색의 꽃들이 반겨주었고 호흡할 때마다 폐 속 깊숙이 스며드는 풀 내음은 바쁜 생활 속에서 잊고 있었던 고향의 오솔길을 걷고 있는 느낌이었다.

향수에 젖어 걷는 것도 잠시, 코스모 산장 입구에 도착했을 때 연변TV에서 카메라로 무엇인가 열심히 촬영하고 있었다. 주인공은 김송월 회장과 친정 어머니, 연변TV에서 특집으로 조선족의 전통 장 담그는 방법을 시범으로 보이면서 그 모습을 TV 카메라에 열심히 담고 있었다. 다른 한쪽을 쳐다보니 1,000여 개 남짓 될 듯한 된장 항아리가 열지어 서 있었다. 한국에서도 보기 힘든 항아리와 장독대를 바라보면서 남다른 감회에 젖어있는데 촬영을 마친 김송월 회장께서 반갑게 맞아주시면서 코스모 산장 민속음식 체험관의 이모저모를 소개해주었다.

숲속에 들어선 웅장한 궁전 같은 외관과는 달리 내부는 고풍스런 전통한옥의 멋을 살린 분위기와 한쪽 켠에는 오래 전 조상들이 썼던 장롱이나 농기구 등이 진열되어 있어서 한민족의 얼을 느낄 수 있었으며 그리운 어머니의 품속처럼 아늑한 분위기에 젖어드는 것 같았다. 한국도 아닌 이곳 중국의 연변에서 한국보다 더 한국적인 미와 맛을 어떻게 이어갈 수 있었는지 그리고 이제껏 한국의 멋과 맛에 대한 전통을 이어가면서 이토록 사업이 번창할 수 있었는지 묻고 싶은 말들이 많았다.

마침 점심시간이라 거대한 대청에는 고객들이 입추의 여지없이 김치와 된 장국 그리고 전통 떡 등 한국의 전통 음식을 즐기고 있었다. 이토록 많은 고객들 중 상당수는 조선족이 아닌 한족들이라고 한다. 한국에서도 한식의 세계화를 위해 다방면으로 노력하는데 정말 한식의 세계화를 위해 혼신을 다하는 김송월 회장에게 우리 모두 박수를 보내야 하지 않을까? 김송월 회장의 미래의 꿈은 조선족 전통건축문화를 자랑할 수 있는 한옥을 짓는 것이란다.

필자는 가까운 미래에 이곳에 전통한옥이 들어서서 차세대 조선족들이 연변을 떠나 먼 대도시에서 열심히 생업에 종사하다가 심신이 피곤하고 고향생각에 젖으면 이곳 모아산 전통한옥에 들러서 민족의 정기를 받고 다시 꿈을 펼칠 수 있는 날이 오기를 상상하며 천천히 모아산을 내려왔다.

### (2) 연길시뉴코아음식오락유한회사[11]

| 회사명 | 연길시뉴코아음식오락유한회사 | 대표자명 | 강정옥 |
|---|---|---|---|
| 소재지 | 연길시 건공가 연용로 348호 | 전화번호 | 0433-2805577 |
| 회사 형태 | 유한회사 | 이메일 | niukaoa2003@163.com |

〈그림 VI-6〉 모아산 공원 입구에 들어선 뉴코아 산장

---

11  세계조선족여성커뮤니티 청도조선족여성협회(2010.6.29) 자료 참조.

① 창업과정

연변조선족자치주 연길시 남쪽에는 모아산이란 국가1급 삼림공원이 있다. 모아산 기슭에서 공원입구로 2km쯤 거슬러 올라가노라면 왼쪽 기슭에 청기와로 된 3층 민속건물(부지면적 1만 5,000평, 건물면적 4,000평)이 아름다운 자태를 자랑하고 있는데 이 건물이 바로 '뉴코아산장'이다. 이 건물의 주인은 16년 전인 1994년에 시어머니의 장사자금 10만 위안에 은행대부금 30만 위안을 받아서 연길시 신흥가에 '코리아 노래광장'을 설립해 창업의 첫발을 내디딘 강정옥 사장이다.

1978년에 연변2중을 졸업한 강정옥 사장은 이듬해 5월 연길제2백화점에 입사하여 단총지서기직을 맡아하다가 1986년에 연길제1백화점으로 전근되어 침직, 방직 부서의 조장사업과 당지부서기직을 담임하였다. 그 후 1994년 12월에 그녀는 안정된 직장을 그만두고 창업의 첫발을 내디뎠다. 상업계통에서 사귀게 된 한국인의 초청으로 서울에서 두 주일간 사업사찰을 한 강정옥 사장은 그때까지 만해도 연길에서는 미개척이나 다름없는 노래연습장을 차리기로 결단을 내렸다.

연길로 돌아온 강정옥 사장은 자금을 모아서 건평이 300평에 달하는 '코리아 노래광장'을 개업하였는데, 한국식 인테리어에 한국식, 유럽식, 일본식, 러시아, 중국식으로 꾸며진 시설들은 실내장식이 특이하고 한국에서 들여온 노래연습기도 성능이 좋아서 손님들이 인산인해를 이루었다. 따라서 노래광장을 개업해 몇 년 사이에 엄청난 부를 창출한 강정옥 사장은 이어서 건평 2,000평에 달하는 음식, 오락을 겸비한 뉴코아 스탠드바를 개설해 계속적으로 번창하였다.

② 사업의 성장과 안정

몇 년간의 사업에서 성공한 강정옥 사장은 2001년 봄에 사업구상을 위해 한국을 방문하며 산장을 건설할 계획을 세웠다. 즉 당시 금액으로 3,000여만 위안을 투자해 2003년에 완공된 건물에 그녀는 '뉴코아 산장'이란 간판을 걸고 오픈식을 가졌다.

뉴코아 산장의 정원에는 봄이면 진달래, 함박꽃이 만발하고 한국과 조선의 유명한 조각가들이 조각한 목동, 물동이 처녀, 가야금 타는 처녀, 금돼지와 돈주머니 같은 조각들이 여기저기에서 빛을 발해 손님들을 즐겁게 해주고 있으며 각양각색의 맛깔스런 민속음식은 물론 중식과 일식에 몽골 양고기 갈비구이는 그 맛이 특이해서 단골손님이 계속해서 늘어났다.

천성적으로 사업가의 소질을 가진 강정옥 사장은 이어서 2008년에 연길시개발구에 건평 4,600평에 달하는 복성 샤브샤브 음식성을 개업했다. 중국에서 2,000여 개 체인점을 갖고 있는 복성 샤브샤브는 고기 맛이 좋아서 주말이면 손님들이 초만원을 이루었다.

뉴코아음식오락유한회사 산하에는 현재 230여 명의 종업원들이 서비스하고 있는데 강정옥 사장은 생활이 곤란한 종업원들의 복지에도 많은 관심을 기울이고 있다.

### (3) 연변금강산식품유한회사[12]

| 회사명 | 연변금강산식품유한회사 | 대표자명 | 조용철 |
|---|---|---|---|
| 소재지 | 길림성 연길시 의란진 | 전화번호 | 0433-2593077, 2593218 |
| 회사 형태 | 유한회사 | 이메일 | jingangshan264@163.com |

중국연변조선족자치주 연길시에 자리 잡고 있는 연변금강산식품유한회사는 연변에서 가장 큰 현대화된 조선족 김치류 식품제조업체이다. 당사는 한국의 선진 생산기술과 조선족의 전통 김장방법으로 배추김치, 깍두기, 도라지, 깻잎, 고사리, 영채, 달래 등 100여 가지의 김치류 식품을 생산하고 있다.

이 회사가 등록한 '금강산' 상표는 정부로부터 '연변조선족자치주 지명상표', '길림성 지명상표' 칭호를 수여받았으며 또한 ISO 9001 및 2008 국제품질관리 시스템 인증과 HACCP 식품안전관리 시스템 인증을 받았으며 연변

---

12  연변일보 채춘희 기자가 쓴 기사 인용(2011.3.24 일자).

조선족자치주 정부로부터 '주농업산업화 대표기업'으로 선정됐다.

2003년에 설립된 연변금강산식품유한회사는 한국의 선진생산기술과 조선족의 전통김장방법으로 배추김치, 깍두기, 도라지, 깻잎, 고사리, 달래 등 100여 가지의 '금강산표' 조선족 전통식품을 생산하여 광범위한 소비자들의 호평을 받아왔다. 또한 7년간의 성장을 거쳐 회사는 연길시 의란진에 부지면적이 2만m², 공장건물 면적이 7,800m², 저장창고 면적이 1,000m², 그리고 연간 3,000여 톤 배추김치 가공생산라인을 갖추고 전국적으로도 규모가 비교적 큰 조선족 전통김치 생산공장으로 부상했다. 현재 이 회사에서 생산되는 제품은 전국 대형 마트나 슈퍼에서 판매되고 있으며 체인점, 전매점만도 300여 곳이 된다. 그리고 제품은 한국, 일본, 러시아 등의 나라에 수출되고 있고 또한 이 회사에서 등록한 '금강산' 상표는 '연변 지명상표', '길림성 지명상표'로 자리매김했으며 국가지리표지제품사업도 추진 중에 있다.[13]

## (4) 연길천선복식품유한회사

| 회사명 | 연길시천선복식품유한회사 | 대표자명 | 임선희 |
|---|---|---|---|
| 소재지 | 연길시 조양가 예단로 288호 | 전화번호 | 0433-2326680 |
| 회사 형태 | 유한회사 | 이메일 | tianxianfu@hotmail.com |

연길시천선복식품유한회사는 연변조선족자치주 연길시에 위치해 있으며 2000년 8월에 설립되었다. 본사의 대지면적은 2,500m²이고 건축면적은 1,500m²로서 주로 떡, 김치, 순대 등 조선민족의 전통음식을 생산하는 업체이다. 현재는 전 전조선족자치주 8개 현 및 시에서 도합 18개 매점을 경영하고 있으며 기타 성시에서도 판매되고 있다. 천선복식품 제품은 그 독특한 맛과 품질로 고객들의 호평을 받고 있다.

---

13  세계조선족여성커뮤니티 청도조선족여성협회(2010.6.29) 자료 참조.

### (5) 연길시도토리마을민속식품회사[14]

| 회사명 | 연길시도토리마을민속식품회사 | 대표자명 | 문용철 |
|---|---|---|---|
| 소재지 | 길림성 연길시 의란진 | 전화번호 | 0433-2528719 |
| 회사형태 | 유한회사 | 이메일 | longzhewen@hotmail.com |

2005년에 설립된 연길도토리마을민속식품회사는 풍광이 수려한 연길시 의란진 홍농촌에 자리 잡고 있다. 현재 5,000m$^2$의 부지면적에 1,200m$^2$의 건물을 가지고 있는 이 회사는 한국에서 수입해온 선진적인 가공설비 50여 대가 있으며 고정자산은 약 1,000만 위안에 달한다. 이 회사에서 생산되는 도토리전분, 냉면용 도토리가루, 도토리 부침가루 등의 생산량은 연간 500 톤이며 도토리묵, 청포묵, 메밀묵, 건조묵 등 묵류 생산량은 연간 300톤을 생산하고 있다. 또한 도토리 2,000톤을 가공하고, 수출할 능력이 있으며 기타 농산물을 1,000톤 정도 가공 수출할 수 있으며 따라서 본 회사에서 생산된 상품은 한국, 일본, 미국 등 나라에도 수출된다. 향후 도토리마을민속식품회사의 금후 목표는 장백산의 천연무공해식품 생산을 위주로 하면서 부단히 새로운 상품을 개발하여 3년 내에 장백산 천연식품업계에서 선두기업으로 발돋움하기 위하여 혼신을 다한다.

### (6) 연변아라리식품유한회사

| 회사명 | 연변아라리식품유한회사 | 대표자명 | 김선숙 |
|---|---|---|---|
| 소재지 | 연길시 공원가 | 전화번호 | 0433-2719106 |
| 회사형태 | 유한회사 | 이메일 | arari888@163.com |

---

14  인민일보해외판 한국판 특별취재(2010.12.18) 기사 참조.

〈그림 Ⅵ-7〉 연길아라리식품유한공사
김선숙 사장

〈그림 Ⅵ-8〉 연길아라리식품 국수

### ① 창업과 성장과정

연변아라리식품유한회사는 1985년에 설립되었고, 2004년에 정식 창업되었으며, 2008년 길림성 사회복지기업으로 허가받았다. 본사의 현재 직원은 47명이 있고, 그중 관리직은 5명, 기술직은 7명, 생산직은 35명이다. 본사는 800여m²의 자동화 생산시설을 보유하고 있고, 200여m²의 설비제조공장과 냉동실이 있다. 그 외 바닥면적이 4,000여m²의 건조부지를 보유하고 있다.

당사는 20여 년의 성장과정 중 "우수상품으로 생존을 도모하고 발전하는" 경영이념으로 생산품목 개발에 몰두하여 100% 순메밀국수, 100% 순옥수수국수, 100% 귀리국수 등의 식품을 개발하였다. 그중에서도 메밀국수는 길림성과학기술의 성과검정 인정을 받아 국내 국수계열 내 공백을 보충하여 민족경제를 진흥함에 있어 공헌하였다. 당사의 국수가공의 현대화 설비는 국가특허를 받았고, SM 쌍라선형 국수기 'ZL.95.222957.9'과 쌍형 국수 'ZL.02 2 09999.9'도 '전국 공업상품 생산허가증'을 받았으며, 동시에 당사는 '연변주 명품상품', '안심식유가공공장', '전주창업선봉' 등의 영예를 받았다.

아라리국수는 원맛과 원영양을 보존한 외에 질도 동류상품 중 최고였다. 특히 본품은 화학첨가제를 사용하지 않아 친환경적 상품이여서 아라리식품의 '친환경, 건강'의 생산이념이 더욱 부각되었다.

② 김 사장과의 인터뷰

1985년에 소규모로 출발한 공장은 2004년도에야 제대로 된 회사로 발전하면서 유한회사가 되었고 현재는 50여 명의 직원들이 열심히 제품을 만들고 있다. 이곳 공장에서 만드는 제품들은 완전 100% 제품으로 메밀국수, 귀밀국수, 냉면국수 송화분국수, 도토리국수 등 5종류의 웰빙 제품만을 만들고 있으며 이 제품들은 한국으로는 1개월에 1개의 컨테이너만 수출하고 있는데 수출량이 적은 이유는 아직은 한국의 큰 식품회사와의 교류가 없기 때문이라고 김 사장은 말했다.

"우리 공장에서 대대적으로 홍보를 하지 않았으며 또한 일부 한국인 소매상들이 직접 제품을 가지고 가고 있으며 또한 한국인들이 아직은 우리 제품에 대한 맛을 모르고 있기 때문인 것 같습니다"라고 말하는 김 사장에게 월 총생산량을 묻자 "현재는 완제품 100톤을 생산하고 있지만 앞으로 우리 회사는 전통적인 우리 제품의 생산을 위한 발전에 힘쓰면서 건강한 식품을 만드는데 노력할 것"이라고 말했다.

김 사장의 남편인 이호산(64세) 씨는 부인을 내조하면서 지금도 계속 질 좋은 우수제품을 만들기 위해 기계 설비를 비롯한 모든 제품을 건강식품인, 즉 다이어트와 영양이 들어있는 제품을 위해 30년간을 연구해오고 있다. 연변 지역은 특히 옥수수가 잘 자라는 토지가 있기에 품질 면에서는 압도적 우위에 있다고 한다. 이러한 노력으로 우수 제품을 생산하다보니 지난 9월에 중국 장춘에서 열린 국제농업식품박람회에서 이곳 회사의 제품들이 출품돼 우수상품상을 받으면서 인기를 끌기도 했다.

특히 이곳 회사에서는 옥수수를 비롯한 모든 원재료의 껍질을 벗긴 후 제품을 만들고 있기 때문에 그만큼 면이 쫄깃쫄깃하다는 것이다. 김 사장은 옥수수밭을 직접 경작하고 있는 농민들과 협의하여 옥수수 재배를 주문하는 주문생산을 하면서 현재는 1개월에 월 60만 위안의 매출을 올리면서 연간 총 700만 위안의 매출을 올리고 있는데 김 사장은 "현재 한국의 (주)오비티와 한국생명과학연구소, 또 재래시장 등에서 상품구입에 따른 문의가 계속 오고 있다"고 말하면서 "사실은 옥수수국수가 건강에 매우 좋은 음식인데 아직은 사람들이 그 맛을 모르고 있기에 널리 알리고 싶고 또한 조선족으로서 우리 민족의 귀중한 이 상품을 세계적으로 알리고 싶습니다. 현재는 한국, 미국, 러시아에만 수출하고 있습니다"라고 말했다.

그는 또 "현재 생산되고 있는 5종의 제품 외에 추가로 둥굴레국수를 생산하려고 준비 중에 있으며 주정부에서도 많은 협조를 해주고 있기에 '민족무역기업, 연변주 지명상표, 이름있는 싱품'으로 칭호를 붙여준 기업답게 긍지를 갖고 계속 노력하겠다"는 김 사장은 "생산능력에 제한이 있어서 한국의 관련 기업들과의 합작도 고려하면서 판로를 계속 넓히고 싶습니다. 그래서 앞으로 이에 대비하기 위해 현재 4,000평의 신축공장을 건립했습니다"라고 미래 포부를 밝혔다.

### (7) 청향관[15]

| 회사명 | 청향관 | 대표자명 | 리숙 총경리 |
|---|---|---|---|
| 소재지 | 길림성 연길시 상화가 1425호 | 전화번호 | 0433-2655669, 2132677 |
| 회사 형태 | 유한회사 | 이메일 | 0532-81103211 |

① 청향관의 성장과정
- 1997년 　연변조선족자치주의 소재지인 연길에서 려조청향관 개업
- 2000년 　불고기, 뚝배기두부, 곱창 샤브샤브, 스테이크 튀김 등 연변 제1계 특색식품평가대회에서 우수상을 받았고, 동시에

---

<ul>
<li>본관은 '연변조선족 특색요식 지정식당'으로 평가를 받았다</li>
</ul>

- 2002년  재경주 50주년 제2계 특색식품평가대회에서 '청향민속연' 금상, '송이버섯계열'은 민족특색식품상, '송화분냉면국수'는 연길 특색음식으로 '최고창신상'을 받았다.

- 2003년  본점 법인 고급영양사 리숙 여사의 성과물은 국가허가권을 받았다.

- 2004년  '송화분냉면국수'는 한국 서울 국제발명허가박람회에서 동상을 받았고, 한국허가정보국특별상을 받았다.

- 2005년  '송화분냉면국수'는 중화인민공화국 발명허가를 받았다.

- 2008년  '송화분냉면국수'는 한국 서울 국제여성발명허가박람회에서 동상을 받은 외, 여성발명학회 특별상을 받았다.

- 2008년  려조청향관은 연변조선족민속학회에서 '민속특색식품 추천단위'로 지정되었다.

- 2010년  연변조선족전통요리학회 '금달래소조'의 성원대표로서 서울국제음식박람회에서 금상을 받았다.

- 2010년  '송화분냉면국수'는 연변 '우수상품'으로 상하이엑스포에 참가하였다.

## ② 리숙 사장의 이력

리숙 사장은 연변대학의학원 제1기 영양학 과정을 마치고 국가고급영양사 자격증까지 딴 연변자치주의 굴지의 영양학 전문가이며 주영양학회 부회장, 주민속학회 부회장직을 맡고 사회활동에서 열성을 내고 있는 시대적 여성이기도 하다. 그는 청향관을 철저한 봉사와 고객건강만을 챙기는 고품격 장수기업으로 키우는 것이 자신의 소망이라고 말한다.

〈그림 Ⅵ-9〉 청향관 리숙 사장 조선족 첫 중화금주상 수상

자연, 전통, 건강식만이 미래 음식의 화두라는 취지하에 선보인 장백산진 오곡 닭은 토종닭에 인삼, 구기자, 천마 등 장백산의 진귀한 약재와 녹두, 옥수수, 쌀눈 쌀 등 5가지 곡식을 넣어 기력을 강화할 뿐만 아니라 영양이 풍부하고 균형적이며 조선족의 전통음식의 특점을 살렸다. 또 장백산진 기름개구리 죽은 기름개구리 기름에 잣, 꿀, 달맞이꽃, 검정깨 그리고 연변특산인 사과배를 배합해 기를 보충하고 기침을 멎게 하며 피를 맑게 하는 효능을 갖고 있는 데다 직접 뜯은 오미자로 탐스럽고 천연적이며 빨간색을 띠면서 심사위원들은 먹기가 아까울 정도로 아름다운 음식이라고 치하했다.

③ 청향관 청도 체인점

청도 청양관은 우리 맛 음식점이 많기로 소문나 있다. 청향관 음식점도 그중의 하나이다. 지난해 6월에 오픈했지만 벌써 익숙하게 알려져 고객들이 가장 많을 때는 하루에 700명이나 된다고 한다. 청향관은 500m² 규모에 투자액은 160만 위안이며 민속적인 분위기를 살린 인테리어에서부터 청신한 맛과 친환경 유기농 향기로 고객들의 건강을 우선시하는 맘을 엿볼 수 있다. 또한 청양관은 우리 민속음식을 주메뉴로 하고 있으며 직접 재배한 23가지 새싹으로 만든 새싹비빔밥, 참조기매운탕, 돌판소힘줄, 언감자만두,

피부와 소화에 좋다는 송화분냉면 등을 비롯한 160여 가지 메뉴가 있는데 대부분의 메뉴는 직접 재배한 친환경 야채와 천연식물을 재료로 만들고 있으며 그중 싱싱한 소나무의 맛이 나는 송화분냉면과 참조기매운탕을 비롯한 10여 가지 메뉴가 청도시에서도 유일한 메뉴로 고객들의 뜨거운 사랑을 받고 있다. 청향관에서는 기타 한식요리와 동북요리도 취향에 맞게 맛볼 수 있다.

청향관은 1997년 연길에서 1호점을 오픈한 이후 연길을 비롯한 전국에 현재 5개 체인점이 있는데 특히 청향관 법인대표 이숙 사장이 직접 개발한 솔화분냉면은 2004년도 한국 서울국제발명특허전시회에서 동상을 수상했다.

청향관 청도 체인점을 운영하는 차철 사장은 일찍이 연변대학에서 건축학을 전공하고 7년간 일본 유학생활을 해온 경력이 있으며 청향관 체인점을 청도에서 성공시키기 위해 2년 동안 시장조사와 세밀한 분석을 해왔다. 음식점이 많아 경쟁이 치열하겠지만 친환경, 유기농 원자재로 고객들의 건강을 챙기는 음식을 주로 하고 맛 또한 좋으며 가격도 비교적 저렴한 것이 특색이어서 얼마든지 청향관을 잘 발전시킬 자신감이 있다고 말했다. 아울러 자체만의 특색을 잘 살리고 고객에게 최선을 다한다면 청향관은 머지않아 청도에서도 계속적으로 체인점을 오픈할 것이라고 말했다.

# VII

맺음말

조개가 진주 한 알을 생산하기 위해서는 5~10년 동안 이물질과의 싸움에서 오는 고통과 아픔을 참아내야 한다고 한다.

필자가 몇 년 전 한국 부산에서 개최된 세계한상대회장의 조선족 기업인 200여 명이 모인 자리에서 "오늘 여기 참석하신 조선족 기업인 여러분은 진흙 속의 진주 같은 존재입니다. 향후 10년 뒤 여러분이 얼마나 귀한 존재인지 알게 될 것이니 지금 누가 알아주지 않는다고 의기소침해 하거나 낙심하지 맙시다."라고 말한 적이 있었다.

그로부터 10년이란 세월이 흐른 지금, 상전벽해처럼 10년 전 보잘것 없었던 조선족 기업들은 지금은 어엿한 중견기업이 되어 성장에 성장을 거듭하고 있으며 조선족 기업의 구심점 역할을 하는 조선족 기업가협회 또한 2007년 결성 당시에 비해 비약적으로 성장하였다.

## 1. 중국조선족 기업의 산실, 연변

지금은 조선족 기업들이 연변을 비롯한 동북3성뿐만 아니라 북경, 천진, 청도, 상해, 심천, 광저우 등 중국 대도시에서 우후죽순처럼 성장에 성장을 거듭하고 있지만 개혁개방과 한중 수교 이전만 하여도 조선족 기업은 연변과 길림성, 흑룡강성, 요녕성 등 동북3성에 한정되어 있었다.

1945년 해방 이전의 연변의 공업은 기업이라고는 고작 작은 규모의 산림공업 관련 기업과 몇 개 안 되던 유색금속광과 탄광들뿐이었는데 그러나 해방 이후 연변의 공업환경은 놀라운 변화를 가져왔다. 즉 연변조선족자치주가 성립된 1952년부터 1959년까지의 8년 동안 민족복장과 민족식품, 민족가구 등 연변의 조선족 특용품 공업이 비약적인 발전을 가져왔으며 그 후 개혁개방 시기인 1978년에는 민족편직물, 민족과자, 민족도자기 등 30여 개 소의 기업이 설립되었고 생산제품의 종류도 300여 종으로 대폭 늘어났다.

연변조선족자치주가 성립된지 30여 년이 지난 1982년에는 그동안의 노력과 성장의 결과 조선족들의 생활과 밀접하게 관련되어 있는 제품인 비단, 편직물, 옷, 구두, 농기구 등 20여 가지 유형의 생산 부문을 갖춘 조선족 특용품 공업체계가 형성되었으며 1986년도에 이르러서는 연변의 조선족 특용품 생산기업은 75개로 늘어나서 1952년 보다 무려 6배나 성장하였으며 민족 특용품을 생산하는 기업도 50개나 되었다. 1990년대에 들어서는 연변에서 생산한 조선족 가마, 밥상, 찬장 등의 제품과 연길시 조선족 모자공장 등의 기업이 우수제품과 기업으로 선정되었다. 1992년 한중 수교 이후에는 갑을방직(현 대경방직)이 한국투자 1호 기업으로 연변에 정착하면서 한국의 의류, 방직 등 노동집약형 제조업체와 각종 서비스업체가 진출하고 관광이나 학업을 위해 연변을 찾는 한국인들이 점차 많아져서 당시 연변의 한국인은 1만여 명에 달하는 것으로 조사되었다.

현재 연변에는 조선족이 경영하는 기업체가 약 1,000여 개 있으며 주된 업종으로는 부동산 개발이나 건설, 무역, 서비스업체 등이다. 대표적인 기업들을 예로 들면 전규상 회장이 경영하는 길림천우그룹, 최정금 회장이 경영하는 연변국제무역대하유한책임공사, 김길춘 회장이 경영하는 백두산실업유한회사, 김창익 회장이 경영하는 신원그룹, 이동철 회장이 경영하는 애득그룹 등이 있으며 이를 자본금 규모별로 분류해보면 1억 위안에 달하는 기업은 10여 개, 1,000만 위안 이상에 달하는 기업은 40여 개인 것으로 나타났다.

## 2. 연변조선족 기업의 경영활동

아래의 내용들은 연변조선족 기업의 경영활동을 설문조사를 통하여 밝혀낸 내용이다.

설문조사는 연변조선족 기업인 99명을 대상으로 하였으며 설문조사를 요약한 결과는 다음과 같다. 즉 연변조선족 기업의 업종별 현황을 종합해보면 서비스업, 제조업, 도소매업 순인 것으로 나타났다. 한편 서비스업 중에서는 음식업에 제조업 중에서는 건설업과 음식가공업 그리고 도소매업 중에서는 의류·액세서리·가방전문점업에 주로 종사하는 것으로 응답됨으로써 연변조선족 기업이 아직은 선진국형 기업 모형에 진입하지 못하고 있는 것으로 조사되었다. 다음으로 기업을 경영하면서 어려움이 무엇인지를 묻는 질문에 대한 응답 결과에 의하면 '과잉경쟁'을 가장 심각하게 받아들이고 있는 것으로 조사되었다. 또한 경영상 가장 중점을 두고 있는 사항으로는 '기술개발'(89%)과 '사업확장 및 판로개척'(87%)인 것으로 나타났다. 다음으로 흥미로운 것은 연변의 조선족 기업들은 기업경영에 필요한 자금을 '개인저축'을 통해서(38%), 다음으로는 '친인척'을 통해서(36%) 조달하는 것으로 응답하였다.

연변의 조선족 기업들은 회사에서 필요한 인력을 채용 시 '공개채용'(46%)을 최우선으로 고려하며 다음으로는 '연고채용과 공개채용'(41%)을 병용해서 직원을 채용하고 있으며 또한 '종업원에 대한 교육'을 아주 중요하게 생각(93%)하고 있는 것으로 나타났다. 한편 연변의 조선족 기업들은 임금결정 시 '능력'(80%)을 우선적으로 고려하며 종업원 복지정책으로는 '식당 및 식비부담'(38%)인 것으로 응답하였다. 또한 종업원과의 주된 의사소통수단으로서는 '사내 상조회'(44%)와 '시내 동호회'(25%)인 것으로 조사되었다. 이어서 연변조선족 기업들의 정보화 정도를 보면 '영업관리'에 소프트웨어 프로그램을 가장 많이 활용(40%)하며 다음으로는 '고객관리'와 '인사 및 급여관리'인 것으로 나타났다. 한편 기업의 홈페이지 보유 여부를 묻는 질문에 응답자의 반 이상이 '홈페이지를 보유하고 있지 않다'고 응답함으로써 아직은 기업의 정보화가 만족스러운 수준이 아님을 알 수 있었다.

## 3. 연변조선족 기업의 네트워크 구축[1]과 시사점

21세기는 글로벌 네트워크 시대이고 지식경영시대이다. 개인이든, 기업이든 국가든 어떻게 네트워크를 구축하고 있느냐에 따라서 미래의 발전가능성과 위상을 가늠해볼 수 있는 척도가 된다. 따라서 연변조선족 기업의 네트워크 구축에 대한 실태를 조사 분석하는 것은 미래 연변조선족 기업의 발전가능성을 가늠해볼 수 있는 중요한 자료이자 척도라고 생각된다.

아래의 내용들은 그동안 연변조선족 기업을 대상으로 네트워크에 대한

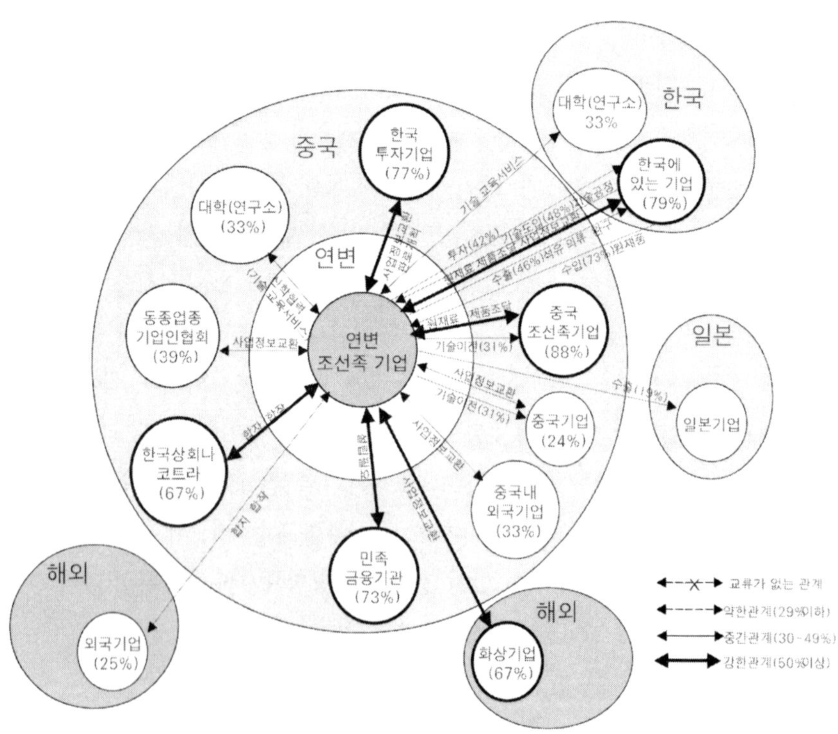


〈그림 VI-10〉 연변조선족 기업의 네트워크 구축 현황

1    임채완 · 이장섭 외(2006), 『중국조선족 기업의 네트워크』, 서울: 북코리아, p. 330 인용.

설문조사를 통하여 분석한 내용이다. 연변조선족 기업이 중국 내 및 해외기업이나 단체와의 네트워크 구축 정도를 알아보았다.

첫째, 연변조선족 기업은 중국 대도시에 있는 '조선족 기업'(88%)들과는 원재료나 제품조달 측면에서 상호협조하고 있으며 중국에 진출한 「한국 투자기업」(77%)과는 사업정보 교환이나 판로개척 부분에서, 그리고 '한국에 있는 기업'(79%)과도 원재료나 제품조달과 사업정보교환 분야에서 강한 연대의 네트워크를 구축하고 있는 것으로 나타났다. 한편 연변조선족 기업은 '민족금융기관'의 설립 필요(73%)를 강하게 열망하고 있는 것으로 조사되었다. 둘째, 연변조선족 기업은 '중국 내 외국기업'(33%)이나 '동종업종 기업가협회'(39%)와는 중간 연대의 네트워크를 구축하고 있으며, 셋째, 연변조선족 기업은 '중국 기업'(24%)과는 사업정보 교환으로, 그리고 '해외 외국기업'(25%)과는 합자나 합작 등에서 약한연대의 네트워크를 구축하고 있는 것으로 나타났다. 넷째, 연변조선족 기업은 '한국에 있는 기업'에 주로 수출(46%)하고 있으며 또한 '한국에 있는 기업'으로부터는 완제품을 수입(73%)하여 중국내수시장에 판매하고 있는 것으로 조사되었다.

결론적으로 연변조선족 기업의 글로벌 네트워크를 종합해볼 때 가장 강한 연대의 네트워크를 구축하고 있는 대상은 '중국 조선족 기업'(88%)과 '한국에 있는 기업'(79%), '한국 투자기업'(77%) 순인 것으로 나타남으로써 향후 글로벌 한상 네트워크를 구축하는 데 긍정적인 영향을 미칠 것으로 기대된다.


## 4. 연변조선족기업가협회의 창립과 발전

중국조선족기업가협회(회장 표성룡)가 창립 4년만에 전국적인 조직을 갖추면서 명실상부한 중국 내 조선족 사회의 구심체로 떠올랐다. 2007년 중국조선족기업가협회를 결성할 당시만 하여도 동북 3성에 4~5개 지회만이 설립되어 회원수가 많지 않았었는데 이제는 중국 전역에 22개 지회가 있으며 회원수 또한 3,000여 명의 거대한 조직으로 급성장했으며 앞으로도 계속적인 성장이 예상된다. 이와 때를 같이 하여 연변조선족기업가협회가 2011년 5월 10일에 창립되었으며 초대 회장에 길림천우집단 전규상 회장이 선출되었다.

연변조선족기업가협회는 독립법인 자격을 갖춘 사회단체로서 연변의 경제건설에 앞장서고 연변조선족자치주 내의 조선족 기업가들을 단결하여 상호 간의 네트워크를 구축하고 신기술과 선진 경영기법을 도입하여 기업의 성장 발전에 힘쓰며 나아가서 연변조선족자치주의 경제건설과 사회발전에 기여하는 것을 목표로 하였다. 또한 연변조선족기업가협회에서는「연변의 100대 우수기업가」에 대한 책자를 발간하는 것과「연변 100대 우수기업 사이트」를 만들고 10명의 우수기업가들을 동북3성 조선글 신문이나 잡지에 추천 보도하도록 할 계획을 세웠다.


## 5. 연변조선족 기업의 미래 비전과 기업가 정신

세계적인 부자이자 기업가인 워런 버핏은 고향인 미국의 조그마한 시골 오마하에서 버크셔해서웨이회사를 경영하면서 세계경제에 막대한 영향을 끼치고 있으며, 지구촌의 투자가들은 그의 한마디 한마디에 귀를 기울이고 투자에 대한 의사결정을 한다. 연변조선족자치주 또한 중국 대도시에 비해서 규모나 인구 면에서 크지는 않지만 중국조선족들의 마음의 고향이며 조선족 기업의 산실이다. 워런 버핏을 예로 들었던 것처럼 기업의 성장은 기업이 처해 있는 주위 환경의 영향보다는 기업을 경영하는 기업가의 마인드, 즉 기업가 정신에 달려있고 해도 과언이 아니다.

전술했던 것처럼 필자가 그동안 연변조선족 기업을 대상으로 연구조사한 바에 의하면 연변조선족 기업들은 비교적 건실하게 성장하고 있으며 한국 기업들과의 네트워크가 잘 구축되어 있고 연변대학 등의 최고경영자과정에서 선진 경영기법을 학습함으로써 기업 성장의 발판을 마련하고 있다. 또한 중국 정부의 동북진흥정책에 따라서 연변조선족 기업에게 한 단계 더 도약 성장할 수 있는 기회가 다가오고 있다. 게다가 더 중요한 것은 연변조선족 기업을 이끌어가는 지도자인 전규상 회장의 긍정적인 마인드와 글로벌화된 사고방식이 연변조선족 기업의 미래를 밝게 비춰주는 것 같다. 전규상 회장은 기자와의 인터뷰에서 중국의 조선족 사회가 중대한 기로에 놓였다고 진단하면서도 "탈연변 현상은 조선족공동체 팽창발전의 징표"라고 하면서 이를 슬기롭게 극복할 수 있을 것으로 낙관했다. 또한 전규상 회장은 "조선족공동체의 협력과 상생을 위해 조선족 기업가협회가 적극적인 역할을 하겠으며 궁극적으로는 국제적인 한민족 네트워크가 형성되어야 하고 한국 기업들이 더 많은 관심과 애정을 가지고 연변에 투자하는 것이 중요하다"고 강조하면서 한국 기업과의 네트워크를 중시했다. 전규상 회장은 또한 한국과 중국의 조선족 사회가 상생할 수 있는 길로서 신뢰구축과 소통을, 그리고 재외동포의 취업과 관련해서 포용정책을 더욱 확대하는 것도 필요하다고 역설하였다.

필자의 견해로서는 위기 앞에서 절대긍정을 외치면서 앞장서서 이끌어가는 지도자가 있는 한 그 사회나 조직은 절대 망하지 않는다는 게 지론이다. 따라서 향후 연변조선족자치주와 연변조선족 기업들은 위기를 슬기롭게 헤쳐 나갈 것이며 미래 조선족 사회의 희망의 증거가 될 것으로 기대한다.

## 6. 연변조선족 사회와 연변조선족 기업의 발전을 위한 제언

첫째, 한국 체류 중국조선족은 52만 명이며 아직은 미약하지만 이들 중에는 상당수의 능력 있는 기업가도 있다. 따라서 이들과의 네트워크 구축을 통하여 한국의 기술이나 우수한 제품을 중국 기업을 대상으로 내수시장에 판매함으로써 상생할 수 있는 방안이 될 수 있다.

둘째, 조선족 기업은 중국 내의 대도시에 진출해 있다. 따라서 연변의 조선족 기업들은 대도시 조선족 기업들과의 네트워크 구축뿐만 아니라 이들을 통하여 중국 거대 한족 기업들과의 네트워크도 구축하여 기업을 성장시킬 수 있기를 바란다.

셋째, 세계 곳곳에 조선족이 진출하지 않은 것이 없을 정도로 많은 국가에 진출해 있다. 따라서 이들과의 글로벌 한상 네트워크를 구축하여 수출, 수입, 투자 등을 통하여 세계적인 기업으로 성장할 수 있기를 제안한다.

넷째, 기업가는 급변하는 내외환경에 대처하여 기업을 성장시켜야 하므로 부단히 신기술이나 신경영기법을 도입하기 위한 지식을 습득하는 데 게을리 해서는 안 된다. 따라서 대학 등과 연계하여 지속적으로 배우고 또한 외부 경영진단도 받기를 권유한다.

마지막으로 기업가에게 없어서는 안 될 가장 중요한 필수 덕목으로는 기업가 마인드, 즉 기업가 정신을 들 수 있겠다. 따라서 연변조선족 기업가들은 어떤 위기상황도 기회로 만들어 나가겠다는 개척정신을 가질 것을 권유한다.

결론적으로 이를 통하여 연변의 조선족 기업이 아닌 세계적인 조선족 기업으로 성장하게 될 것을 확신한다.

## 참고문헌

김숙련 · 김영림(2005). 『중국 연변』. 서울: 김영사.

김익수(1999). 『중국 투자론』. 서울: 박영사.

______(2004). 『중국시장 마케팅』. 서울: 박영사.

______(2005). 『중국기업의 글로벌화와 한국기업의 대응』. 서울: 삼성경제연구소.

김택 · 김인철(1994). 『해방 전 연변경제』. 연변: 연변인민출판사.

김현동 · 주인영(1999). 『재중동포사회 기초자료집 Ⅱ: 중국조선족 집거지역별 개괄』. 서울: 재외동포재단.

대외경제정책연구원(2003). 『2003 중국경제연보』. 서울: 김 · 이 정보인쇄.

동북아정보문화센터(2003). 『중국 비즈니스 총람(上)』.

박승헌 · 박창걸 · 현동일 · 이종림 (2003). 『연변경제 형세분석과 예측』. 연변: 연변대학출판사.

박정동 · 김경희(2003). 『거대한 소비시장 중국』. 서울: 북앤북.

박한진(2004). 『10년 후, 중국』. (주)해냄출판사.

백권춘 외(2002). "중국진출 한국기업의 경영현지화에 관한 연구". 대외경제정책연구원.

서봉교(1998). "중국향진집체기업에 관한 연구". 서울대학교 경제학부 석사학위논문.

설용수(2004). 『조선족 이야기』, 서울: 미래문화사.

신화서점(1954). 『연변조선족자치주화집』. 북경: 민족출판사.

여필순(1997). "중국 향진기업의 입지변화와 경영특성: 연변조선족자치주 연길시 향진기업을 사례로". 경북대학교 대학원 지리학과 석사학위논문.

연변일보사문예부(1990). 『우리의 기업가들: 연변조선족 기업가편』. 목단강: 흑룡강조선민족출판사.

연변조선족자치주인민정부(2005). 『연변주 투자지남』. 연변조선족자치주상무국.

연변조선족전통요리협회 편(2010). 『연변조선족전통요리』. KTFA.

연변화책편집위원회 편(1992). 『연변』. 연변인민출판사.

예동근 외(2011). 『조선족 3세들의 서울 이야기』. 서울: 백산서당.

오세철·박헌준·정승화(1999). "중국 사회주의 기업의 구조변화", 『경영학 연구』 제28권 제4호, 한국경영학회.

왕샤오핑·박정동(2004). 『화인형 기업경영』. 서울: 삼성경제연구소.

윤인진 (2003). 『코리안 디아스포라: 재외한인의 이주, 적응, 정체성』. 서울: 고려대학교출판부.

이근·한동훈(2003). 『중국의 기업과 경제』. 서울: 박영사.

이근·한동훈·정영록(2005). 『중국의 기업, 산업, 경제』. 서울: 박영사.

이길웅·현동일(2003). 『연변경제발전론』. 연변: 연변대학출판사.

이옥희(2006). "중국 연변조선족 경제의 인력수출주도 성장에 관한 연구". 중앙대학교 대학원 박사학위논문.

이장섭·임채완 외(2006). 『중국조선족 기업의 경영활동』. 서울: 북코리아.

이재하·김석주(2007). "연변조선족자치주의 지역성 변화에 관한 세계체제론적 분석: 산업을 중심으로". 『한국지역지리학회지』 제13권 제4호(통권 44호).

이종림(2002). "중국 연변조선족자치주의 경제현황 및 전망". 연변: 중국연변대학 출판부.

이종림·심만근·임금숙(2003). 『연변외향형 경제론』. 연변: 연변대학출판사.

이중우(2005). 『글로벌 경쟁시대의 네트워크 전략』. 서울: 두양사.

이진산(2006). 『중국 한겨레사회 어디까지 왔나?』. 하얼빈: 흑룡강조선민족출판사.

임채완·리단(2005). "화상과 한상 네트워크의 현황비교". 『세계화상과 한상 네트워크』. 세계한상·화상대회 개최기념 학술회의.

임채완·이장섭 외(2007). 『중국조선족 기업의 네트워크』. 서울: 북코리아.

정영록(2003). "화교 비즈니스 네트워크가 한국에 주는 함의". 『코리안 디아스포라와 세계경제』. 서울: 국제경제연구소.

조영복·김성규(2004). "네트워크 조직과 경영전략에 관한 연구". 『인적자원관리 연구』 제8집, 한국인적자원관리학회.

중국조선민족발자취총서 편집위원회 편(1992). 『중국조선민족발자취총서 1~8』. 북경: 민족출판사.

진길원(1988). 『향진기업모식연구』. 북경: 중국사회과학출판사.

최웅용·임채완·이장섭 외(2005). 『중국조선족사회의 경제환경』. 서울: 집문당.

코트라(2005). "중국 기업의 해외투자 러시와 시사점". 코트라 동북아팀.

흑룡강성조선족상공회(2010). 『흑룡강조선족 기업가: 풍채』. 하얼빈: 흑룡강신문사.

『인민일보』 해외판. 2003년 1월 9일자, 4면.

『흑룡강신문』. 2012년 3월 20일자.

______. 2012년 4월 20일자.


吉林統計年鑑(1980, 1990, 2000). 中國統計出版社.

北京統計年鑑(2003, 2004). 中國統計出版社.

上海統計年鑑(2003). 中國統計出版社.

沈陽統計年鑑(2002, 2003, 2004). 中國統計出版社.

楊榮蘭(2000). 『中國 "硅谷" 來自中關村的前沿報道』. 北京: 北京郵電大學出版社.

沿邊統計年鑑(1980, 1990, 2000, 2003, 2004, 2009, 2010, 2011). 中國統計出版社.

王璞主編(2003). 『在中國做管理咨詢』. 北京: 機械工業出版社.

"中國企業 '走出去' 面面"(2003). 『國際先驅導報』.

中國統計年鑑(1980, 1990, 1993, 2000, 2009, 2010, 2011). 中國統計出版社.

靑島統計年鑑(2003, 2004). 中國統計出版社.

黑龍江商務年鑑(2007). 黑龍江人民出版社.


"China Simplifies Investment Procedures"(2004). China Daily. Oct. 12, 2004; "China Eases Way for Overseas Investment by Local Firms", Dow Jones Website.

"Chinese Firms Encouraged to Invest Overseas: Bank"(2003). People's Daily online. "Chinese Firms Expand Overseas Investment"(2004). *Asian Wall Street journal*, Aug. 2.

"Chinese Firms Step Up Overseas Expansion"(2002). China Daily.

Gilligan, C. and Hird, M. (1986). *International Marketing: Strategy and Management*. Croom Helm.

Hiroshi Matsunu&Elly Lin (2003. 9). "The Globalization of Chinese Companies & Advances into Japan". *NRI paper*, No. 68.

Invest Korea (1991-2005).